LENGUAJE E INTERDISCIPLINARIEDAD EN LOS PERIODOS GRIEGO Y ROMANO

 EDITORIAL
UNIVERSIDAD DE SEVILLA

 Calidad en
Edición
Académica

Academic
Publishing
Quality

Avalado por

Promovido por

COLECCIÓN LINGÜÍSTICA

Juan Miguel González Jiménez

LENGUAJE E INTERDISCIPLINARIEDAD EN LOS PERIODOS GRIEGO Y ROMANO

EDITORIAL
UNIVERSIDAD DE SEVILLA

Sevilla 2024

Colección Lingüística
Núm.: 89

© Editorial Universidad de Sevilla 2024
    Porvenir, 27 - 41013 Sevilla
    Tfnos.: 954 487 447; 954 487 451
    Correo electrónico: info-eus@us.es
    Web: https://editorial.us.es
© Juan Miguel González Jiménez 2024
Impreso en papel ecológico
Impreso en España-Printed in Spain
ISBN: 978-84-472-2592-7
Depósito Legal: SE 775-2024
Diseño de cubierta: notanumber
Maquetación y realización de cubierta: Intergraf
Impresión: Masquelibros

Índice

Prólogo

Los estudios de historiografía en el seno de la lingüística están adquiriendo un significativo empuje en las últimas décadas, no solo en el descubrimiento de fuentes, sino también en el perfeccionamiento de sus instrumentos metodológicos. De esta forma, acercarnos con mayor precisión y rigor a nuestro pasado lingüístico nos permite conocer en profundidad nuestra propia disciplina: la lingüística. La historiografía de la lingüística, frente a la historia de otras ciencias, no se constituye, simplemente, como un barniz cultural adherido a nuestro conocimiento sincrónico y científico del objeto de trabajo, sino que nos permite ahondar y acercarnos más adecuadamente a nuestro foco de investigación, el propio lenguaje, debido a su carácter biplánico, biológico y cultural, y a su constitución matemáticamente compleja y poliédrica, lo que hace diferentes y singulares no solo al objeto mismo, sino también a la investigación que sobre él se desarrolle. Se contribuye, además, a la necesaria «precaución inmunológica» de la que nos hablaba Umberto Eco y que permite definir el sentir epistemológico de la historiografía de la lingüística.

Por ello, el libro que aquí se presenta, del Dr. Juan Miguel González Jiménez, se inscribe perfectamente en esta renovación, ampliación y necesidad de los estudios historiográficos en lingüística. Como observará el lector desde sus primeras páginas, esta investigación es el resultado de un intenso, minucioso, serio y riguroso trabajo de análisis e interpretación experta. Se inscribe, además, en una línea poco explorada dentro de los estudios historiográficos y tiene como objetivo primordial analizar las relaciones entre el lenguaje y otras disciplinas no lingüísticas, como las biológicas y las del comportamiento, en los períodos antiguos de la hegemonía de Grecia y Roma.

Se parte así, en este novedoso volumen, de cuatro hipótesis que se demuestran con solvencia a lo largo del trabajo realizado: 1) las ideas lingüísticas son fruto del contexto interno de la disciplina, pero en coherente correlación con el contexto externo en el que se desenvuelven, para lo cual resulta imprescindible tener en consideración los factores sociales, históricos y culturales, así como el entorno epistemológico en el que son anclados; 2) es posible deducir una serie textual desde la Antigüedad Clásica hasta la actualidad que dé cuenta de relaciones de influencia sobre los temas estudiados; 3) los trabajos multifocales no surgen de forma azarosa, sino que son el resultado de series retrospectivas y de un diálogo nutriente de textos y pensamiento no solo lingüístico sino también filosófico, científico, médico, etc.; 4) la ausencia de una división epistemológica nítida en los inicios del pensamiento científico y filosófico propicia estas interacciones.

Para la refutación de estas hipótesis, el Dr. González Jiménez se ha marcado unos objetivos realistas y, a la vez, ambiciosos que le han llevado a trabajar de forma directa con más de 80 autores/textos de la época romana y griega de la Antigüedad. No obstante, para poder discriminar las fuentes y centrar el corpus específico, el volumen total de textos con los que se ha trabajado es significativamente mayor. Este es, sin duda, uno de los aspectos sobresalientes de este libro, lo que ha constituido un trabajo complejo y extraordinariamente bien resuelto, a mi juicio.

Además, conviene señalar que el contenido de los textos analizados ha requerido el estudio de ámbitos tan dispares como el biológico, el filosófico, el médico, el psicológico o el lingüístico, con el fin de establecer los precedentes (aspecto no explorado hasta ahora en la investigación científica, con excepción de algunos datos generales) de las actuales corrientes biolingüísticas a partir del pensamiento chomskiano. Por tanto, los objetivos y las hipótesis se han abordado, según mi opinión, con extremo rigor científico y los resultados son concluyentes con relación al tema analizado y al avance del conocimiento en esta área. Se abre el libro con un capítulo inicial sobre fundamentación teórica y metodológica de la historiografía de la lingüística y, en particular, de la investigación que en él se lleva a cabo. Se trata de un capítulo marco que recoge, con sentido crítico y precisión, los últimos avances en el ámbito metahistoriográfico, a la vez que establece cuáles serán sus dos instrumentos de análisis fundamentales: la teoría de las series textuales y la teoría del canon, bien acogidos por la comunidad científica, sobre todo, de ámbito hispánico y de orientación gramaticográfica.

Por su parte, el capítulo 2 presenta el estado de relaciones de la lingüística con otras disciplinas, en especial, las del comportamiento y las biológicas, durante el siglo xx, para abocetar un recorrido crítico e interpretativo de la vertiente biolingüística y de la importancia en este campo de la figura de Noam Chomsky. Y, como el propio teórico generativista demostrara en su *Cartesian Linguistics* (1966), el Dr. González Jiménez justifica honrada y rigurosamente cómo esta situación interdisciplinar actual no es fruto del azar, sino que, como en todos los aspectos de la lingüística, es resultado de un abonado terreno a lo largo de los siglos en donde la fusión de disciplinas se constituye en la seña de identidad de la propia lingüística.

A partir de aquí, los capítulos 3 y 4, dedicados, respectivamente, al pensamiento griego y romano, descubren, bucean y analizan de forma extraordinaria, a través de múltiples y complejas fuentes (no solo lingüísticas, sino también médicas o filosóficas, entre otras), las claves del antedicho «abonado terreno», en este caso, en la Antigüedad Clásica: presocráticos, sofistas, Sócrates, Platón, Aristóteles, epicureísmo, estoicismo, así como el pensamiento filosófico romano de la República y el Imperio y el terreno de la medicina. En todos los casos se trazan las series textuales y el canon (en donde la figura de Galeno cobra especial relieve) que han ido configurando, en los períodos estudiados, las actuales relaciones interdisciplinares de la lingüística. El último capítulo recapitula y concluye con una exposición de datos y revelación de argumentos fundamentales para el conocimiento del área investigada.

Ante esta investigación señera y original, son muchas las bondades que podrían destacarse, aunque me limitaré a destacar en este prólogo las tres que considero fundamentales:

a) amplísimo y complejo corpus, con fuentes de difícil acceso y, en muchos casos, sin traducción al español;

b) planteamiento y contenidos interdisciplinares, que contribuye a enriquecer el enfoque y los resultados del trabajo;

c) la reconstrucción de las series textuales retrospectivas sobre las relaciones entre lingüística y ciencias biológicas y del comportamiento, tarea apenas explorada en la investigación historiográfica y que pone de relieve la necesidad y pertinencia de los estudios históricos, que se constituyen como cimientos fundamentales para los actuales estudios sincrónicos de corte «biolingüístico».

A mi juicio, el Dr. González Jiménez ha sabido conjugar perfectamente el rigor científico, la metodología precisa, madura y actualizada en historiografía, los instrumentos teóricos y técnicos a su alcance, el trabajo con corpus y la precisión formal en la redacción y presentación de resultados en este nuevo libro de historiografía de la lingüística.

Esta investigación, además, resulta coherente con el trabajo académico que viene desarrollando el Dr. González, que conozco bien, pues tengo el placer de trabajar con él desde hace años en el área de Lingüística General de la Universidad de Córdoba. Por ello, *Lenguaje e interdisciplinariedad: análisis de los períodos griego y romano desde la historiografía de la lingüística* sigue constatando la brillantez de su proceder investigador, que se hizo patente en su tesis doctoral, espléndida, que obtuvo la máxima calificación y Mención Internacional y de la que tuve el honor de ser su director. Agradezco aquí, finalmente, al Dr. González su tesón, su inteligencia, su buen hacer y su dedicación minuciosa y vocacional a la investigación historiográfica, e invito al lector a adentrarse en un volumen que, sin duda, está llamado a ser un referente en su ámbito de estudio.

Alfonso Zamorano Aguilar
Catedrático de Lingüística General
Universidad de Córdoba, España

Capítulo 1
La reconstrucción del pasado como explicación del presente y del futuro

1. Introducción

El surgimiento a mediados del siglo XX de investigaciones inter- y multidisciplinares entre la lingüística y, al menos, otra ciencia supuso un cambio de paradigma al quebrarse los tradicionales y taxativos límites establecidos en las diversas clasificaciones de las ciencias, siendo especialmente relevantes las establecidas entre las ciencias humanas, sociales y naturales. Particularmente, son notables tres enfoques que se han conformado como resultado de estas interacciones: la psicolingüística, que se centra en el estudio de los procesos mentales relacionados con el lenguaje; la neurolingüística, que se encarga de la indagación en la representación cerebral de esta capacidad, y la biolingüística, que indaga en los fundamentos biológicos del lenguaje. Estos campos de investigación se han desarrollado en torno a varias figuras canónicas desde el siglo XIX como Wundt, Broca o Wernicke, y en los últimos setenta años como resultado de la trayectoria de, entre otros, Chomsky y Lenneberg.

Sin embargo, consideramos que esta supuesta novedad es rastreable no solo en las décadas y siglos inmediatamente precedentes, sino que es una cuestión recurrente desde los inicios de la reflexión intelectual. En este sentido, este libro abordará dos de los periodos más importantes para el pensamiento europeo: el griego y el romano, puesto que en ellos nos encontramos con tratamientos holísticos del universo sensible y suprasensible, en oposición a la progresiva especialización y compartimentación del conocimiento tan frecuente en la actualidad. Como ejemplo representativo de esta cuestión es digno de mención Aristóteles, a quien analizaremos posteriormente. El filósofo griego investigó prácticamente la totalidad de las ramas del conocimiento desde un enfoque integrador, lo que no permite analizar sus tratados independientemente, puesto que en ellos trata de forma interrelacionada temas sobre biología, física, lógica, metafísica, etc.

A tenor de lo expuesto, nos planteamos cuatro hipótesis:

1. Toda idea lingüística surge y evoluciona en función de dos conjuntos de factores: el *contexto interno*, o evolución de la propia disciplina, y el *contexto externo*, todos aquellos datos históricos, socioeconómicos, culturales, científicos, etc.

2. Es posible construir una serie de textos que expliciten las relaciones existentes dentro de y entre los periodos analizados.

3. La inter- y multidisciplinariedad actual de la lingüística no es una característica exclusiva del siglo xx, sino que es posible rastrear a lo largo de la historia multitud de casos que constituyen un «diálogo» entre textos, autores e hitos que sirven como base conceptual y metodológica para los siglos posteriores.

4. Existe una relación directamente proporcional entre el avance del tiempo y la compartimentación del saber científico, por lo que los casos que nos interesan en esta investigación aportan información relevante para la construcción de las teorías y metodologías científicas propias de cada disciplina.

Para comprobar estas hipótesis, planteamos un objetivo fundamental: crear una historia de las relaciones inter- y multidisciplinares. Asimismo, este se puede subdividir en los siguientes objetivos:

1. Elaborar un corpus de textos representativo de cada etapa histórica, Grecia y Roma[1], dividido por corrientes y escuelas de pensamiento. El punto de partida del análisis es la lingüística y a partir de ella, y en función de los datos y el periodo, se establecerán e interpretarán las conexiones con otras disciplinas.

2. Demostrar la existencia de las relaciones entre la lingüística y otras ciencias para identificar los principios que las rigen y así establecer similitudes y divergencias en su tratamiento en los periodos analizados.

3. Evaluar varias historias de la lingüística para contrastar el conjunto de autores recogido en ellas con el corpus compilado para ampliar o modificar el canon historiográfico.

Por otra parte, toda investigación supone el establecimiento de unos límites desde el propio planteamiento de los objetivos (cf. Swiggers 1997: 4). Para este estudio, debido a la perspectiva externalista adoptada (Brekle, 1986), la amplitud temporal y la multitud de textos junto con su disparidad temática nos obligan a

---

1. La división sigue la periodización historiográfica estándar y posee un carácter funcional, puesto que defendemos la construcción de relaciones a base de *continuidades* y *discontinuidades*, como postulan Esparza Torres (cf. 1997: 69), Robins (cf. 1976) y Koerner (cf. 1989a) desde la historiografía de la lingüística o Jiménez Ruiz (cf. 2005, 2006 y 2007) desde la vertiente diacrónica de la epistemología lingüística.

marcar ciertos límites. El primero de ellos alude a las informaciones contextuales individuales y del periodo analizado, que se han reducido al mínimo imprescindible para la comprensión de sus ideas, obviando cuestiones sociohistóricoculturales o científicas que excedan este ámbito.

El segundo límite afecta al objeto de estudio y se manifiesta en dos cuestiones. La primera es la fragmentariedad e, incluso, ausencia de fuentes de la Antigüedad, que dificulta el establecimiento de relaciones de influencia explícitas; por ello, consideramos que el trabajo con *tradiciones* y no con *fuentes* es más conveniente, tal y como expone Mansfeld (2002: 29):

> In a number of ways, the concepts of "tradition" or "history of tradition" are more convenient from a methodological point of view than "source" and "source-criticism". When one speaks of a tradition, one is of course also thinking of the hypothetical primary sources of extant derivative sources, but need not to be too specific about these sources. It is for example clear that Cicero works within a tradition, or a plurality of traditions, and that only in some cases may we speak of sources used, or consulted. History of tradition can be usefully applied in the study of genres, one may speak of traditions concerned with successions or schools, of a doxographic tradition and so on.

La segunda es que debemos tomar en consideración la perspectiva macroestructural adoptada en este trabajo a la hora de escoger las fuentes primarias. Nos hemos decantado por seguir las ediciones críticas traducidas de los textos que conforman el corpus, ya que la correcta interpretación de su terminología, de gran complejidad y variabilidad en función de las coordenadas espaciotemporales, excede los límites de este libro.

2.   Historiografía de la lingüística

2.1. La historiografía de la lingüística en el marco de la filosofía y la historia de la ciencia

La disciplina en la que se inserta este trabajo es la *historiografía de la lingüística*, por lo que a continuación aportaremos los fundamentos teóricos y metodológicos que vertebran el análisis. En primer lugar, partimos de la premisa de que la historiografía de nuestra disciplina se incluye en el marco general de la *historia de las ciencias*[2],

---

2. *Vid.* Puerto Sarmiento (1991: 8-26) para un repaso histórico de las relaciones entre historia y filosofía de las ciencias.

que actúa como conocimiento complementario para la *filosofía de las ciencias*, tal y como profundizaremos en ello a continuación.

La filosofía de la ciencia moderna –no la defendida por autores como Platón, Aristóteles o Descartes, entre otros– surgió con el llamado *Círculo de Viena* en Praga en 1929. Este tenía como pretensión fundamental eliminar del conocimiento científico cualquier carácter metafísico o teológico y sustituirlo por premisas lógicas. Sin embargo, el ascenso del nazismo y el origen judío de muchos de sus miembros condujeron a su disolución, lo que provocó su diseminación por otros territorios, particularmente los Estados Unidos, y dio lugar a la conformación de la *received view*, o *concepción heredada*. Carnap, Hempel y Nagel, aunque también otros autores que seguían esta metodología como Skinner o Bridgman (cf. Echeverría 1989: 24), se centraron en el análisis de los productos científicos, obviando las cuestiones extracientíficas, lo que en términos de Reichenbach (cf. 1938: 6-7) supone centrarse en el *contexto de justificación* –evaluación y confirmación de los elementos de la ciencia– y desechar el *contexto de descubrimiento* –proceso dinámico de producción de la ciencia que tiene en consideración aspectos psicológicos, culturales, sociales, etc.–, que debe ser abordado por la historia de la ciencia[3]. De este modo, se plantea el avance científico de forma acumulativa, al concebir que

> [l]a ciencia establece teorías que de verse ampliamente confirmadas, son aceptadas y siguen siéndolo con relativa independencia del peligro de verse posteriormente disconfirmadas. El desarrollo de la ciencia consiste en la ampliación de dichas teorías a ámbitos más amplios (primera forma de reducción de teorías), en el desarrollo de nuevas teorías ampliamente confirmadas para dominios relacionados con él y en la incorporación de teorías ya confirmadas a teorías más amplias (segunda forma de reducción de teorías). La ciencia es, pues, una empresa acumulativa de extensión y enriquecimiento de viejos logros con otros nuevos; las viejas teorías no se rechazan o abandonan una vez que se han aceptado; más bien lo que hacen es ceder su sitio a otras más amplias a las que se reducen (Suppe 1979: 77).

Sin embargo, esta postura fue extensamente criticada por autores como Hanson, Quine, Nagel, Polya, Putnam, Toulmin, Wittgenstein, etc. (cf. Suppe 1979: §IV; Echeverría 1989: §2.9), ya que, entre otras cuestiones, consideraban que «el análisis de las teorías debe incluir los aspectos de la evolución o desarrollo de la teorización científica, y no limitarse a ofrecer formulaciones canónicas de las teorías correspondientes a etapas fijas de desarrollo» (Suppe 1979: 146). Destaca la aportación de Hanson (cf. 1977: 75), quien defiende la utilidad de la historia de una

---

3. La *concepción heredada* tuvo varias versiones a lo largo de los años. *Vid.* Suppe (1979: 35-36 y 71-72) para el primer y el último modelo.

disciplina para la discusión filosófica, o lo que es lo mismo: «history without philosophy of science is blind. [...] philosophy of science without history of science is empty» (Hanson 1962: 580).

Esta perspectiva no fue continuada por la totalidad de los investigadores, como demuestra la postura de Popper con la *received view*, que tuvo una respuesta clara por parte de Kuhn (1996 [1962]) en el denominado *giro historicista*. Sin entrar en extenso en la propuesta kuhniana, anotamos su ruptura con el carácter progresivo, acumulativo e individual, en favor de los cambios basados en las *revoluciones* frente a la *ciencia normal* y las consecuencias que estos procesos tienen sobre la comunidad científica.

Asimismo, otros filósofos también se dedicaron a esta cuestión. Toulmin (cf. 1977: 116) defiende los *cambios conceptuales* frente a las *revoluciones* de Kuhn, al explicar que los cambios no son totales, que los paradigmas en disputa no son visiones alternativas del mundo y que bajo las discontinuidades teóricas subyacen continuidades metodológicas. Además, según él, existen dos tipos de motivaciones para los cambios teóricos: *intrínsecos*, o intelectuales, y *extrínsecos*, o sociales (cf. *ibid.*: 159-160).

Lakatos (cf. 1989), por otra parte, desarrolla su teoría en el marco de la tensión entre Popper y Kuhn, por lo que aboga por un *falsacionismo sofisticado* frente a un *falsacionismo metodológico ingenuo*, lo que supone cambiar el objeto de estudio desde la teoría, como defendía Popper, hasta las series de teorías o *programas de investigación*. Este proceso se obtiene a través de la diferenciación entre un *núcleo central*, compuesto por una serie de hipótesis infalsables, y un *cinturón protector*, conformado por las *hipótesis auxiliares* que permiten explicar las anomalías que no recoge el anterior núcleo.

En último lugar, Laudan (cf. 1986: 11) aboga por el *modelo de resolución de problemas*, es decir, identifica el progreso científico con la resolución de un mayor número de problemas que la teoría anterior. Asimismo, defiende la supresión de la distinción entre el *progreso científico* y la *racionalidad científica*, erigiéndose de este modo el hecho histórico como medio de ejemplificación y puesta a prueba (cf. *ibid.*: 27-35). La teoría, por tanto, ha de ser evaluada en términos de *importancia cognoscitiva*, es decir, en función de si aporta soluciones adecuadas en un contexto de indagación concreto.

Estos problemas pueden ser *empíricos* o *conceptuales*. Los últimos, particularmente desatendidos por los historiadores y filósofos de la ciencia, tienen lugar dentro de una teoría, que posee un inherente componente histórico al insertarse dentro de *tradiciones de investigación*, entendidas como «un conjunto de supuestos generales acerca de las entidades y procesos de un ámbito de estudio, y acerca de los métodos apropiados que deben ser utilizados para investigar los problemas y construir las teorías de ese dominio» (cf. *ibid.*: 116). Las características de una tradición de investigación son las siguientes (*ibid.*: 114):

1. Toda tradición de investigación tiene un cierto número de teorías específicas que la ejemplifican y la constituyen parcialmente; algunas de estas teorías serán contemporáneas, otras serás sucesoras temporales de teorías anteriores;
2. toda tradición de investigación evidencia determinados compromisos metafísicos y metodológicos que, como conjunto, individualizan la tradición de investigación y la distinguen de otras;
3. cada tradición de investigación (a diferencia de las teorías específicas) discurre a través de un cierto número de formulaciones diferentes, pormenorizadas (y a menudo mutuamente contradictorias), y tiene generalmente una larga historia que se extiende a lo largo de un periodo de tiempo.

Así, las teorías se convierten en intentos de mejora y corrección de otras dentro de una tradición de investigación, que tiene como funciones la *limitadora*, de carácter ontológico y metodológico, la *heurística*, como inicio de teorías, y la *justificadora* (cf. *ibid.*: 117). De este modo, las tradiciones evolucionan gracias al cambio constante de sus teorías subordinadas o de sus elementos nucleares (*ibid.*: 133-134).

Gracias a la labor de estos autores, a mediados del siglo pasado se avivó el estudio de las relaciones entre la filosofía y la historia de las ciencias[4]. En este sentido, la propuesta de Kuhn ha sido considerada como el hito creador de la historia de la ciencia (Ryckman 2015: 4) y ha dado lugar a propuestas como la de McMullin (1970: 61), quien propone una taxonomía entre la filosofía e historia de la ciencia, y la creación de lo que denomina *History of Philosophy of Science*, que surge de la siguiente premisa:

> If discovery in science were guided by logical laws, one could write a history of science as it had to occur. But, of course, science is not like this; central to it is human creativity, and there are the innumerable contingencies of influence and noninfluence. One can extract the partial logical structures of validation which are implicit in scientific research. But to see how change actually occurs in science, what factors are most often responsible for it, one has to have recourse to the historical record.

Esta unión ha desembocado en dos enfoques de trabajo (cf. Burian 2001 y 2002): *top-down*, en el que la información histórica ejemplifica o justifica las teorías filosóficas, y *bottom-up*, donde se obtienen generalizaciones a partir de los hechos históricos, pero desde una perspectiva localista y no universalista, como pretende la filosofía de la ciencia. Schickore (2011: 478), por otro lado, defiende que la «[h]istoricist reflexion may enter the picture on two levels: as the history of the

---

4. *Vid.* Galison (2008) para un desarrollo de algunos problemas relativos a la unificación de la historia y filosofía de las ciencias.

scientific, methodological, and epistemological concept and as part of a reflection on the history of conceptual tools and metascientific analysis»[5]. Por tanto, se plantea una aproximación a la historia y filosofía de las ciencias como una síntesis contraria al modelo de confrontación entre ambas disciplinas.

El uso de los casos históricos por parte de la filosofía de la ciencia ha sido también criticado, ya que supone dos tipos de problemas (cf. Bolinska y Martin 2019): *metodológicos* −sesgos de construcción, de elección, de interpretación y de aplicación de los datos históricos− y *metafísicos*, como el heracliteanismo −el carácter estocástico de la historia se opone a las pretensiones generalistas de la filosofía de la ciencia y la contingencia−. Junto con lo anterior, el hecho histórico termina por convertirse en una muestra de *variable efectividad* que puede devenir en *canónico*, característica de carácter revisable e individual.

No obstante, esta unión no ha sido aceptada unánimemente. Giere (cf. 1973) consideraba que el carácter particular de la historia se opone al objetivo de criticar, clarificar y desarrollar métodos de validación empírica. De hecho, el mismo autor (cf. *ibid*. 2011) defiende que la naturalización de la filosofía de la ciencia tiene como objetivo construir una teoría sobre el funcionamiento de la ciencia en el presente. Este cambio supone desechar la intención de alcanzar una teoría general o centrada en un periodo histórico previo, pero, además, añade el inconveniente de la entrada de la *sociología de las ciencias* −difícilmente disociable de la historia de la ciencia−, puesto que «it emphasized the role of scientists, that is, agents, in the production of scientific knowledge» (*ibid.*: 63). O lo que es lo mismo: existe una incompatibilidad metafísica entre el esencialismo de la filosofía de las ciencias y la temporalidad de la historia (cf. Kuukkanen 2016).

Para concluir con este apartado, repasamos algunas de las principales aportaciones que obtenemos al incluir la historia y, por ende, la historiografía, en la filosofía de las ciencias, que, como puede verse a continuación, se caracteriza por su eclecticismo:

1. El estudio de la historia ha de realizarse de forma *interna*, lo que permite la reconstrucción racional del conocimiento científico, pero también han de tomarse en consideración los factores *externos*. Asimismo, hemos de tomar en consideración que el uso de la historia por nuestra parte y la de los pensadores que hemos analizado es distinta, tal y como defiende Gadamer (cf. 1999: 366): la interpretación por parte de cada civilización y en cada momento histórico es diversa, lo que convierte a la comprensión en un proceso productivo y no reproductivo.

2. La pertinencia de la historia en la filosofía de las ciencias, ya que todo ser humano es sujeto activo y pasivo en el devenir histórico. En palabras

---

5. Encontramos una postura similar en Abaratzis y Schickore (cf. 2012).

de Foucault (1968: 359-360), «todo contenido de la Historia [...] depende de la psicología, de la sociología o de las ciencias del lenguaje», puesto que «la elección que hacen de su objeto, los métodos que le aplican son dados por la Historia» en una sincronía que forma parte de la historicidad.

3. Toulmin (cf. 1977: 41), por su parte, considera que una reevaluación de los problemas filosóficos tradicionales a través del prisma científico contemporáneo puede producir un efecto en las propias ciencias. Este procedimiento presenta dos marcos: uno neurofisiológico, ya que todo hecho científico es un producto individual, y otro sociohistórico, como fruto de la interacción del individuo con la comunidad.

4. En esta investigación abogamos por las *tradiciones de investigación* (cf. Laudan 1986) para explicar los cambios fundamentales, puesto que estas muestran una capacidad superior para evidenciar un marco más amplio de relaciones que el nivel de la teoría y la posibilidad de tratar cuestiones conceptuales y no solamente empíricas desde una perspectiva historicista.

5. La existencia de un *canon*, revisable y variable, de hechos históricos como representación de las teorías sobre la filosofía de la ciencia permite la entrada de nuevos datos, ya sean descubrimientos o interpretaciones diversas.

2.2. Marco teórico y metodológico de la historia e historiografía de la lingüística

La historiografía de la lingüística es una disciplina cuyo recorrido histórico comienza hace aproximadamente setenta años (cf. Swiggers 1980: 703 y 1983: 55; Koerner 1989b: 31). Si tenemos en cuenta la propuesta de Zamorano Aguilar (cf. 2008: 247), existen dos vías de institucionalización de nuestra disciplina: una perspectiva histórica/historiográfica y otra metahistórica/metahistoriográfica. Mientras que *Cartesian Linguistics* de Chomsky (1966) se muestra como un claro iniciador de la primera –pese a la multitud de críticas directas o tangenciales recibidas por especialistas (cf. Aarsleff 1970 y 1971; Brekle 1986; Hymes 1974; Koerner 1989a, 1989b, 1989c y 2000; Swiggers 1980 y 1995; entre otros)–, la segunda ha variado a lo largo del tiempo, pero no siempre ha sido homogénea. A continuación, expondremos de forma resumida algunas de las propuestas más importantes.

El rechazo a la obra de Chomsky y la notoriedad de la obra de Kuhn hizo surgir múltiples investigaciones que utilizaban la teoría de este último para definir la historia de la lingüística, como demuestra esta cita de Malkiel y Langdon (1969: 539):

Admittedly, various characteristic features of Kuhn's paradigm, in particular the image of a young scientist –surrounded by a phalanx of youthful supporters– shattering the doctrine of an entrenched academic régime or establishment, harmonize with the mood of the late twentieth century and, above all, immensely flatter the younger generation.

Sin embargo, esta propuesta fue criticada por el incumplimiento del componente social del *paradigma* en lingüística, ya que existían enfoques y modelos que contradecían a los dominantes (cf. Hymes 1974; Percival 1976). Para su correcto uso en la historia de la lingüística, Koerner (cf. 1976: 691) se atiene a la interpretación del concepto en sentido estrecho y defiende que el *paradigma* ha de aludir tanto a los exponentes de logros pasados como a un marco de referencia que conduzca a nuevos descubrimientos y a una reconsideración de las aportaciones previas. El aspecto más alabado de la obra por parte de los historiadores e historiógrafos de la lingüística de la época se encuentra en la aceptación de la visión no acumulativa del conocimiento científico, lo que condujo a un interés por las continuidades y discontinuidades en el campo (cf. Robins 1976; Hymes 1974). Robins (1976: 31) considera que los estudios meramente intradisciplinares conducen a la visión acumulativa, lo que supone obviar, intencionalmente o no, los modelos lingüísticos incorrectos o las vías de investigación infructuosas, como reconoce en esta cita:

Any interpretation of the history of a subject rests on the selection of evidence. The unitary development theme depends on a very drastic selection of what is relevant and significant […]. "The facts" in almost any historical study can be so selected as to justify either position.

Swiggers (1980: 708), por su parte, plantea una caracterización de la historiografía de la lingüística a través de tres componentes: el *metateórico* –«involving a reflection on the status of linguistic historiography»–, el *metodológico* –«containing an axiomatic system of the second order»– y el *práctico* –«which consists of a theoretical model and the practical case studies»–. El carácter axiomático y estructural planteado por el historiógrafo belga supone un cambio en el objeto de estudio, que supera la consideración de conjunto de hechos aislados (Swiggers 1979), y en la propia disciplina, ya que se plantea un nivel de relaciones que permite describir y explicar la historia de la lingüística y la cadena argumentativa que subyace a ella. A tenor de lo anteriormente expuesto, este autor plantea el siguiente esquema (Figura 1):

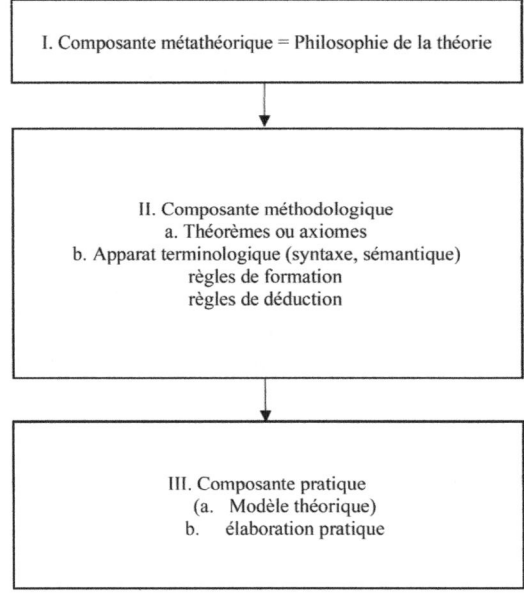

Figura 1. Estructura del esquema basado en componentes de la historiografía de la lingüística (Swiggers 1983: 58)

En orden descendente, el primer componente se ocupa tanto del estatuto científico de la disciplina como de los problemas de sus presupuestos culturales y de la historicidad de esta cuestión. El segundo, además de estar compuesto por los axiomas, presenta un aparato terminológico compuesto por una *sintaxis* –encargada de escoger los términos relativos a la periodización, a la labor historiográfica, a las relaciones lógicas del sistema deductivo y a los términos descriptivos asociados al objeto de investigación– y una *semántica*, que reflexiona críticamente sobre lo anterior. El tercero y último es la puesta en práctica de los componentes anteriores que conduce a la obtención de datos empíricos con un trasfondo teórico y metodológico.

En cuanto a la perspectiva de estudio, Swiggers (cf. 1980 y 1990) defiende una integración entre la historiografía de la lingüística como parte de la historia de las ideas –centrada en sus relaciones con otras disciplinas y en su contexto científico y cultural– y la investigación intradisciplinar de carácter analítico. Esta postura fue seguida por Brekle (1986: 4) en su distinción entre el enfoque *internalista y externalista*, que puede resumirse como sigue:

> Basically, the difference is that between epistemologically reflected text-imma-nent historiography (a historiography which reconstructs the theoretical substance of works considered relevant in the history of science) and the presentation of biograph-ical details of an author together with his intellectual and cultural setting. It is impor-tant to emphasize that results of this kind of historiography can, as a marginal effect, sometimes be enlightening for historiographical analyses in the strict sense.

El siguiente programa de Swiggers (cf. 2004: 115) supuso un cambio desde una teoría extensionalista, basada en los objetos reales –en nuestro caso se trataría de las ideas lingüísticas contextualizadas–, a otra que atienda también a aspectos relativos al programa del investigador como, por ejemplo, el condicionamiento y otros problemas derivados de las propias ideas. Esta propuesta ha permanecido prácticamente inalterada en los años sucesivos, por lo que recogemos la más reciente en la figura (Figura 2):

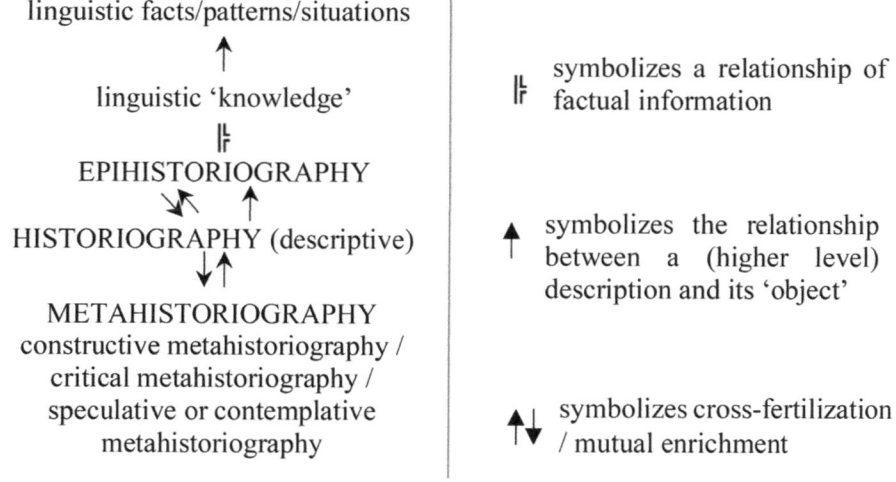

Figura 2. Organigrama de la HL en función de relaciones de *input/output* (Swiggers 2017: 75)

Los niveles de los que está compuesta esta teoría están unidos entre sí a través de vectores que demuestran un enriquecimiento de cada uno de los inmediatamente inferiores como consecuencia de los superiores, excepto en el caso de la *epihistoriografía* y la *metahistoriografía* con la *historiografía*, cuyos avances provocan una mejora mutua. La siguiente cita (Swiggers 2017: 76) recoge todos los conceptos que la componen[6]:

> The level of LINGUISTIC FACTS/PATTERNS/SITUATIONS subsumes facts and patterns relating to language structures, and elements constituting the (general, "ecolinguistic") situation of languages that have been the object of linguistic description and theorizing.
> The level of LINGUISTIC "KNOWLEDGE" includes all types of practices and conceptualizations dealing with (possibly fragmentary) analysis, "regulation" and codification, comparison and (historical/geographical/typological) classification, appraisal (positive or negative) of languages, or revitalization. Our cover term "*linguistic knowledge*" includes a wide range of linguistically more or less relevant "actions" taken on languages

---

6. Las versalitas son nuestras.

and their structures; these range from the level of folk-linguistics and the creation of notation techniques to sophisticated models for language analysis, and methodologies for language comparison.

The conjunction of linguistic facts, situations and linguistic "knowledge" constitutes the HISTORY OF LINGUISTICS in its "ontological" (*in re*) sense.

LINGUISTIC HISTORIOGRAPHY, constituting a *de re* account, is the history-writing of the developmental process of linguistic facts, patterns, situations and correlative linguistic knowledge: historiography is about history.

EPIHISTORIOGRAPHY, a "lateral" branch, deals with specific information about the agents and the material products that have shaped the history of linguistics. As such, it involves an important prosopographical and bibliographical (for older periods this also includes, epigraphical, papyrological, and codicological information) and philological component. Since epihistoriography constantly integrates information produced by historiographers it also has a "reactive" effect on the quality and depth of historiographical research.

METAHISTORIOGRAPHY is the domain defined by all types of reflexive activities taking as their objects the practice and the products of historiography; it has thus a *de dicto* status. It seems to me that metahistoriography involves at least three tasks (or levels): (a) constructive, (b) critical, (c) speculative or contemplative. *Constructive* metahistoriography aims at developing models for the history-writing of linguistic thought and description, and at articulating a coherent, precise and (sufficiently) comprehensive metalanguage (see Swiggers 1984, 1987b). *Critical* metahistoriography consists in evaluating, at the level of empirical documentation and at the level of methodological and epistemological principles, extant products of linguistic historiographical practice (see, e.g., Swiggers 1980, 1981b). *Speculative* or *contemplative* metahistoriography deals with the object and status of linguistic historiography, with the justification of "formats" of historiographical production, and with a number of "higher-level" problems, such as the concept of "(historical) fact/reality", the notion of "truth" or "being right" in its application to the history of linguistics.

En último lugar, la propuesta de Zamorano Aguilar (cf. 2008 y 2012) aúna la epistemología procedente de las teorías del caos y el modelo metodológico de la teoría de la comunicación de Bühler y Jakobson, respectivamente, para explicar el programa de investigación completo, *holonímico*, de la HL[7] (cf. *ibid.*: 258-259). Recogemos a continuación (Figura 3) la modelización más completa.

El historiógrafo (cf. *ibid.*: 269) considera que, si bien existen seis subdisciplinas dentro de la HL, asociadas a cada uno de los elementos del hecho comunicativo, la mayoría de las investigaciones son *bidimensionales* o *multidimensionales*, constituyendo estas últimas el mejor modo de representar el modelo complejo y el sistema dinámico de la propia disciplina.

---

7. Utilizamos HL para hacer referencia tanto a la historia como a la historiografía y la metahistoria/metahistoriografía de la lingüística (cf. Zamorano Aguilar 2008).

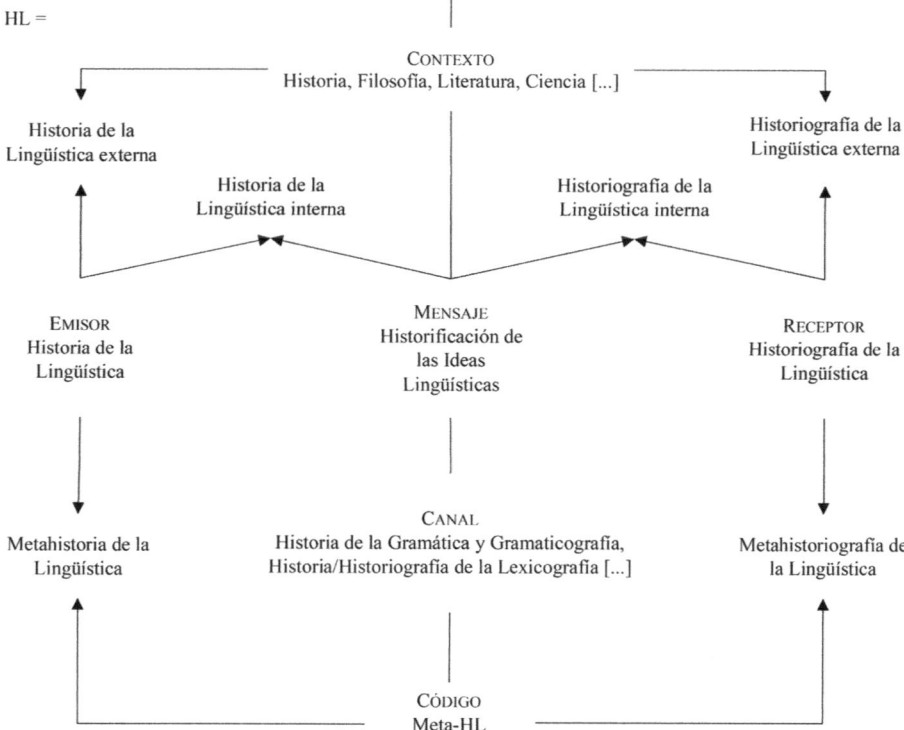

Figura 3. Modelo comunicativo complejo de la HL (Zamorano Aguilar 2012: 268)

2.3. Definición, objeto de estudio y tipología de la HL

El desarrollo de la HL se ha producido en unos límites difusos que han confundido «objetos de estudio con disciplina, técnica con contenidos, reflexión metateórica y metodológica con análisis o relación de acontecimientos históricos de la evolución lingüística (cf. Zamorano Aguilar 2008: 247). Para comenzar con este trabajo metahistoriográfico, analizamos las características de un corpus, cuyos puntos comunes y divergentes exponemos a continuación. En cuanto a las similitudes, destaca la pertenencia de la HL a la lingüística como una de sus subdisciplinas y su carácter histórico, pero con un objeto de estudio variable que alude al conocimiento lingüístico en un sentido amplio.

Por lo que respecta a las diferencias, podemos encontrarnos con la importancia inicial que se dotaba al proceso y resultado historiográficos como producto de una labor metodológicamente consciente (cf. Koerner 1974: 4; Swiggers 1979: 62 y 68; y 1983: 59), lo que puede conectarse con esa intención de justificar el carácter explicativo y no simplemente descriptivo. Esta cuestión permanecerá en el resto de las definiciones del corpus, pero el énfasis se redirige en las posteriores al componente evolutivo del conocimiento lingüístico, en la que se muestra un interés por los factores contextuales de diversa índole, en línea con esa perspectiva *externalista* de Brekle (cf. 1986). En último lugar, aparece también el carácter interdisciplinar (cf. Swiggers 2010 y 2012), que alude particularmente al conocimiento de los campos que permitan contextualizar los productos lingüísticos[8].

Por las características de nuestra investigación, que pretende contextualizar las ideas lingüísticas de forma intra- e interdisciplinar, lo que supone abordar cuestiones inter- y multidisciplinares, y evidenciar el componente evolutivo de estas, la definición que mejor se adapta es la siguiente:

> La historiografía de la lingüística pues se puede definir como el estudio (sistemático y crítico) de la producción y evolución de ideas lingüísticas, propuestas por «actantes», que están en interacción entre sí y con un contexto socio-cultural y político y que están en relación con su pasado científico y cultural (Swiggers 2004: 116).

En cuanto al objeto de estudio, partimos de la noción de *texto* gadameriana (cf. Gadamer 1998), entendiéndolo no solo como hecho lingüístico, sino también como una noción hermenéutica en la que se incluye el entendimiento por un individuo ajeno, o conjunto de ellos, que determinan un componente comunicativo de decodificación contextualizada. A partir de esto, consideramos que la HL, al igual que el lenguaje, destaca por su carácter poliédrico, por lo que no adoptamos una perspectiva internalista[9], como emana de las tres características que dotan de complejidad a la historia de la lingüística (Swiggers 2009: 68-69):

1. En la historia de la lingüística hay tradiciones (étnicas, geográficas o culturales) que se diferencian por su emergencia y su desarrollo, por su dinámica interna, por su carácter abierto o cerrado con respecto a otras tradiciones, por los tipos de abarcamiento frente al fenómeno del lenguaje, y por la focalización en áreas particulares del estudio de lenguas (cf. Itkonen 1991; Swiggers 1998).
2. La historia de la lingüística es un tejido integrado de acontecimientos personales y públicos (políticos, socioeconómicos, institucionales), de corrientes intelectuales y culturales, de redes sociales, de quehaceres centrados en las lenguas en sí mismas o como medios para ciertos fines (basta pensar en la lingüística misionera o en la historia del fenómeno de traducción), de reflexiones y procesos conceptuales que son subyacentes a varios tipos de actividad científica.

---

8. Para un correcto desempeño de la labor historiográfica se ha de contar con conocimientos de la «historia en general, filosofía e historia de las ideas [*history of ideas*], antropología y etnología, sociología [...], retórica, matemáticas, y también en ciencias naturales (por ejemplo, geografía y biología)» (Swiggers 2009: 68-69). Junto con estos, también es necesaria la formación en filosofía del lenguaje, retórica, lógica, psicología, antropología, sociología, teología y sus respectivas historias.

9. De hecho, Bugarski (cf. 1976) defiende que toda investigación lingüística inmanente posee esta característica por la imposibilidad de realizar un estudio que abarcase todos los campos implicados (psicología, sociología, ingeniería de la comunicación, etc.).

3. La historia de la lingüística presenta una gama muy vasta de productos del pensamiento y del quehacer lingüísticos: descripciones de lenguas (descripciones de una sola lengua, o de lenguas en contraste, o de fenómenos tipológicos), manuales (para la enseñanza/aprendizaje), obras teóricas, estudios históricos y/o comparativos, modelos de análisis o de explicación, y, además, trabajos que conciernen a la planificación de lenguas y a las políticas lingüísticas.

De este modo, la caracterización que mejor se adapta a nuestros intereses inter- y multidisciplinares es la propuesta de Swiggers (2017: 74-75) y su *study of language*, puesto que acoge todas las actividades relacionadas con el lenguaje o las lenguas y no simplemente aquellos textos en los que son temas centrales:

reduction to a writing system; ways of documenting and cataloguing languages; phonic, grammatical and lexical analysis (and the construction of models for analysis); planification, standardization, and other forms of "political" investment; analysis of social and cultural aspects of language(s); establishing of historical relationships between languages; analysis (or reconstruction) of older stages; development of tools and models for the teaching of languages […]; anthropological, philosophical, ideological reflections on language(s).

En último lugar, seguimos la tipología de Swiggers (cf. 2004: 120-121)[10], que parte de tres características para realizar su clasificación:
1. *Tipología de modalidades de exposición*: la modalidad puede presentarse de forma *narrativa*, con las propiedades del relato cronológico, *estructural* o *axiomática*, aunque habitualmente aparecen combinadas. En nuestro caso optamos por una modalidad *narrativa* y *estructural* para, en primer lugar, dar cuenta del proceso evolutivo de forma cronológica y, en segundo lugar, determinar los patrones de interés intelectual en los distintos periodos para establecer comparaciones.
2. *Tipología de formas de estructuración*: puede ser *minimalista*, punto de vista interno; *maximalista*, externo; o *periodización entrelazada*, que combina la concepción lineal y la no lineal del tiempo. La más interesante para nuestro estudio, en consonancia con la tipología de modalidades de exposición escogida, es la primera.
3. *Tipología de «mensajes»*: el producto historiográfico puede presentarse de forma *neutral*, a través de enunciados constatativos, o a través de *juicios* de valor sobre los datos. De nuevo, nos decantamos por la primera

---

10. Esta propuesta surge como una crítica a la clasificación en *historia de la lingüística tipo resumen*, *propagandísticas*, *independientes* e *historiografía* (cf. Koerner 1974, 1981, 1989c, 1995 y 2000).

opción, ya que únicamente pretendemos dar cuenta del proceso de construcción de los planteamientos inter- y multidisciplinares.

2.4. Metodología de la HL

La inclusión de la HL como una rama de la historiografía general tuvo como consecuencia cierto desinterés por el apartado metodológico hasta el trabajo de Malkiel y Langdon (cf. 1969) cuando comienza su disgregación a través de la noción de *dual expertise*, que incluye un conocimiento particular de lingüística. Swiggers (cf. 2009: 70) considera tres parámetros que han de ser abordados en esta disciplina: 1) la *cobertura* (elección del periodo, del campo geográfico y de la temática), 2) la *perspectiva* (interna o externa) y 3) la *profundidad* del análisis (la presentación de datos, el análisis de ideas y prácticas lingüísticas de forma históricocrítica o la explicación de los grandes procesos de evolución a lo largo de la historia de la lingüística). Para llevarlos a cabo, el mismo historiógrafo (cf. 2012: 43-44) plantea tres tipos de metodologías en cada fase de la investigación:

1. *Metodología heurística*, que compone la constitución del corpus de fuentes, canónicas y no canónicas, así como las traducciones y comentarios más apropiados, y la información prosopográfica y biográfica.
2. *Metodología hermenéutica*, encargada de la interpretación de las fuentes y del establecimiento de relaciones entre textos, autores, tradiciones, etc.
3. *Metodología de la escritura de la historia*, que se ocupa de categorizar las ideas lingüísticas y presuposiciones procedentes de las fuentes, de la caracterización de elementos subyacentes a los textos que pueden reconstruirse a partir del análisis y de la exposición estructurada de estos datos de acuerdo con un metalenguaje historiográfico acertado.

No obstante, como defienden Gómez Asencio, Montoro del Arco y Swiggers (cf. 2014: 268), la multitud de temas y la propia diversidad del objeto de estudio conducen a una amplitud metodológica que exige estrategias e instrumentos diversos en función de cada investigación. En relación con esto, procedemos a explicar en los siguientes dos epígrafes los instrumentos metodológicos que usaremos para el análisis: la *teoría de las series textuales* y la *teoría del canon*.

2.4.1. Teoría de las series textuales

Su primera formulación proviene de Haßler (2002: 561), quien define una *serie de textos* como «un conjunto de textos individuales, impresos o manuscritos, que tratan del mismo tema en la misma rama epistemológica o sin metodología declarada, pero con el mismo objetivo y en condiciones comparables». Dentro de estas es posible encontrar dos tipos (cf. *ibid.*): las *metodológicas*, insertas en un paradigma y, habitualmente, con una terminología comunes, y *pragmáticas*, que abordan un problema diferenciado de un campo de investigación más amplio, pero sin una metodología común. En cuanto a la organización de una serie, en todas ellas hay un *texto de referencia*, «que por razones diversas ha llegado a ser el representante típico de una serie y se considera como el punto de partida de un discurso» (*ibid.*: 562), al que se unen los demás.

Zamorano Aguilar (2013, 2017 y 2018), a partir de los conceptos, profundiza en la composición de la serie textual dividiéndola en tres subseries:

1. *Serie preparatoria o retrospectiva*: «textos del mismo autor, de la misma escuela/movimiento teórico o de autores y escuelas/movimientos teóricos diferentes del autor analizado, incluso, y habitualmente, de época(s) anterior(es)» (*ibid.* 2013: 150).

2. *Serie paralela*: «textos coetáneos al problema/texto analizado y pueden ser, o no, del mismo autor, escuela o movimiento teórico». El texto analizado suele ser un texto base o texto de referencia» (*ibid.*: 151).

3. *Serie posterior o prospectiva*: «textos que se han generado como consecuencia de influjos directos o no de la serie textual paralela» (*ibid.*).

De este modo, la representación de una serie textual sería la siguiente (Figura 4)[11]:

---

11. Las abreviaturas «A», «A2» y «A3» hacen referencia a posibles *precedentes* presentes en cada una de las series que componen la cadena textual y «B», «B2» y «B3» a las *influencias*. «Tr» y «Tb» se refieren al *texto de referencia* o *texto base*, respectivamente.

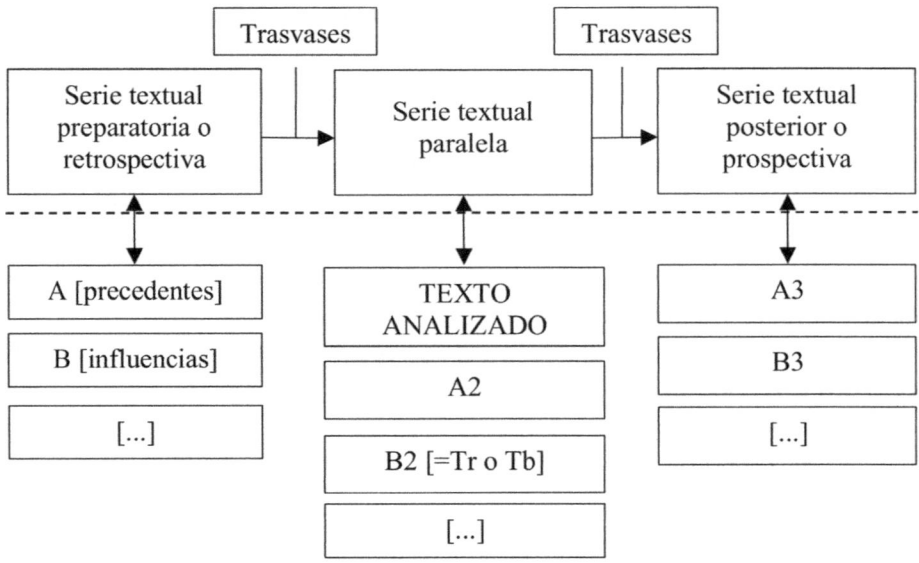

Figura 4. Componentes de una serie textual completa (Zamorano Aguilar 2013: 151)

Este instrumento, como puede verse, hace especial énfasis en el estudio de las relaciones entre textos, en lo que Zamorano Aguilar (2017: 119) denomina *trans-textualidad*, es decir, «el proceso y el fenómeno concretos de la relación (diálogo) entre los textos, es decir, para referirnos a la relación (del tipo que sea) entre dos textos a través de sus ideas, sus postulados, sus ejemplos, sus teorías, etc.». Esta puede manifestarse como *precedente*, «(fenómeno intertextual: intertexto 1 [texto previo] + intertexto 2 [texto que analizamos, texto contagiado])», o *influencia*, «(fenómeno hipertextual: hipertexto [texto previo] + hipotexto/s [texto que analizamos, texto contagiado])» (*ibid.*: 119).

Asimismo, esta teoría está compuesta de un eje vertical en el que se estudian las distintas ediciones de un mismo texto, pero debido a las características de nuestra investigación –el establecimiento de un panorama de las relaciones entre lingüísticas y las ciencias biológicas y del comportamiento a lo largo de varios siglos– no lo tendremos en cuenta a la hora de realizar el análisis.

Retomando la cuestión de las influencias, el paso de una serie a otra se produce a través de vectores. Una de las virtudes de este instrumento es la posibilidad de establecer los vectores conforme a los textos y a los autores analizados. Este aspecto es fundamental para una investigación que trata obras pertenecientes a campos científicos diversos y que pretende dar cuenta de los cambios macroestructurales, razón por la que no aplicamos las *estrategias de grado* (cf. Zamorano Aguilar 2013). Los vectores son los siguientes, ya utilizados en investigaciones previas (cf. González Jiménez 2020a y 2022):

1. El primer vector alude al modo de acceso a las fuentes, que puede ser *directo* o *indirecto*, si la recepción es mediada.
2. El segundo vector refleja la vertiente cuantitativa de la recepción y puede manifestarse como *total* o *parcial*.
3. El tercer vector es el encargado de representar la vertiente cualitativa y, en esta ocasión, se manifiesta en más de dos posibilidades, ya que los objetivos pretendidos varían. Este puede ser *teórico*, *metodológico*, *terminológico* e *institucionalizador*, junto con cualquiera de sus posibles combinaciones.

Este instrumento, conjugado con la *teoría del canon*, posee el carácter reconstructivo para un análisis con límites temporales y temáticos amplios, tal y como la propia Haβler (2002: 562) ya anticipó:

> El análisis de una serie de textos permite reconocer el carácter dinámico de la historia de la lingüística, que traspasa el horizonte de la obra de un solo investigador. Muchas veces en los textos de los autores menores que la historia monumental no ha puesto al mismo nivel que los autores canónicos se reconocen las causas y las direcciones posibles de los procesos que, sin este trabajo serial, se pueden observar solamente en sus resultados.

2.4.2. Teoría del canon

La *teoría del canon* (cf. Zamorano Aguilar 2009 y 2010) parte de los presupuestos del canon procedentes de la teoría de la literatura, así como de su evolución a lo largo de los siglos, y, además, está integrada en su planteamiento de la HL como proceso comunicativo, tal y como representa la siguiente tabla (Tabla 1):

Tabla 1. Analogía entre la Teoría de la Literatura y la HL
(Zamorano Aguilar 2009: 212)

Teoría literaria	Modelo comunicativo básico	Teoría historiográfica
Modelo biográfico historicista (s. XIX)	EMISOR	Historia de la Lingüística
Modelo formalista estructuralista	MENSAJE	Historificación de las Ideas Lingüísticas
Jauss y la estética de la recepción	RECEPTOR	Historiografía de la Lingüística

Existen dos planos que pueden investigarse en el canon: el de los *agentes*, que alude a las unidades que componen el canon, y el del *discurso*. En nuestro caso, nos interesa el primero de ellos, ya que, por motivos de extensión, no puede aplicarse a nuestra investigación[12]. Este puede dividirse en los siguientes tipos y subtipos como definió Zamorano Aguilar (cf. 2009: 213):

1. El *canon historiográfico*, producido por el historiógrafo de la lingüística, es el encargado de investigar los focos de gestación teórica, las redes de influencia, etc.

2. El *canon histórico*, llevado a cabo por los autores en su propio contexto y, consecuentemente, carente de reevaluación posterior. En este se insertan dos subtipos: el *canon histórico externo*, constituido por elementos relacionados con cuestiones ajenas a la obra en que se incluyen como el apoyo institucional, la legislación, etc.; y el *canon histórico interno*, o *canon de lecturas*, que es el conjunto de fuentes que se utilizan en la elaboración de sus teorías. Este último puede ser *explícito* o *implícito*, según si las fuentes son fruto, o no, del trabajo historiográfico.

Este instrumento metodológico es especialmente útil cuando actúa junto con las series textuales, ya que es posible determinar de forma más acertada las cuestiones de influencia y definir más claramente el carácter que poseen. No obstante, también lo es por sí mismo porque permite construir un *metatexto* que recoja a los autores y obras más relevantes en el ámbito de la inter- y multidisciplinariedad de la lingüística en función de su pervivencia no solo en un periodo, sino también entre varios, lo que permite constituir un panorama crítico del uso de las fuentes sincrónica y diacrónicamente.

---

12. Cf. Zamorano Aguilar (2010) para una exposición del *plano del discurso* y su correspondencia con el *plano de los agentes*.

Capítulo 2
Relaciones inter- y multidisciplinares de la lingüística desde el siglo XX

Las tesis de Saussure sobre el inmanentismo lingüístico propiciaron una definición de fronteras y campos «intermedios» de colaboración frente a la propia disciplina (cf. Rodríguez Adrados 1978), mientras que Chomsky, según las posturas de diversos autores que desarrollaremos en los siguientes apartados, es el encargado de romper con esta división. En este sentido, anotamos a continuación un par de cuestiones que influyeron en la psicolingüística y la biolingüística: 1) las aportaciones del norteamericano sirvieron durante varias décadas como base teórica de los campos inter- y multidisciplinares, como demuestran la *competencia* y la *gramática universal*, que relacionan características comunes a la especie humana abordadas lingüística, cognitiva y biológicamente; y 2) la canonicidad, en el sentido expuesto antes (*vid. supra* capítulo 1, §2.4.2), que Chomsky adquiere en ambas disciplinas, como queda constatado por su participación en obras seminales de ambos (Lenneberg 1975 [1967]; Blumenthal 1970; entre otras). Por otra parte, la neurolingüística ha tenido un desarrollo independiente de las propuestas de Chomsky, ya que presenta una metodología claramente empírica y un objeto de estudio de carácter físico; no obstante, está íntimamente relacionada con los otros dos enfoques, ya que junto a ellos y otras disciplinas constituyen la denominada *ciencia cognitiva*.

Por todo lo anterior, consideramos necesaria la caracterización de las principales reflexiones inter- y multidisciplinares en la trayectoria lingüística de Chomsky, enfatizando los cambios que han tenido lugar y si supusieron, o no, un factor relevante para nuestro objeto de estudio. Realizaremos la exposición de sus teorías de forma resumida, puesto que pretendemos dar cuenta únicamente de las tesis inter- y multidisciplinares, y mediante una periodización *entrelazada* (cf. Swiggers 2004), ya que partimos de la premisa de que no es posible situar en unas coordenadas espacio-temporales fijas y concretas el surgimiento de estos enfoques, sino que su gestación es fruto de un *continuum* de hitos e influencias desarrollados en un extenso periodo.

1. Psicolingüística

Las definiciones de la *psicolingüística*[13] están mayoritariamente de acuerdo en que esta disciplina surge de la integración de la lingüística y la psicología, obteniendo consecuentemente un carácter interdisciplinar, pero, a su vez, también se apuntan conexiones con otras ciencias como la biología y la neurología (cf. Kess 1992: 11; Anula Rebollo 2002: 10; Fernández y Smith-Cairns 2010: 1; Field 2011: 472; Garay-zábal Heinze y Codesido García 2015: 15-16). No obstante, en función de la época encontramos cambios, ya que en sus inicios había una mayor preocupación por las relaciones con la mente y el pensamiento, pero en la actualidad el interés por la filosofía se reduce, sin llegar a desaparecer como, por ejemplo, en el caso de Lassiter (cf. 2016), en favor del acercamiento a las neurociencias en general.

Esta variabilidad supone uno de los problemas en su correcta delimitación y determinación, una cuestión acrecentada por la multiplicidad de campos que abarca: la adquisición, la comprensión y producción, y la pérdida del lenguaje. De este modo, se constituyen la *psicolingüística experimental*, que se ocupa de la comprensión y la producción, y la *psicolingüística del desarrollo*, encargada de la adquisición, cuya relación es exclusivamente teórica. El siguiente problema alude a la imbricación entre psicología y lingüística y no a su integración, lo que da lugar a dos posturas (cf. Tanenhaus 1988: 2): la de los lingüistas, particularmente Chomsky, que sitúan la sintaxis y su autonomía en un nivel fundamental, y la de los psicólogos, que suelen minimizar su importancia.

Retomando el primero de los problemas, el origen de la integración de ambas disciplinas suele centrarse en la figura de Wundt y sus investigaciones psicológicas sobre el lenguaje recogidas en *Die Sprache* de 1900[14], que influyeron en autores como Saussure, Bloomfield, Mead y Boas, en oposición a los *Junggrammatiker* (cf. Blumenthal 1987). La aportaciones del psicólogo alemán fueron de carácter cognitivista en oposición a las propuestas mecanicistas previas de Johann Herbart (cf. *ibid.*: 315).

Bloomfield fue uno de los lingüistas en quien se notó más la influencia del alemán, por aceptación en *Introduction to the study of language* de 1914 y por rechazo en *Language* de 1933 (cf. Altmann 2006; Garnham, Garrod y Sanford 2006). Retomar la postura mecanicista supuso un cambio de la postura *top-down* de Wundt, centrada en la conversión de las representaciones mentales en oraciones, a la *bottom-up* de Johann Herbart y Hermann Paul, quienes partían de las palabras para la construcción de oraciones (cf. Blumenthal 1987: 317).

---

13. Según Levelt (cf. 2013: 1), el primero en usar el término fue Kantor en 1936 y su extensión se produjo gracias al artículo de Pronko (1946).

14. Sus aportaciones se refieren a la adquisición del lenguaje, el análisis de errores del habla, etc. (cf. Blumenthal 1970; Levelt 2013; Mischel 1970).

No obstante, el tema más importante es el debate sobre la creatividad lingüística humana. Por una parte, los conductistas explican esta característica a través de generalizaciones y formaciones analógicas, mientras que el mentalismo de Wundt considera que la expresión lingüística surge de impresiones mentales, un antecedente evidente de la *estructura profunda* y *superficial* chomskiana y de la metodología de análisis estructuralista, como explicita Blumenthal (*ibid.*: 319):

> Because for Wundt sentences are mere reflections of unified mental representations, those reflections in his linguistic analyses can take any number of physical forms though still representing the same mental state. He was thus able to differentiate sentence patterns such as active, passive, question, and so on transformationally related to one another. The underlying mental representation he called either the "deep" (*tiefe*) or the "pure" (*reine*) structure of the sentence; whereas the physical representation of the sentence in the speech code he called de "*Overflächenstruktur*" (surface structure).

La historia de la propia psicolingüística, una vez superada la inicial conjunción llevada a cabo por Wundt, puede dividirse en cuatro etapas (cf. Kess 1992): *formative, linguistic, cognitive* y *psycholinguistic theory, psychological reality and cognitive science*. En la primera tuvieron lugar los hitos institucionalizadores, recopilados por Levelt (cf. 2013: 3-11) y que comenzaron con el *Interdisciplinary Summer Seminar in Psychology and Linguistics* (Universidad de Cornell, 18/06/1950-10/08/1950). Como resultado de esta reunión científica se emitió un informe que encomendaba a los psicólogos y psicolingüistas profundizar en la explicación lingüística, dejando la labor descriptiva a los lingüistas.

Las personas encargadas de estas tareas constituyeron un comité presidido por Charles Osgood y con miembros como John Carrol y Thomas Sebeok[15]. En esta línea, se organizó el *Summer Seminar on Psycholinguistics* (1953) con una gran participación que derivó en una de las obras seminales del campo: *Psycholinguistics: A Survey of Theory and Research Problems* (1954[16]), en la que se plantea 1) la aproximación propiamente *lingüística*, que hace énfasis en el carácter social y sistémico, con influencia evidentemente estructuralista; 2) la *conductista*, fundamentada en la adquisición mediante estímulo; y 3) la *teoría de la información*, influida por la teoría de la probabilidad. El desarrollo de estas teorías, por otra parte, se produjo

---

15. Recogemos algunos de sus temas:

> The Committee sponsored a number of smaller meetings on a variety of topics like language universals […] and encouraged research like Carroll's Southwest Project in Comparative Psycholinguistics investigating the Linguistic Relativity Hypothesis which had attracted renewed attention through the writings of Benjamin Lee Whorf (Kess 1992: 16).

16. Seguimos la edición ampliada por Diebold y Miller (Osgood y Sebeok 1965).

únicamente en territorio estadounidense, ya que autores como Piaget, Luria o Jakobson no participaron nunca en estos seminarios, ni tan siquiera Bühler, el psicólogo del lenguaje más importante en Europa antes de la guerra que trabajaba en esa época en el país (cf. Levelt 2013: 11).

Durante el periodo *lingüístico* destaca George Miller, quien siguiendo la línea de las investigaciones de Osgood y Sebeok se separa de ellos para integrar en el estudio psicolingüístico las tesis de la gramática generativo-transformacional, con el fin de intentar alcanzar la interdisciplinariedad:

> Psycholinguistics is a very young child of two reasonably mature behavioral sciences and it is not yet entirely clear what it includes or how it will develop. It should presumably include all those parts of psychology that a linguist should know about and all of linguistics that should be studied by a psychologist. What is not clear is just how far each science overlaps the other or how the separate conceptual schemes used in the two can be formulated in a common vernacular for purposes of comparison and mutual supplementation (Miller 1954: 693).

De este modo, Chomsky se constituye como un autor canónico en el campo debido a tres cuestiones: 1) su crítica al *Verbal Behavior* de Skinner (cf. Chomsky 1959), máximo exponente del conductismo y representante de la tradición estructuralista americana representada en lingüística por Bloomfield; 2) su colaboración con Miller, especialmente fructífera gracias a la formulación de la *Derivation Theory of Complexity* (en adelante, DTC); y 3) la importancia de sus propuestas sobre la adquisición lingüística.

La DTC puede definirse como la relación proporcional existente entre la complejidad de la historia transformacional de una oración y su procesamiento. Para demostrar esta teoría, Miller y Chomsky (cf. 1963) se valieron de los datos experimentales de la psicología en tres apartados: la transformación de afirmativa a negativa, la gradación ascendente de dificultad entre la transformación de negativa, pasiva y ambas, respectivamente, y, en último lugar, las limitaciones de la memoria.

La adquisición lingüística, por supuesto, también se vio influida por las tesis innatistas del lingüista norteamericano, lo que supuso una ruptura con los planteamientos empiristas procedentes de la psicología de Tiedemann, Piaget y Vygotsky, cuyas características opuestas recogemos en la siguiente tabla (Tabla 2):

Tabla 2. Diferencias entre el empirismo y el innatismo al respecto de la adquisición lingüística (Cutler, Klein y Levinson 2005: 4-5)

Empirismo	Innatismo
language is viewed as just part of general development	the idea that there is a single "language module", innate, universal and independent of other cognitive modules
there is a strong empirical orientation	often poor empirical work
no particular linguistic framework is relevant, so that where linguistic definitions are important, essentially categories from traditional school grammar are used	strong adherence to a particular linguistic framework, namely generative grammar in its various forms

El *language acquisition device*, o LAD en sus siglas en inglés, al igual que la DTC, perdió relevancia en la psicolingüística en este caso por evolucionar hacia posturas minimalistas, separándose de los factores generales y específicos del lenguaje como defienden Cutler, Klein y Levinson (2005: 4-5) en la cita:

> The minimalist framework, in particular, does not motivate acquisition research. In addition, there was a diminished role for the idea of "parameter setting"-the notion that language-specific variation can be described in terms of a universal set of parameters which allow variable values, and that children are born with the set of parameters and infer, from the language input they receive, the values which their native language requires for each parameter. This idea, crucial in this tradition of acquisition research since the early eighties, lost its impact once subsequent theoretical accounts assigned parameters to the lexicon, rather than to a core role in the grammar.
> Nonetheless, the question which was the basis of Chomsky's LAD proposal and which motivated the parameter-setting account remains central in psycholinguistics.

El periodo *cognitivo*, el tercero según la clasificación de Kess (cf. 1992), está marcado por la dependencia del lenguaje con respecto a la cognición general, como un resultado de sus procesos. Este cambio supone romper con la teoría chomskiana que se hizo extensible a otros aspectos[17]: 1) el objeto de estudio vira y la actuación comienza a ser más estudiada que la competencia, alejándose de la relación directa e ideal entre gramática y conocimiento lingüístico (cf. Bever 1970: 343); 2) la vindicación del correlato entre las unidades lingüísticas y psicológicas, pero el rechazo del componente transformacional; y 3) la creciente investigación

---

17. Algunos de sus presupuestos teóricos pervivieron en cuestiones como la crítica al asocianismo skinneriano (cf. Bever, Fodor y Garrett 1968: 585).

de la semántica frente a la sintaxis con autores como Lakoff, Ross y McCawley, quienes estaban interesados «on higher lever processes such as the comprehension and memory of discourse or text, and on lower level processes such as the recognition of lexical and sub-lexical-units» (Tanenhaus 1988: 11).

El último periodo, *psycolinguistic theory, psychological reality and cognitive science*, supuso una revolución con el paso de la inter- a la multidisciplinariedad, gracias, en parte, a la llegada de nuevos medios de análisis como el ordenador y a una mayor implicación del componente neuronal, lo que conducirá a Fodor (1983: 119-120) a postular su *teoría de la modularidad mental*:

> We now have before us what might be called a "modified" modularity theory of cognitive processes. According to this theory, Gall was right in claiming that there are vertical faculties (domain specific computational mechanisms). Indeed, a still stronger claim is plausible: that the vertical faculties are modules (informationally encapsulated, neurologically hardwired, innately specified and so forth). But nonmodular cognitive systems are also acknowledged, and it is left open that these latter my exhibit features of horizontal organization. Roughly speaking, on this account, the distinction between vertical and horizontal modes of computational organization is taken to be coextensive with the functional distinction between systems of input analysis and systems that subserve the fixation of belief.

Sin embargo, en ese mismo contexto se desarrolla el modelo de Rumelhart y McClelland (1986): *Parallel Distributed Processing*. En él, los psicolingüistas toman las neuronas como inspiración en la búsqueda de un modelo fisiológicamente plausible, pero se centran en los aspectos psicológicos que intentan explicar de la forma que sigue:

> These models assume that information processing takes place through the interactions of a large number of simple processing takes place through the interactions of a large number of simple processing elements called units, each sending excitatory and inhibitory signals to other units. In some cases, the units stand for possible hypotheses about such things as the letters in a particular display or the syntactic roles of the words in a particular sentence. In these cases, the activations stand roughly for the strengths associated with the different possible hypotheses, and the interconnections among the units stand for the constraints the system knows to exist between the hypotheses. In other cases, the units stand for possible goals and actions, such as the goal of typing a particular letter, or the action of moving the left index finger, and the connections relate goals to subgoals, subgoals to actions, and actions to muscle movements. In still other cases, units stand not for particular hypotheses or goals, but for aspects of these things. Thus a hypothesis about the identity of a word, for example, is itself distributed in the activations of a large number of units (McClelland y Rumelhart 1986: 10).

Esta nueva perspectiva concuerda con los estudios incluidos en la *embodied cognition*, que rompe con la distinción tradicional entre el sistema sensorial y cognitivo –que interactúan a través de la representación del mundo surgida en el primero y transmitida al segundo–, y que defiende la actuación de ambos en el mismo sistema representacional. Las premisas anteriores conllevan la existencia de un correlato cerebral entre cognición y percepción, y un acercamiento puramente multidisciplinar[18]:

> Cognition is thus rooted in the same motoric and sensory representations that support interaction with the external world. Or, put another way, cognition is grounded in the same neural substrates that support sensory-motoric interaction with the external world. One consequence of this view is that language, a component of cognition, should, like the other components of cognition, be studied in the context of (i) the interactions it causes between the hearer and the world, and (ii) the neural substrates that support those interactions. Coincidentally, the 1990s saw a boom in research into the neural substrate of language, in part due to the increased availability of neuroimaging technologies (predominantly *PET* and *fMRI*, with *EEG* and more recently *MEG* also proving influential) (Altmann 2006: 262).

En conclusión, actualmente los especialistas del campo abogan, además de por la habitual inserción de la psicolingüística en las *ciencias cognitivas*, por considerarla como un campo de la *ciencia neurocognitiva*, que atiende a la relación entre biología y comportamiento, gracias al aumento de investigaciones sobre el procesamiento lingüístico cerebral. De este modo, ya no solo se muestra interés por la actuación del cerebro en los procesos de comprensión y producción lingüística, sino también en procesos más generales, como el lugar del procesamiento lingüístico en el organismo (cf. Cutler, Klein y Levinson 2005: 7-8).

2. Neurolingüística

La *neurolingüística*[19] ha sido tradicionalmente definida como el campo encargado de estudiar las relaciones entre el lenguaje y el cerebro, pero esta postura por su carácter amplio presenta solapamientos con otras disciplinas como la psicolingüística, la neurolingüística, la logopedia y la lingüística clínica (cf. Garayzábal Heinze y Otero Cabarcos 2004). Si entramos en definiciones más específicas, además de las relaciones entre el órgano y la capacidad, existe un segundo campo de estudio im-

---

18. Field (2011: 413) defiende que en la actualidad «psycholinguistics is a multi-disciplinary field, drawing upon cognitive psychology, theoretical linguistics, speech science, phonetics, computer modelling, neurolinguistics, clinical linguistics, discourse analysis and pragmatics».

19. Término acuñado por Whitaker (1970) y Whitaker y Whitaker (1976-1979).

portante: la *afasiología*, que estudia los trastornos lingüísticos debidos a lesiones cerebrales (cf. Caplan 1987: x-xi). Esta perspectiva ha sido complementada gracias al estudio de individuos sin ningún trastorno y con nuevos instrumentos de medición como PET, fMRI, rCBF, ERPs y MEG (cf. *ibid*. 2017: 323; Ahlsén 2011: 460), que ya habían sido mencionados como herramientas en la psicolingüística actual (*vid. supra* capítulo 2, §1). De este modo, las diferencias entre la psico- y la neurolingüística no se encuentran en el objeto de estudio, sino en el enfoque adoptado, ya sea *dualista*, propio de la tradición filosófica occidental, o *monista*, el más utilizado en la afasiología, como expone Fernández Pérez (1992: 372):

> Así, mientras en el ámbito de la Neurolingüística los aspectos de interés lo constituyen los procesos cerebrales implicados en la actividad lingüística, en el ámbito de la Psicolingüística la atención se centra en los componentes funcionales (emergentes eso sí de los procesos cerebrales) asociados a dicha actividad. Para lograr sus propósitos, la Neurolingüística se sirve inicialmente de medios técnicos más o menos sofisticados que le faciliten la observación y la comprobación de la actividad cerebral; la Psicolingüística, por su parte, echa mano de datos observados en situaciones naturales e inducidas, o logrados a través de experimentos, lo que posibilitará la elaboración y contrastación de hipótesis y teorías acerca de los factores de entorno con peso y pertinencia en los aspectos funcionales de la naturaleza neuropsicológica del lenguaje.

Por otra parte, las similitudes entre ambos también son notables (Paredes Duarte y Varo Varo 2006: 109): «1) la localización de las funciones cerebrales que atañen a mecanismos del habla; 2) los aspectos biológicos del proceso comunicativo, 3) el tema de la adquisición del lenguaje, e incluso 4) el estudio de las afasias». Por ello ambas disciplinas suelen considerarse complementarias (cf. Caplan 1987; Lesser 1990).

En cuanto a su origen, la neurolingüística, o, al menos, la afasiología, se retrotrae a las investigaciones de Paul Broca, quien hipotetizó en 1861 que algunos de sus pacientes eran incapaces de producir un discurso articulado debido a una lesión cerebral –un área situada en la tercera circunvolución frontal del hemisferio izquierdo, las áreas 44 y 45 de Brodmann–, una tesis contrastada en 1864 mediante sus disecciones. Pese a que esta teoría sería rechazada por ser considerada locacionista por parte de autores como Cruveilhier, Laborde, Lélut o Bastian (cf. García-Molina y Roig Rovira 2013), Broca se convirtió en un autor canónico para la afasiología[20]. En 1874, Wernicke, siguiendo la metodología de Broca, relacionó una parte del lóbulo temporal –áreas 21 y 22 de Brodmann– a los problemas de comprensión de ciertos sujetos.

---

20. Recientemente, Giménez-Roldán (cf. 2017) ha reevaluado las tesis de Broca, demostrando omisiones de fuentes de la época y problemas metodológicos durante la inspección cerebral externa.

Estas investigaciones iniciales se desarrollaron en los años posteriores y desembocaron en la constitución de la clasificación clásica de las afasias, recogida en la siguiente tabla (Tabla 3), que choca con los planteamientos de la afasiología moderna, que defiende la clasificación en función de los niveles de representación lingüística –*léxico, morfológico, oracional* y *discursivo*–:

Tabla 3. The classic aphasic syndromes (Caplan 2017: 324-325)

Syndrome	Clinical Manifestations	Hypothetical Deficit	Classical Lesion Location
Broca's aphasia	Major disturbance in speech production with sparse, halting speech, often misarticulated, frequently missing function words and bound morphemes	Disturbances in the speech planning and production mechanisms	Primarily posterior aspects of the 3rd frontal convolution and adjacent inferior aspects of the precentral gyrus
Wernicke's aphasia	Major disturbance in auditory comprehension; fluent speech with disturbances of the sounds and structures of words (phonemic, morphological, and semantic paraphasias)	Disturbances of the permanent representations of the sound structures of words	Posterior half of the first temporal gyrus and possibly adjacent cortex
Anomic aphasia	Disturbance in the production of single words, most marked for common nouns with variable comprehension problems	Disturbances of the concepts and/or the sound patterns of words	Inferior parietal lobe or connections between parietal lobe and temporal lobe
Global aphasia	Major disturbance in all language functions	Disruption of all language processing components	Large portion of the peri sylvian association cortex
Conduction aphasia	Disturbance of repetition and spontaneous speech (phonemic paraphasias)	Disconnection between the sound patterns of words and the speech production mechanism	Lesion in the arcuate fasciculus and/or cortico-cortical connections between temporal and frontal lobes

Syndrome	Clinical Manifestations	Hypothetical Deficit	Classical Lesion Location
Transcortical aphasia	Disturbance of spontaneous speech similar to Broca's aphasia with relatively preserved repetition	Disconnection between conceptual representations of words and sentences and the motor speech production system	White matter tracts deep to Broca's area
Transcortical sensory aphasia	Disturbance in single word comprehension with relatively intact repetition	Disturbance in activation of word meanings despite normal recognition of auditorily presented words	White matter tracts connecting parietal lobe to temporal lobe or in portions of inferior parietal lobe
Isolation of the language zone	Disturbance of both spontaneous speech (similar to Broca's aphasia) and comprehension, with some preservation of repetition	Disconnection between concepts and both representations of word sounds and the speech production mechanism	Cortex just outside the perisylvian association cortex

Desde una perspectiva histórica, Whitaker (cf. 1998) reconstruye una posible historia sobre las relaciones entre cerebro y lenguaje que parte de los textos hipocráticos y medievales para llegar a la frenología de Gall y a las tesis de Broca gracias a la figura de Jean Baptiste Bouillaud (*vid.* Levelt 2013: §3). Asimismo, complementa el canon del enfoque neurolingüístico al tratar las aportaciones de Theodor von Meynert sobre la *receptive aphasia*, que profundiza en su conexión teórica con Wernicke, y las teorías de la localización cerebral de Henry Charlton Bastian.

En lo que respecta a su modelización, la neurolingüística comenzó con el conocido como Broca-Wernicke-Lichteim, que fue matizado en la década de 1970 por Geschwind, y que se constituyó como la base de los modelos posteriores a través de las siguientes líneas teóricas:

> notions involving (a) functional relations between primary, sensory and motor areas of the cerebral cortex, (b) secondary association areas, and (c) the structural and functional connections of both of these to other "higher" cortical regions and to the subcortical structures of the brain (Ingram 2007: 40).

En esta línea, Luria (cf. 1976: 3-47) critica la imposibilidad de establecer relaciones entre las hipótesis de la lingüística y la psicología con los datos empíricos por su relación general con todos los aspectos que interactúan en el lenguaje. Por ello, aboga por distinguir la fase de codificación de la de decodificación para determinar qué zonas cerebrales controlan las distintas funciones lingüísticas. La perspectiva locacionista expuesta fue perdiendo importancia con la llegada de los instrumentos de medición de la activación de las distintas zonas cerebrales en tiempo real, lo que condujo al conexionismo[21], opuesto a las tesis de Chomsky y Fodor, tal y como ocurrió en la psicolingüística. Por esta razón, actualmente predomina la opinión de insertar a la neuro- y la psicolingüística en la *neurociencia cognitiva del lenguaje*, como evidencian Stemmer y Whitaker (2008: xix)

> Whereas 10 years ago, neuroimaging was just being explored for neurolinguistic questions, today it constitutes a routine component. Nevertheless, what one should keep in mind, as the present *Handbook of the Neuroscience of Language* clearly demonstrates, is that developments in linguistic and psychological theory are equally important. The image means nothing until and unless it is validly interpreted. Describing language and communication disorders and correlating them with lesion sites was a beginning: studying the neural systems associated with language and communication within the framework of interacting brain systems that mediate affective, cognitive and monitoring systems is the challenge.

Gainotti (cf. 2008) sitúa la evolución teórica y la institucionalización del campo en la producción de Harold Goodglass, Roch Lecours y Klaus Poeck, quienes crearon revistas, formaron a trabajos, elaboraron materiales y fundaron sociedades. Con respecto a sus trabajos, el primero se interesó por la afasiología clínica, por la evaluación teórica y por la creación de experimentos para la obtención y el contraste de datos; el segundo, por la implementación de la teoría lingüística en la indagación de las patologías neurológicas; y el tercero abogó por la necesidad de un equipo interdisciplinar para la correcta investigación sobre el tema, con el que una vez constituido indagó en la rehabilitación de los trastornos del lenguaje.

No obstante, la aceptación general de esta interdisciplinariedad fue criticada por Poeppel y Embick (cf. 2005), quienes evidencian la ausencia de correspondencia entre las *unidades primitivas de representación* y las *unidades primitivas de operación*. De este modo, solo podrá alcanzarse la verdadera interdisciplinariedad una vez que se resuelvan los siguientes problemas:

> **Granularity Mismatch Problem (GMP):** Linguistic and neuroscientific studies of language operate with objects of different granularity. In particular, linguistic

---

21. Poeppel (cf. 2012: 13) critica la preponderancia de la localización y la caracterización espacial para explicar tanto la percepción como la cognición, pese a reconocer que las investigaciones sobre ciertas áreas cerebrales y funciones obtienen resultados consistentes.

computation involves a number of fine-grained distinctions and explicit computational operations. Neuroscientific approaches to language operate in terms of broader
conceptual distinctions (Poeppel y Embick 2005: 2-3).

Ontological Incommensurability Problem (OIP): The units of linguistic computation and the units of neurological computation are inconmensurable (*ibid.*: 4)[22].

3. Biolingüística

Este epígrafe será más extenso que los anteriores por varias cuestiones. La primera es que este enfoque se construye a partir de las tesis chomskianas, por lo
que se demuestra una fundamentación lingüística más importante que en los anteriores, donde el sustrato de la psicología y la neurología es mayor; asimismo, esta
evolución posee un carácter mayoritariamente unilateral, por lo que entendemos
necesaria una reevaluación historiográfica. La segunda es la ausencia de investigaciones historiográficas generales, puesto que solo se pueden encontrar aportaciones a elementos teóricos, conceptuales o metodológicos. La tercera y última surge
de la necesidad de reevaluar el canon sobre el que se constituye la biolingüística,
que parte de obras ampliamente criticadas por los especialistas de la HL: *Aspects of
the Theory of Syntax* (Chomsky 1965) y *Cartesian Linguistics* (Chomsky 1966).

3.1. Historia de la biolingüística

Al igual que hemos hecho con la psico- y la neurolingüística, aunque de forma más
extensa en esta ocasión, distinguimos dos bloques dentro de la historia de la biolingüística: la «prehistoria», una etapa en la que aún no se había producido su for-
malización, entre los años 1950 y 1973, y la propia historia del enfoque, que según
distintos teóricos (cf. Jenkins 2002; Boeckx y Grohmann 2007; Lorenzo González
2013; entre otros), comienza con el círculo de conferencias organizado por Piattelli-Palmarini en 1974.

3.1.1. Postulados previos a su institucionalización

El término *biolinguistics* surgió en la década de 1920 en la Universidad de Michigan
con la creación del *Laboratory of Biolinguistics* –cuyos intereses se centraban en el estudio de «various forms of articulation, intonation, intensity, pitch, quantity, and other

---

22. Las negritas son de los autores.

factors which contribute to the effectiveness of discourse» (QJS 1925 *apud* Martins y Boeckx 2016: 3)– y con la publicación del *Handbook of Biolinguistics* (Meader y Muyskens 1962 [1950]). Este primer libro ha sido reducido habitualmente a la mera anécdota terminológica, pero, como ya analizamos en una publicación previa (cf. González Jiménez 2020a), representa una incipiente investigación interdisciplinar no continuada por los teóricos posteriores por las razones que detallamos a continuación.

La tesis principal de Meader y Muyskens (cf. 1962: 8) es que el lenguaje es un componente inseparable e integrado en todos los seres vivos y la naturaleza inanimada, lo que obliga al conocimiento de campos como la bioquímica, la fisiología, las matemáticas, la neurología, etc.; pero, además, otros propios de las ciencias sociales como la economía, las ciencias políticas, la sociología, entre otras. Entre las fuentes de las ciencias naturales destacamos tres pilares en su investigación: las teorías evolutivas darwinistas y la genética mendeliana, las bases del paradigma biológico neodarwinista y la noción de relatividad de Einstein (cf. González Jiménez 2020a: 104). De este modo, el lenguaje queda definido como sigue:

> Accordingly, language is to be regarded as a dynamic, developing group of processes, manifested in the organism (both of the human being and lower animals) and, indeed, constituting an integrated portion of the organism. The organism in its turn is an integrated, functioning portion of its surroundings, including society as a whole, and takes on ever new forms through its interactions with the changing forms of its developing environment (Meader y Muyskens 1962: 8).

El método de trabajo para investigar esta función corporal holística ha de seguir la metodología de las ciencias naturales y considerar el lenguaje como un proceso biológico que puede explicarse a través de las relaciones entre el sujeto y el entorno, en oposición a la *static school* –centrada en el análisis de los sonidos y las combinaciones morfológicas, sintácticas, etc.– y al psicologismo, que pese a reconocer las implicaciones biológicas del lenguaje se centra en el modo en que la mente controla los procedimientos lingüísticos (cf. Meader y Muyskens 1962: 9). Así, el lenguaje puede concebirse como

> an evolving group of highly complex patterns of action determined by the integrations of the fundamental processes of living matter enumerated above [irritability, transmission, movement, growth, reproduction, secretion and excretion], those most conspicuous in language being muscular movement, glandular secretion, irritability and transmission (*ibid.*: 12).

De este modo, «el lenguaje tiene lugar en el proceso de integración de fuerzas internas y de fuerzas externas, o estímulos» (González Jiménez 2020a: 105), entendiendo la naturaleza de forma energética y la participación entre seres animados e inanimados, lo que supone negar la función comunicativa como predominante y, por consiguiente, la superioridad de la *mente* sobre la *materia*, propia de la filosofía occidental tradicional (cf. *ibid.*: 106). Sin embargo, el ser humano presenta una mayor especialización de esta capacidad, que los autores explican siguiendo una marcada línea genocentrista:

> Consistent with these facts language is treated genetically in this handbook, i.e., language is presented as an emergence from a relatively undifferentiate matrix. Accordingly, the new and more specific forms continually arising are described, where possible, in their relations to the old (Meader y Muyskens 1962: 15).

Como queda patente, el interés de Meader y Muyskens radica en la interacción entre el organismo y el entorno, cuestión que consideran la función lingüística principal, pero, a su vez, definen la interacción entre organismos a través de un proceso de *integración*[23]. Así, el lenguaje puede entenderse como la integración de procesos vitales divididos en tres partes (González Jiménez 2020a: 106):

1. Una primera que considere la fonética, por sus movimientos motores, tanto en el habla normal como en el habla patológica;
2. otra parte debe hacer referencia a la semántica, ya que hace hincapié en la parte sensorial y referencial del ser humano;
3. y, por último, una que aluda a la hermenéutica, puesto que da cuenta de la evaluación individual del pasado experiencial, integrando así al sujeto con su entorno.

El apartado fonético es el tema central de esta obra, pero los autores intentan plantear una *teoría de la emergencia*[24] del habla, que recogemos a continuación (Tabla 4):

---

23. Este concepto se define del siguiente modo:

> Integration may occur between inanimate systems of energy, between living organism, or between living organisms and inorganic environmental energy. However, integration as here employed is not an interaction between separate systems of forces, but only between the component parts of a larger systems (Meader y Muyskens 1962: 15).

24. La emergencia se define así:

> The interaction of systems of energy may take the form of the fusion of such systems (or parts of them) in which case a new system arises which differs quantitavely and therefore in pattern of activity. The evolution of "speech organs" and of their functions is a specific instance of emergence (Meader y Muyskens 1962: 55).

Tabla 4. Adquisición del habla según Meader y Muyskens (1962)
(González Jiménez 2020a: 107)

Etapa	Elemento adquirido
Prenatal	«variations in muscle tension and rhythmical movements of the speech organs»
Entre dos y cuatro semanas tras el nacimiento	«the ability to produce a vastly greater number of vocal movements and differentiable sounds than he will use in speech»
Primeros años	«the child meets innumerable new social situations to which he must adjust himself. The vocabulary increases proportionately fast»
Adolescencia	«new situations arise on an average less frequently and the growth of the vocabulary gradually slows with his leveling growth curve»
Edad adulta (a partir de los 20 años)	«The naive individual adds comparatively few words to his vocabulary after his twentieth year»
Vejez	«Meanwhile, the degenerative processes increase in extent, progressively affecting meaning, articulation and phonation as the years roll by, until eventually they terminate in death»

El *Handbook of Biolinguistics* ha sido desatendido por los historiadores y teóricos de la biolingüística, pese a que es un ejemplo de cómo en las décadas de los 40 y 50 surgió un foco de gestación sobre los postulados «prebiolingüísticos» de corte neodarwinista, que incluso Lenneberg (cf. 1975 [1967]: 18) menciona, aunque únicamente como una obra de corte escolar. Sus propuestas teóricas y metodológicas no fueron continuadas, ya que el surgimiento de la lingüística generativa y su oposición a las tesis de estos autores condicionaron completamente el campo de estudio.

En esa misma década, Chomsky publica su primera obra: *Syntactic Structures* (1975 [1957]), que constituye el inicio de la gramática generativa y, por ende, de las bases de sus posteriores postulados biolingüísticos, condicionados siempre por una preeminencia de la sintaxis frente a la semántica[25]. Asimismo, aunque no con una incidencia directa sobre estos estudios interdisciplinares, encontramos un posible antecedente de la *gramática universal* –en adelante, GU– en la *condición de generalidad*, que se define como una «teoría-de-la-estructura-lingüística específica en la que los términos tales como "fonema" y "frase" sean definidos independientemente de toda

---

25. *Vid.* González Jiménez (2020b) para un estudio historiométrico de la relación entre sintaxis y semántica en *Syntactic Structures* (1957) y *Aspects of the Theory of Syntax* (1965) a partir del uso de sus términos.

lengua particular» (Chomsky 1975 [1957]: 68) y que Newmeyer (cf. 1982: 43) considera un antecedente de este concepto y que no volvió a ser usado posteriormente.

En «A Review of B. F. Skinner's *Verbal Behavior*» (Chomsky 1959), por otra parte, se desarrolla por primera vez en la trayectoria del lingüista la concepción biológica del lenguaje, de forma opuesta al conductismo imperante –no exclusivamente a Skinner–. De este modo, plantea que la complejidad cognitiva y lingüística de la especie humana es superior a la de las demás, lo que se manifiesta, desde posturas neodarwinistas, en tres rasgos: una estructura innata, una determinación genética en el proceso de maduración y el estímulo continuo (cf. *ibid.*: 27). La adquisición lingüística, un proceso que el propio lingüista reconoce desconocer (cf. *ibid.*: 43), responde a dos premisas: 1) se produce a través de un estímulo reducido, lo que implica un carácter creativo y no meramente imitativo, y 2) lo hace de forma uniforme independientemente del contexto, lo que es, de nuevo, un antecedente de la GU.

Aspects of the Theory of Syntax (Chomsky 1999a [1965]) supuso la culminación del llamado *modelo reglar*. Su teoría, de carácter mentalista, está organizada en torno a la *competencia*, «el conocimiento que el hablante-oyente ideal tiene de su lengua» (*ibid.*: 6), frente a la *actuación*. La alusión a la mente, en lugar de al cerebro, incluye a la lingüística en el ámbito de la psicología del individuo, o lo que es lo mismo: supone una disociación del componente social típicamente estructuralista por el conocimiento codificado y organizado en la especie humana que se manifiesta en las lenguas particulares y la subyacente GU (cf. *ibid.*: 56).

Esta GU se entiende como el conjunto de rasgos comunes que responde a la variación interlingüística, lo que conlleva una caracterización rica y altamente especificada (cf. *ibid.*: 28), y, consecuentemente, una escala superior en la jerarquía ontológica. De este modo, la adquisición lingüística se realiza desde un enfoque innatista, cuyos antecedentes rastrea en Descartes, Port-Royal y Leibniz, y en oposición al enfoque empirista (cf. *ibid.*: 45-46): «las estructuras mentales innatas latentes, una vez "activadas", se prestan a la interpretación de los datos de los sentidos de un modo en que previamente no se prestaban» (*ibid.*: 49). Por consiguiente, este concepto influye «prehistórica» y directamente en las teorías biolingüísticas al ser considerado el sustrato común a toda la especie y, en definitiva, biológico.

Por otra parte, la labor histórica/historiográfica que acabamos de apuntar en *Aspects of the Theory of Syntax* tuvo su culmen en *Cartesian Linguistics* (Chomsky 1978 [1966])[26]. En este breve libro, el norteamericano recopila una serie de pensadores que sirven como justificación histórica y filosófica de la corriente generativista y los inserta en una *lingüística cartesiana*, ampliamente criticada por los especialistas (*vid. supra* capítulo 1, §2) y definida como una constelación de ideas

---

26. *Vid.* González Jiménez (2018) para una recopilación de las fuentes presentes en ambas obras y González Jiménez (2022) para un caso de reevaluación de una de ellas.

e intereses que aparecen en la tradición de la gramática universal o filosófica que se desarrolla a partir de la *Grammaire générale et raisonnée* de Port-Royal (1660)» (Chomsky 1978: 15). Entre los temas tratados por los autores insertos en este constructo historiográfico destacamos los siguientes:

1. La distinción cualitativa entre la especie humana y las animales, que se manifiesta en el carácter creativo del lenguaje y no condicionado por el estímulo.
2. La adquisición lingüística, que únicamente puede explicarse conforme a los *universales lingüísticos*, de carácter innato y mental.

Esta primera etapa de los estudios chomskianos constituyó un foco de gestación teórica con gran influencia en los investigadores posteriores, como evidencia Mendívil Giró (2014: 42-43):

> La Biología del desarrollo de los años 50 del siglo xx (que es cuando surge la gramática generativa chomskiana) era esencialmente geneticista. El modelo geneticista del desarrollo fue especialmente atractivo para la aproximación chomskiana al lenguaje, ya que se enfrentaba a un problema similar: cómo explicar la robustez y la homogeneidad del desarrollo del lenguaje humano en un entorno inestable, confuso y que proporciona evidencia muy empobrecida sobre los sistemas de conocimiento finalmente obtenidos (lenguas-i). En consecuencia, los modelos iniciales de la Lingüística chomskiana asumieron una GU rica y genéticamente especificada, dado que en la Biología del momento lo innato era lo codificado genéticamente.

Desde la vertiente biológica y en consonancia con el primer modelo generativista, se publica *Biological Foundations of Language* (1975 [1967]) de Lenneberg, un biólogo alemán que defiende que el lenguaje no puede ser explicado a través del raciocinio o la inteligencia, sino que hay que atender a los principios biológicos que rigen la conducta y al organismo que la posee: «[l]a tesis fundamental de este libro es que la conducta, en general, es parte integrante de la constitución de cualquier animal, parte integrante de la totalidad orgánica; está en relación con estructuras y funciones, siendo unas la manifestación de las otras» (Lenneberg 1975 [1967]: 23).

El biólogo, consciente de las críticas que suscitaba esta nueva postura[27], intenta partir de cinco hipótesis biológicamente comprobables de forma empírica[28],

---

27. Como apunta Lenneberg (1975 [1967]: 24): «Esta tesis [biológica] constituye una herejía en determinados ámbitos del conductismo, ya que conduciría a la conclusión de que la conducta siempre debe ser investigada en términos de especies concretas».

28. Las premisas son las siguientes (Lenneberg 1975 [1967]: 413-416):
     a) «La función cognitiva es específica para cada especie».
     b) «Las propiedades específicas de la función cognitiva aparecen reproducidas en todos los miembros de la especie».

que anticipan muchos de los temas posteriormente centrales en la biolingüística (cf. Jenkins 2002 y 2013). Sin embargo, él mismo reconoce que muchas de las cuestiones no están suficientemente definidas aún:

> Del mismo modo que la teoría embriológica en su estado presente, mi teoría del desarrollo del lenguaje es esencialmente un comentario interpretativo de los hechos observables. Los hechos observables son la ausencia de necesidad de enseñar el lenguaje al igual que la ineficiencia relativa del entrenamiento programado sobre la velocidad de adquisición del lenguaje; el fenómeno de resonancia […]. La regularidad en la aparición del lenguaje […], la semejanza aparente en las estrategias de adquisición del lenguaje, la semejanza universal de las etapas primitivas y la diferencia en la forma externa entre las etapas primitivas y el lenguaje adulto. Otros hechos observables son las diferencias entre niños y adultos en su recuperación de afasias adquiridas (Lenneberg 1975 [1967]: 422).

Sus aportaciones, coincidiendo con el contexto intelectual que rodea al autor, presentan un enfoque neodarwinista, es decir, de predominancia de la codificación genética, y pueden resumirse como sigue (Tabla 5):

Tabla 5. Principales aportaciones de Lenneberg (1975 [1967])
(elaboración propia)

Lenguaje	Sistema cognitivo específicamente humano formado por	1. capacidad para el lenguaje 2. estructura latente (ajena al estímulo externo)
	Proceso ontogénico compuesto por tres fases	1. Inicial (cero-dos años) 2. Desequilibrio/reorganización (dos a doce años, periodo crítico de aprendizaje) 3. Maduración/estancamiento
	Desarrollo	1. Estructura latente 2. Actualización (no identificar con la producción) 3. Estructura realizada
	Variación lingüística	Las lenguas poseen una estructura interna común que permite la adquisición indiscriminada

---

c) «Los procesos y capacidades cognitivas se diferencian espontáneamente con la maduración».

d) «Al nacer, el hombre está relativamente inmaduro; ciertos aspectos de su conducta y de su función cognitiva surgen sólo durante la infancia».

e) «Entre los animales, ciertos fenómenos sociales sobrevienen por adaptación espontánea de la conducta del individuo en desarrollo a la conducta de los otros animales que lo rodean».

Este libro es tan relevante para la constitución de la biolingüística que, pese a haberse desechado el paradigma neodarwinista en favor de la biología evolutiva y del desarrollo –en adelante, *evo-devo*–, todavía sigue teniendo vigencia en algunas cuestiones. Un ejemplo es el artículo de Boeckx y Longa Martínez (2011: 255), quienes, por un lado, aluden a la importancia de los genes en el texto del alemán, pero no como elemento central, sino como «a mere starting-point, which is to be complemented with and related to many biological elements and levels for making up non trivial developmental paths». Por otro, al respecto de la especificidad del lenguaje, plantean que se encuentra más cerca de las propuestas minimalistas chomskianas actuales, como se evidencia en el siguiente fragmento:

> In a moment when Generative Grammar, and Chomsky himself, stressed the differences between human language as a whole and animal systems, by stating that no linguistic mechanisms had anything to do with those found in animal, Lenneberg provided us with an incipient comparative method, which led him to the assertion that similarities between human and non-humans can be found, even for those areas of the language faculty which in current terms would correspond to the F[aculty of] L[anguage in] N[arrow sense] (*ibid.*: 265).

3.1.2. Desde su institucionalización hasta la actualidad

Si el *Handbook of Biolinguistics* (Meader y Muyskens 1962 [1950]) constituye la primera obra en la que aparece el término, su institucionalización está igualmente asentada y aceptada por la comunidad científica del campo en unas coordenadas espaciotemporales concretas[29]: el congreso *Animal Communication and Human Communication* organizado por Piattelli-Palmarini en el marco del proyecto del *Centre Royaumont pour une science de l'homme* (mayo de 1974, Massachusetts), cuyo objetivo era estudiar «las relaciones entre la estructura cerebral y el lenguaje, un tema de estudio recomendado por Salvador E. Luria y Noam Chomsky» (Jenkins 2002: 23).

Gracias al éxito de esta reunión, el mismo *Centre Royaumont* organizó otra titulada *Communication and Cognition*, dirigida por Chomsky y Luria, que contó con la asistencia de reputados biólogos como Changeux, Mehler, Scherer, Sanchin y Petiot. De nuevo, los resultados obtenidos condujeron a la celebración de otro ciclo titulado *Ontogenic and Phylogenetic Models of Cognitive Development*, en el que destacó la asistencia de Monod y Jacob, ganadores del premio Nobel en Fisiología

---

29. Una postura contraria la encontramos en Boeckx (2013: 64), quien defiende que esta sistematicidad no fue tal, puesto que «"biolinguistics" and "bioanthropology" were used interchangeably to refer to the same enterprise [...]. But while biological anthropology achieved independence from cultural anthropology and flourished, biolinguistics did not».

o Medicina de 1965. En este marco, se produjo el debate entre Chomsky y Piaget, que condicionó el desarrollo del canon y, consecuentemente, la evolución teórica de la biolingüística en lo que Piattelli-Palmarini (cf. 2001: 18-19) denominó la confrontación entre la *ciencia cognitiva clásica* y la *no clásica*. La victoria del norteamericano condicionó el campo, como comentábamos, pese a los esfuerzos del europeo por alcanzar un consenso en los siguientes puntos, que, por otra parte, son los más seguidos en la biolingüística actual (cf. Boeckx 2014)[30]:

1. Auto organization and self-stabilization are not just empty metaphors, but deep universal scientific principles captured by precise logico-mathematical schemes.
2. There is a necessary, universal and invariable sequence of stepwise transitions between qualitatively different, fixed stages of increasing self-stabilization.
3. The "logic" of these stages is captured by a progressive hierarchy of inclusion between ascending levels of abstraction and generalization (each stage contains the previous one as a sub-set).
4. The necessary and invariant nature of these transitions cannot be captured by the Darwinian process of random mutation plus selection.
5. Another theory of biological evolution is needed (Piaget's "third way", differing both from Darwin's and Lamarck's) (Piattelli-Palmarini 1994: 319-320).

La década de los setenta continuó con esta tendencia ascendente (cf. Jenkins 2002: 24) con la creación del *Work Group on the Biology of Language* (desde julio de 1975 hasta agosto de 1976) en el MIT –desarrollando la propuesta de Chomsky, Luria y Carey Block– y los simposios organizados en Europa por Konrad Lorenz, premio Nobel en Fisiología o Medicina en 1973, y Otto Koenig en Salzburgo. En 1980, de nuevo en EE. UU., se conformó *The Harvard Medical School Biolinguistics Group* bajo el amparo del *Allan Maxam's Laboratory of Molecular Biology*, en el que se indagaba sobre las bases biológicas del lenguaje, cuyos temas fueron los siguientes:

la lingüística teórica, la biología molecular, los trastornos del aprendizaje, la neurobiología de la comunicación animal, la neurolingüística, la lateralización cerebral, la plasticidad nerviosa y los periodos críticos, la afasia, la dislexia, la visión, los sueños, la lingüística computacional, la percepción prelingüística del discurso en niños, discapacidad lingüística de origen cromosómico, y evolución del lenguaje (Jenkins 2002: 25-26).

Esta progresión se vio interrumpida debido a la infrafinanciación de la biolingüística, puesto que estaba considerada una simple analogía entre lingüística y biología

---

30. De hecho, Boeckx (cf. 2014: 90-91) llega a defender que la postura altamente especificada de la gramática universal postulada por la *ciencia cognitiva clásica* chomskiana fue un paso necesario para alcanzar la situación teórica actual.

(cf. *ibid.*: 26). La negación por parte de los evaluadores externos de la importancia de estos estudios pudo deberse a que los consideraban como un apartado dentro del generativismo, ya que la mayoría de las investigaciones aludían a la biología de forma tangencial, y a los éxitos alcanzados por los estudios lingüísticos inmanentistas durante el siglo XX, que propiciaron metodologías propias separadas de aquellas inter- y multidisciplinares (cf. Boeckx y Martins 2016). Asimismo, y como adelantamos en el epígrafe de la psicolingüística (*vid. supra* capítulo 2, §1), los problemas ontológicos fueron constantes incluso en los paradigmas imperantes, lo que dificultaba la realización de experimentos y el desarrollo teórico (cf. Poeppel y Embick 2005).

En este desfavorecedor contexto, Chomsky continuó con su intención de explicar el carácter innato del lenguaje y su relación con la biología. De este interés surgió *Principles and Parameters Theory*[31] (1979-1992) –en adelante, P&P–, que intenta responder al «problema de Platón», o sea, a la relación entre la adquisición lingüística y el estímulo externo limitado. Para ello, Chomsky (cf. 1989 [1985]: 17) se plantea tres preguntas: qué es lo que constituye el conocimiento del lenguaje, cómo se adquiere y cómo se utiliza. Sus respuestas son las siguientes (cf. *ibid.*):

1. El conocimiento lingüístico lo proporciona una gramática generativa particular, «una teoría que trata del estado de la mente/cerebro» que conoce una lengua. En este sentido, es conveniente anotar que en esta ocasión se utiliza el par de conceptos *mente/cerebro* en lugar de exclusivamente el segundo, lo que supone una separación paulatina de la concepción meramente física del componente lingüístico hacia una postura fisiológica, al contrario de lo que ocurría en el modelo reglar.

2. La adquisición se produce a través de «una especificación de la GU junto con una explicación de las formas en que sus principios interaccionan con la experiencia para obtener una lengua determinada». La GU, por tanto, se constituye como el estado inicial de la facultad lingüística carente de estímulo.

3. El uso, por su parte, puede explicarse mediante una teoría sobre la expresión del pensamiento y la comprensión de los ejemplares lingüísticos en primer lugar, para, posteriormente, adentrarse en la comunicación y otros usos lingüísticos.

El primer aspecto que debemos apuntar en torno a este modelo alude al objeto de estudio. Chomsky distingue entre una *lengua-e* –lengua exteriorizada– y una *lengua-i* –lengua interiorizada–. La primera puede estudiarse a través de una gramática particular que dé cuenta de todas las ocurrencias lingüísticas, realizadas

---

31. Utilizamos esta nomenclatura siguiendo la propuesta de Santana Lario (cf. 1997).

y realizables, pero sin ningún tipo de exclusión entre las posibles teorías; mientras que la segunda es «un elemento de la mente de la persona que conoce la lengua, que adquiere el que la aprende y que el hablante-oyente utiliza» (*ibid.*: 37). La GU, por su parte, se manifiesta en ambas: en las lenguas-e es el «conjunto de condiciones satisfechas para las lenguas-e que son lenguas humanas» (*ibid.*: 35) y en las lenguas-i, «un sistema de las condiciones derivadas de la dotación biológica humana que identifica las lenguas -i que son humanamente accesibles en condiciones normales» (*ibid.*: 38).

Es evidente que en este modelo se abandona la lengua-e en favor de la lengua-i, identificadas con el estructuralismo y conductismo, y generativismo, respectivamente. Sin embargo, esta definición de la GU conlleva un problema inherente: debe ser lo suficientemente compleja para justificar el aprendizaje lingüístico infantil, pero también lo suficientemente amplia como para acoger toda la variedad lingüística. A esto hay que sumar las críticas a la metodología de Chomsky, quien postula las propiedades de la GU casi exclusivamente a partir del inglés, algo que ha sido ampliamente debatido por los tipólogos[32].

A tenor de lo expuesto, los pilares teóricos de P&P se desarrollan en un marco *modularista-innatista* que diferencia el conocimiento lingüístico de la propia facultad (cf. *ibid.*: 27-28). Así, la *facultad lingüística* se constituye como

> un sistema diferenciado de la mente/cerebro con un estado inicial S(O) común a toda la especie [...] y, al parecer, único en aspectos esenciales. Con una experiencia apropiada, esta facultad pasa del estado S(O) a un estado relativamente estable S(S), que sólo experimenta una modificación periférica (por ejemplo, la adquisición de nuevos elementos léxicos). El estado alcanzado incorpora una lengua-i (el estado de poseer o conocer una lengua-i determinada). La GU es la teoría de S(O); las gramáticas particulares son las teorías de las diferentes lenguas-I. Las lenguas-I que se pueden obtener a partir de un S(O) fijo y una experiencia cambiante son las lenguas humanas que son accesibles [...]. El estado estable tiene dos componentes [...]: un componente que es específico de la lengua en cuestión y la contribución del estado inicial (*ibid.*: 41).

Esta caracterización conlleva el estudio de la *lengua-i*, o *lengua interiorizada*, de carácter mental, frente a la *lengua-e*, o *lengua exteriorizada*, de carácter social. Este acercamiento al estudio lingüístico supone clasificar a la lingüística como «una parte de la psicología y, en última instancia, de la biología» (*ibid.*: 42). Justamente esta aclaración está en íntima relación con la respuesta a la primera pregunta, una razón por la que Chomsky (*ibid.*: 55) considera que esta nueva concepción del lenguaje demuestra que

---

32. Mendívil Giró (cf. 2003) propone una solución integradora a este problema.

es recíproca la interdependencia de las ciencias del cerebro y el estudio de la mente. La teoría de la mente trata de determinar las propiedades del estado inicial S(O) y de cada estado obtenible S(L) de la facultad lingüística, y las ciencias del cerebro tratan de descubrir los mecanismos cerebrales que son realizaciones físicas de esos estados. Existe una tarea común: descubrir la caracterización correcta de la facultad lingüística en sus estados inicial y final, descubrir la verdad acerca de la facultad lingüística.

Por tanto, queda claro a partir de todo lo expuesto hasta ahora que el componente central de estudio en P&P es la lengua-i, para lo que debe definirse y comprobarse que todos los elementos presentes en la GU son adecuados para su descripción. No obstante, al contrario que en el modelo reglar, ya no está compuesta por reglas, sino que está conformada por un sistema de *principios* asociados a unos *parámetros* de carácter sencillo y fijados por la experiencia lingüística. De este modo, el paso desde un estado inicial S(O) a otro estable S(e) hasta alcanzar el final S(L) se produce a través de dos procesos: 1) los principios independientes se activan, o no, en función del estímulo; y 2) los principios relacionan dos o más parámetros de forma codependiente.

No obstante, esta propuesta altamente idealizada no responde a la realidad lingüística de los individuos, por lo que Chomsky aboga por estudiar la *lengua medular*, conformada por la elección paramétrica de la GU, y no la *lengua periférica*, la propiedad real de la mente/cerebro del hablante. Así, no atiende ya a un posible número infinito de lenguas admitidas por la GU, sino que esta «permite sólo un número finito de lenguas medulares (dejando aparte el lexicón): existe un número finito de parámetros y cada uno de ellos tiene un número finito de valores» (*ibid.*: 179); lo que se corresponde con lo que el autor denomina «innatismo fuerte». Esta vertiente innatista se fundamenta en las propuestas de Osherson, Stob y Weinstein (1982: 32), quienes, además de postular un complejo modelo de adquisición lingüística, aportaron la base del innatismo de este modelo:

> For, to master a language it is not sufficient to be able to devise a grammar for it; it is also necessary to recognize the adequacy of such a grammar, and the inadequacy of competing grammars. Indeed, even a creature of quite limited intelligence can generate all possible grammars (in the form of Turing machines) by employing simple enumeration techniques; selecting an appropriate grammar in response to samples from an arbitrary r.e. set is quite another matter. Should the assumption prove false –should children be unable to deploy their available grammars to maximum effect– then the natural languages may be only a proper subset of the languages determined by the innate stock of grammars.

El resurgimiento de la biolingüística se debe, según Boeckx (cf. 2013), a los siguientes factores: 1) el gen *FOXP2*, 2) la distinción entre *facultad del lenguaje en sentido amplio* y en *sentido estrecho*, 3) el *Programa Minimalista* y 4) la evolución paradigmática en la biología hacia posturas *evo-devo*. El descubrimiento del gen *FOXP2*, llamado *gen de la gramática* o *del lenguaje*, supuso una revolución en la biolingüística, que en los años posteriores fue matizado por los teóricos (cf. Longa Martínez 2006a; Benítez Burraco 2009; Piattelli-Palmarini y Uriagereka 2011; Scharff y Petri 2011; entre otros), quienes se encargaron de apostillar que no existe una relación unívoca entre genotipo y fenotipo, como recoge la siguiente cita:

> La primera razón, genérica, consiste en que el trazado entre gen y rasgo no es directo, sino todo lo contrario, muy indirecto. Pero en segundo lugar, esa relación entre gen y rasgo, de por sí muy indirecta, lo es todavía más en el caso que nos ocupa, dado que *FOXP2* no es un gen normal, sino uno de tipo regulador (Longa Martínez 2006a: 183-184).

Además del carácter indirecto y altamente variable de la relación entre el genotipo y el fenotipo, así como la dependencia de interacciones intergenéticas, se debe tomar en consideración que *FOXP2* no solo está relacionado con el lenguaje, sino también con otros órganos; y que está presente en otras especies, lo que evidencia una gran antigüedad. No obstante, sí que se ha demostrado su presencia en un *trastorno específico del lenguaje*, lo que ha conducido a su consideración como un elemento central dentro de la tesis minimalista chomskiana (cf. Berwick y Chomsky 2016: 52).

Por otra parte, y de nuevo en relación con Chomsky, apareció en 1993[33], aunque con vigencia en la actualidad, el *Programa Minimalista* (Chomsky 1999b [1995]) –en adelante, PM–. Este programa, que no teoría, como defiende el lingüista (cf. Chomsky 1999c: 73), ha sido objeto de un amplio debate en torno a su posición dentro de la trayectoria chomskiana: continuidad o ruptura. Eguren y Fernández Soriano (cf. 2004: 207-210) argumentan que se continúan ideas de P&P tales como la ausencia de reglas y la presencia de un estado inicial de la facultad lingüística, compuesto por la GU, y de las lenguas-i, producto de la fijación de los parámetros. En un sentido similar se manifiesta Boeckx (2006: 83), quien considera que el cambio minimalista es de orden metodológico y no teórico, y que se manifiesta en tres posturas: «economy conditions on derivations and representations, the consequences of virtual conceptual necessity, and the search for unity and symmetry in syntactic operations and representations». Lasnik y Lohndal (cf. 2010: 48) hacen especial énfasis en el denominado *tercer factor*, que son aquellos principios generales

---

33. Escogemos esta datación debido a que se trata del año de publicación de «A Minimalist Program for Linguistic Theory» –recogido posteriormente en Chomsky (2015a)– pese a que, como el propio lingüística apunta (2015b; 1), este trabajo y los posteriores «are based in large part on regular lecture-seminars at MIT from 1986 through 1994» (Chomsky 2015b: 1).

o leyes naturales que no son propios de la facultad lingüística pero que sí condicionan sus características, lo que supone una reducción de los componentes genético y experiencial.

Por otro lado, la postura rupturista (cf. Longa Martínez 2006b y 2008; Lorenzo González 2007a y 2007b; Lorenzo González y Longa Martínez 1996; Longa Martínez y Lorenzo González 2012) parte de la premisa de que la concepción de P&P muestra la capacidad lingüística con unas características de alta especificación, con una gran interactividad interna y autónoma del resto de componentes cognitivos, mientras que en PM, a pesar de seguir siendo considerado un elemento cognitivo diferenciado, interactúa con los demás y está definido a partir de principios generales e inespecíficos del dominio (cf. Lorenzo González 2007a: 143). En esta misma línea, Longa Martínez (cf. 2006b) considera que PM aduce unos mecanismos conceptuales y unas interacciones con los sistemas limítrofes que superan el nivel puramente gramatical de los modelos previos; así, la facultad lingüística está compuesta por dos sistemas: uno cognitivo, encargado de almacenar la información, y otro de actuación, que accede a la información para su uso. Esta interacción se produce a través de los niveles de representación lingüística, considerados externos: el *sistema articulatorio-perceptual* y el *cognitivo-intencional*, que actúan como interfaces y se relacionan con la *forma fonética* y la *forma lógica*, respectivamente.

El mismo investigador (cf. *ibid.*: 19) aduce que P&P presenta, al menos, dos problemas: el primero deriva de considerar la facultad lingüística como un estado arbitrario de adquisición lingüística mediante la experiencia y el segundo se refiere a la escasa definición del componente computacional del lenguaje humano y del lexicón. Así, PM tuvo como objetivo demostrar que la variedad lingüística es un conjunto de epifenómenos de interacción de opciones fijadas en un entorno de pequeña variación, lo que supone dotar a todos los elementos que componen esta facultad de un carácter óptimo. En consecuencia, una lengua particular L es la evolución del estado inicial del sistema cognitivo a través de la especificación de sus opciones de desarrollo y que posee la capacidad para construir pares de elementos que sirven como guía para los sistemas de actuación en los niveles de actuación, sin que en ellos entre ningún elemento superfluo (cf. Eguren y Fernández Soriano 2004: 242). La siguiente cita explicita esta cuestión (Chomsky 1999c: 80):

> La GU ofrece un conjunto *R* de rasgos (propiedades lingüísticas) y operaciones C_{LH} (el procedimiento computacional para el lenguaje humano) que acceden a *R* para generar expresiones. La lengua L proyecta *R* en un conjunto particular de expresiones *Exp*. La complejidad operativa se reduce si L hace una selección de un conjunto [R] de *R*, prescindiendo de posteriores accesos a *R*; además, se reduce adicionalmente si L incluye una operación en un único paso que ensambla los elemento de [R] en un léxico *Lex*, sin nuevos ensambles en el curso de la computación. Sobre esas asunciones

(convencionales), la adquisición de una lengua implica al menos la selección de los rasgos [R], la construcción de los elementos léxicos Lex y el refinamiento de C_{LH} en una de las vías posibles –fijar parámetros–.

Asimismo, la reducción del componente sintáctico es notable, tanto es así que únicamente se definen tres operaciones aplicables a los elementos sintácticos: *ensamble*, *concordancia* y *movimiento*; y la rección de estos elementos por los principios de economía y de carácter óptimo. Esta concepción choca frontalmente con la postura de P&P de una GU rica y extensiva, que, a su vez, ya fue una reducción de los anteriores modelos. Esta consideración minimalista, por consiguiente, supone asumir que «el pensamiento se exterioriza directamente, con lo que la mente no precisa incorporar ningún sistema gramatical específico» (Longa Martínez 2006b: 143) y, también, aproxima la lingüística metodológica y epistemológicamente al resto de ciencias, puesto que al considerar toda expresión lingüística como una representación mental, en la línea de la filosofía relacionista, la facultad homónima se asimila al resto de los sistemas cognitivos.

En tercer lugar, retomando los hitos destacados por Boeckx (cf. 2013) para la revitalización de la biolingüística, encontramos la división entre la *facultad del lenguaje en sentido amplio* (*Faculty of language – broad sense*, FLB en sus siglas en inglés) y *en sentido estrecho* (*Faculty of language – narrow sense*, FLN en sus siglas en inglés), que fue fundamental para el desarrollo biolingüístico posterior y cuyas características recogemos a continuación (Hauser, Chomsky y Fitch 2002: 1570-1571):

> FLB includes an internal computational system (FLN, below) combined with at least two other organism-internal systems, which we call "sensory-motor" and "conceptual-intentional" [...]. FLB includes this capacity [to readily master any human without explicit instruction], but excludes other organism-internal systems that are necessary but not sufficient for language (e.g. memory, respiration, digestion, circulation, etc.).
>
> FLN is the abstract linguistic computational system alone, independent of the other systems with which it interacts and interfaces. FLN is a component of FLB, and the mechanisms underlying it are some subset of those underlying FLB [...]. We assume, putting aside the precise mechanisms, that a key component of FLN is a computational system (narrow syntax) that generates internal representations and maps them into the sensory-motor interface by the phonological system, and into the conceptual-intentional interface by the (formal) semantic system [...]. All approaches agree that a core property of FLN is recursion, attributed to narrow syntax in the conception just outlined. FLN takes a finite set of elements and yields a potentially infinite array of discrete expressions.

La FLB continúa con la perspectiva comparativa, que se aleja de la búsqueda de las imperfecciones del sistema con el fin de determinar qué componentes y en qué grado son exclusivamente humanos y cuáles compartidos con otras especies. En este sentido, los autores abogan por defender que, al contrario que FLB, FLN es exclusivamente humana, con una historia evolutiva relativamente reciente –unos seis millones de años con la separación del ancestro común– y altamente simple –compuesta por varios mecanismos recursivos y el *mapping* con las interfaces– (cf. *ibid.*: 1573-1574).

En sus siguientes publicaciones, Chomsky (2004 y 2005) comenzó a desarrollar esos otros factores que no son exclusivos de la facultad lingüística, pero que son fundamentales para comprender su evolución como cualquier otro sistema biológico, en la línea de lo planteado en el anterior artículo:

1. Genetic endowment, apparently nearly uniform for the species, which interprets part of the environment as linguistic experience, a nontrivial task that the infant carries out reflexively, and which determines the general course of the development of the language faculty. Among the genetic elements, some may impose computational limitations that disappear in a regular way through genetically timed maturation […].
2. Experience, which leads to variation, within a fairly narrow range, as in the case of other subsystems of the human capacity and the organism generally.
3. Principles not specific to the faculty of language (Chomsky 2005: 6).

Estos factores pueden dividirse en 1) los principios de análisis de datos usados en el estudio de la adquisición del lenguaje y de otros dominios, y 2) los principios de arquitectura estructural y restricciones del desarrollo para la obtención de su carácter óptimo. El tercer factor ha sido objeto de críticas por su indefinición, lo que ha conducido a múltiples interpretaciones que deben ser refrendadas por los datos empíricos (cf. Johansson 2013).

La distinción entre FLN y FLB, pese a ser aceptada mayoritariamente por los seguidores de Chomsky, ha sido debatido por los creadores de estos conceptos y Jackendoff y Pinker[34]. Pese a reconocer puntos comunes, estos últimos critican cuatro cuestiones:

(1) the Narrow/Broad dichotomy, which makes space only for completely novel capacities and for capacities taken intact from nonlinguistic and nonhuman capacities, omitting capacities that may have been substantially modified in the course of human evolution; (2) the current-utility/original-function dichotomy, which conceals the possibility of capacities that are adaptations for current use; (3) the human/nonhuman dichotomy, which fails to distinguish similarity due to independently evolved analogous

---

34. El debate entre estos cinco autores tiene este orden: 1) Hauser, Chomsky y Fitch (2002); 2) Pinker y Jackendoff (2005); 3) Fitch, Hauser y Chomsky (2005); y 4) Jackendoff y Pinker (2005).

functions from similarity due to inheritance from a recent common ancestor; and (4) the core/noncore and syntax/lexicon dichotomies, which omit the vast set of productive linguistic phenomena that cannot be analyzed in terms of narrow syntax, and which thus incorrectly isolate recursion as the only unique development in the evolution of language (Jackendoff y Pinker 2005: 224).

No obstante, a pesar de las críticas, la canonicidad de Chomsky condicionó el estudio biolingüístico, que se ha centrado habitualmente en el estudio de la FLN a través de los elementos y estructuras definidos en el *Programa Minimalista*[35]. El norteamericano, consciente del cambio que supone esta nueva propuesta, defiende que mientras *Principios y Parámetros* estudia la facultad lingüística *top-down* –postura en la que se definía a la gramática universal como rica y altamente especificada con una variación mínima, en la línea de las teorías genocentristas– y el *Programa Minimalista*, *bottom-up* –donde se reduce al mínimo los componentes de la gramática universal para dar cuenta de las lenguas-i–. Así, la gramática universal

is what remains when the gap [between strong minimalist thesis, which holds thar FL is "perfectly designed", and the true FL] has been reduced to the minimum, when all third factor effects [principles not specific to the FL] have been identified. UG consist of the mechanisms specific to FL, arising somehow in the course of evolution of language (Chomsky 2008: 5).

El último aspecto importante en el resurgimiento de la biolingüística es el paso del enfoque neodarwinista a una perspectiva *evo-devo*. De hecho, Mendívil Giró (2014: 42) identifica el hecho de la adopción inicial del neodarwinismo por su similitud con los intereses de los primeros modelos chomskianos en torno al siguiente problema:

cómo explicar la robustez y la homogeneidad del desarrollo del lenguaje humano en un entorno inestable, confuso y que proporciona evidencia muy empobrecida sobre los sistemas de conocimiento finalmente obtenidos (lenguas-i).

Sin embargo, esta autosuficiencia genética se sustituyó en la biología *evo-devo* por un estudio de los fenotipos (anatómicos, fisiológicos o cognitivos) y genotipos, imprescindibles para el desarrollo. Donde más notable se hace este cambio

---

35. Boeckx (2013: 68) considera que «the emphasis should have been on FLB for the recognition that a significant amount of the language faculty could be neither specific to language nor unique to humans marked a rather sharp departure from the standard position in the dominant biolinguistic paradigm in its early days».

es en PM al considerar las lenguas-i como el fenotipo alcanzado por la división de la facultad del lenguaje en distintos componentes.

Para concluir con este recorrido histórico-teórico, recogemos la teoría del *language-ready brain*, que tiene en cuenta el componente cultural junto con los factores biológicos (cf. Boeckx y Benítez Burraco 2014 y 2016). El siguiente fragmento resume sus principales tesis:

> el dispositivo computacional del lenguaje no es una innovación humana, sino una modificación de un dispositivo preexistente. En este caso, sin embargo, se desarrolla hasta las últimas consecuencias la posibilidad, esbozada en la propuesta chomskiana, de que dicha innovación hubiera consistido en la aplicación a otros dominios de una capacidad de procesamiento ya existente. En particular, se defiende que el cambio concomitante a la aparición de nuestra especie fue la implementación de una capacidad computacional no dependiente de dominio (*unvounded merge*), esto es, capaz de trascender los límites de conocimiento nucleares o específicos de dominio. Este cambio habría conllevado, en esencia, la aparición de una capacidad optimizada de combinación de elementos conceptuales, que concierne, por tanto, a la interfaz entre sintaxis y semántica (Benítez Burraco y Barceló-Coblijn 2015: 302-303).

Estas adaptaciones están relacionadas con las estructuras subcorticales del tálamo, el cerebelo y el cuerpo calloso, que se manifiestan en anomalías estructurales y funcionales en trastornos cognitivos con afección lingüística como la demencia o la esquizofrenia (cf. *ibid.*). De este modo, continuando la concepción de la optimización de estructuras previas los autores proponen varias ideas (cf. *ibid.*: 306-307): la evolución se ha producido en el sistema conceptual y de exteriorización –por lo que el resto de los homínidos poseían una capacidad similar–, lo que conduce a suponer menores cambios en los componentes semánticos que en los sintácticos. Consecuentemente, los aspectos lingüísticos de exteriorización son más complejos y variados que los relativos al significado. Por tanto, las lenguas modernas y sus propiedades inherentes surgieron de forma gradual justamente a partir de ese componente cultural, lo que supone un importante complemento a la propuesta chomskiana tradicional.

Como muestra de todos los avances anunciados, recogemos a continuación (cf. Jenkins 2013: 9-11) un esbozo de investigaciones que tratan las relaciones entre biología y lenguaje y reuniones científicas que trataban esta temática: la conferencia *The Genetics of Language* (Universidad de Tilburg, Holanda; 2001), organizada por van Riemsdijk y Huybregts; otra conferencia titulada *Biolinguistics: Acquisition and Language Evolution* (Universidad de York, Reino Unido; julio de 2008); el curso de verano *Of Minds and Language: A Conversation with Noam Chomsky* (2006) con motivo de la celebración del 25th Anniversary of the European Summer Courses of the Basque Country; y el taller de trabajo *Advances in Biolinguistics* durante el cuadragésimo cuarto Annual Meeting of the Societas Linguistica Europaea (septiembre de 2011); y, por último, International Conference on the Evolution of Language (EvoLang), de carácter bianual.

La institucionalización, además, se ha fomentado a través de la creación de la revista *Biolinguistics* por parte de Boeckx y Grohmann, todavía en activo[36]; un blog homónimo, gestionado por Samuels, Narita y Martin, aunque actualmente desactualizado; y la creación de dos importantes grupos de trabajo: el primero, homónimo a la disciplina y creado en 2012, que trabaja junto con el área de Special Interest Group on Biolinguistics of the Linguistic Society of America; y el segundo, el grupo de trabajo *International Biolinguistics Network* (IBN), encabezado por Di Sciullo. Este último ha organizado diversas conferencias: *Biolinguistic Investigations* (Santo Domingo, febrero de 2007), *Biolinguistics: Language Evolution and Variation* (Universidad de Venecia, junio de 2007), *Biolinguistics Network Inaugural Conference* (Universidad de Arizona, febrero de 2008), *The Language Design* (Universidad de Quebec, mayo de 2010), un panel en el *XIII Congreso de Lingüística General* (Vigo, 2018) y las *International Conferences on Biolinguistic: Biology and Language*.

Asimismo, es posible añadir, entre otros muchos elementos, las reuniones científicas celebradas durante los últimos años en universidades españolas, como el curso de formación titulado *Introducción a la Biolingüística* (Córdoba, 2017) y una reedición dos años más tarde, o el *Workshop on Biolinguistics* (Palma de Mallorca, junio de 2019).

3.2. Caracterización: definición, objeto de estudio y metodología

La biolingüística, al igual que la psico- y la neurolingüística, ha sido objeto de múltiples reflexiones epistemológicas, metodológicas y teóricas. En este sentido, comenzamos de nuevo por la definición, para lo que hemos recopilado las siguientes propuestas (Tabla 6)[37]:

---

36. Grohmann (cf. 2015: 6) reconoce el descenso en el número de artículos recibidos por la revista.

37. Utilizamos «+» y «-» como presencia o ausencia de rasgo, respectivamente, y «X» en caso de que no exista mención a él.

Tabla 6. Relación de rasgos de las definiciones de biolingüística
(González Jiménez 2019: 14)

	Año	Inmanencia	Inter- o multidisciplinariedad	División en dos perspectivas de estudio	Objeto de estudio biológico	Objeto de estudio social o cultural
Mendívil Giró	2006	X	X	-	+	-
Boeckx y Grohmann	2007	X	+	+	+	X
Jenkins	2013	X	+	+	+	X
Boeckx	2013	+	+	+	+	+
Lorenzo González	2015	X	+	-	+	+
Boeckx y Martins	2016	-	+	-	+	X

La distribución de sus rasgos nos permite establecer las siguientes conclusiones (cf. *ibid.*): 1) la alusión a su estatuto disciplinar ha sido habitualmente desatendida, solo en el caso de Boeckx (cf. 2013) se la incluye como parte de las ciencias cognitivas y se la define como enfoque en Boeckx y Martins (cf. 2016); 2) existe una aceptación general del carácter inter- o multidisciplinar, con excepción de Mendívil Giró (cf. 2006) que no alude a ella de forma explícita; 3) la división en dos perspectivas de estudios propuesta por Boeckx y Grohmann (2007: 2) entre la acepción *débil* de la biolingüística, asimilada al modelo reglar chomskiano, y el *fuerte*, de corte interdisciplinar como la obra de Lenneberg (1975 [1967]); y, en último lugar, el objeto de estudio está relacionado, en diversa medida, con la biología, aunque también encontramos casos en los que se alude al componente social y cultural como hacen Boeckx (cf. 2013) y Lorenzo González (cf. 2015).

Por otra parte, el término *biolinguistics* ha adquirido diversos sentidos a lo largo del tiempo, como recopilamos en la siguiente tabla (Tabla 7):

Tabla 7. Diferentes sentidos del término *biolinguistics*
(Martins y Boeckx 2016: 4)

Sense	Description
biolinguistics as generative linguistics	biolinguistics is synonymous to generative linguistics
biolinguistics as minimalism	biolinguistics is synonymous to minimalist accounts of language
biolinguistics as chomskyan linguistics	biolinguistics is whatever represents Noam Chomsky's views at any given moment
biolinguistics as genetics of language	biolinguistics assumes language is encoded in the genes, and its goal is to uncover them
biolinguistics as the study of FLN	biolinguistics assumes there is something biologically unique to language and humans
biolinguistics as analogy to biology	biolinguistics is the description of language through analogy with biology

Mientras que *Biolinguistics as genetics of language* y *biolinguistics as analogy to biology* aluden, respectivamente, al predominio del neodarwinismo antes de la aparición de la biología *evo-devo* y la ausencia de interdisciplinariedad real, los cuatro restantes están relacionados con Chomsky y su trayectoria lingüística, lo que refuerza nuestra tesis sobre su canonicidad (González Jiménez 2020a: 94):

> El primer sentido (*biolinguistics as generative linguistics*) se corresponde con la identificación del movimiento teórico con el enfoque biolingüístico, concretamente con el modelo reglar y la lingüística cartesiana, donde únicamente se menciona el componente biológico, pero no se define.
> El segundo sentido (*biolinguistics as minimalism*) corresponde al seguimiento de *The Minimalist Program* como modelo epistemológico y metodológico.
> El tercero (*biolinguistics as chomskyan linguistics*) es la explicitación de la canonicidad de Chomsky dentro de los estudios biolingüísticos, puesto que se considera que los textos chomskianos son definitorios de las vías, métodos y objetos de estudio.
> El último (*biolinguistics as the study of FLN*) se corresponde con la publicación de Hauser, Chomsky y Fitch (2002) en la que diferenciaban entre la *Faculty of Language in Narrow Sense*, sistema recursivo exclusivamente humano, y la *Faculty of Language in Broad Sense*.

El objeto de estudio, por su parte, queda claramente definido como el estudio del lenguaje, así como sus productos, desde una perspectiva biológica y de acuerdo con los presupuestos teóricos de Chomsky provenientes del *Programa Minimalista* (cf. Mendívil Giró 2006, 606; Balari 2011: 178) y la división de la facultad lingüística en FLN y FLB. Sin embargo, para profundizar en las líneas de investigación de un objeto de estudio tan amplio y poliédrico, se han propuesto una serie de problemas específicos que necesitan ser resueltos (Leivada 2012: 35-36 *apud* Grohmann 2015: 3)[38]:

1. *What is knowledge of language?* (Humboldt's problem; cf. Chomsky 1965).
2. *How is that knowledge acquired?* (Plato's problem; cf. Chomsky 1986).
3. *How is that knowledge put to use?* (Descartes' problem; cf. Chomsky 1977).
4. *How is that knowledge implemented in the brain?* (Broca's problem; cf. Boeckx 2009).
5. *How did that knowledge emerge in the species?* (Darwin's problem; cf. Jewett 1914).

Pese a todo ello, podemos encontrar posturas que no siguen las tesis canónicas, como es el caso de Lappin, Levine y Johnson (2000: 669), quienes critican la hipótesis sobre la perfección del componente computacional del lenguaje humano. Esta supuesta necesidad conceptual carece de un correlato empírico y su trasfondo surge de una metáfora de orden físico y no biológico, lo que los lleva a cuestionarse las razones que conducen a la adopción de este modelo por parte de la comunidad científica, cuyo resultado refuerza nuestra hipótesis sobre la canonicidad del lingüista:

> The ease and speed with which so many GB theorists have discarded the theoretical framework in which they had invested so much research effort and embraced the bizarrely vague and unmotivated assumptions of the MP thus suggest that in large sections of the eld theoretical commitment has little to do with evidence or argument. It is entirely reasonable for Chomsky to pursue his own research program on the basis of his intuition that it provides an interesting and potentially fruitful line of inquiry. Clearly, the burden of evidence and persuasion is on him to show us that this program is worth taking up. What is not readily comprehensible is that large numbers of researchers should substitute one theory for another simply on the basis of Chomsky's personal authority, without subjecting his assumptions to the sort of critical evaluation that they would normally apply to theoretical innovations proposed under different authorship (*ibid.*).

Para concluir, consideramos pertinente cuestionarse el estatuto disciplinar de la biolingüística, una preocupación que ya estaba presente hace más de una década y cuya respuesta podemos encontrar en la siguiente cita: «Biolinguistics is not yet a science –it is more a loosely-defined collection of questions and approaches– but it certainly has the *potential* to become a science» (Fitch 2009: 284).

Entre los problemas que el autor destaca se encuentran la ausencia de un consenso terminológico y teórico, que puede solucionarse a través de la llegada de nuevos investigadores, cuyos vínculos de influencia con el canon –Chomsky,

---

38. Las alusiones a las distintas publicaciones en que surgen estos «problemas» son propias de Leivada y recopiladas por Grohmann, por lo que no se corresponden con las referencias presentes en este libro.

Lenneberg, etc.– del enfoque estén ya atenuados; y también los problemas relativos a la relación mente-cerebro, el proceso ontogenético y la ausencia de una teoría unificada sobre el significado. Pero, además, Benítez Burraco (cf. 2011) esboza la ausencia de investigaciones puramente interdisciplinares debido a que 1) el paradigma *evo-devo* no ha permeado en las tradicionales propuestas genocentristas utilizadas como base por la lingüística; a que 2) perviven las propuestas locacionistas que preponderan desde la época de Broca y Wernicke, así como la ausencia de una uniformidad de la capacidad lingüística en la especie; y a que 3) existe la necesidad de investigar la facultad lingüística como un sistema de computación de carácter mental y no como un comportamiento manifiesto.

En conclusión, los resultados esbozados en la última década son dispares y no resuelven todos los problemas planteados por Fitch (cf. 2009), pero sí es cierto que el auge de las investigaciones ha producido un avance teórico e institucionalizador. En este sentido, consideramos que aún permanecen vigentes las siguientes palabras de Chomsky (1959: 46)[39]:

> Anyone who seriously approaches the study of linguistic, behavior [or the biological basis of language], whether linguist, psychologist, or philosopher [or biologist, neurologist, etc.], must quickly become aware of the enormous difficulty of stating a problem which will define the area of his investigations, and which will not be either completely trivial or hopelessly beyond the range of present-day understanding and technique.

3.3. Hitos, desarrollo, series y focos de la biolingüística

A través de todo lo anteriormente expuesto y aplicando la teoría de las series textuales, pasamos a relacionar los hitos de la biolingüística. Como ha quedado patente en los anteriores epígrafes, la figura de Chomsky en este enfoque es fundamental y su desarrollo es interdependiente, por lo que recogemos a continuación la serie textual de la trayectoria chomskiana (Figura 5):

---

39. Los añadidos entre corchetes son nuestros.

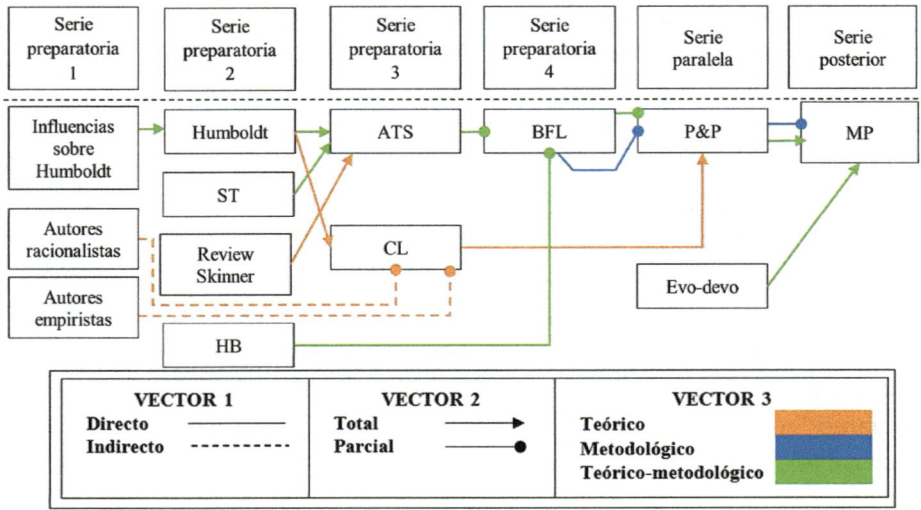

Figura 5. Serie textual de la obra de Chomsky (1957-Actualidad) (elaboración propia)

El *texto de referencia* en esta serie es *Principles and Parameters Theory* (P&P), puesto que en él confluyen aspectos teóricos y metodológicos del modelo reglar, particularmente de *Aspects of the Theory of Syntax* (ATS), de índole justificativa, procedentes de *Cartesian Linguistics* (CL), y la influencia biológica neodarwinista de *Biological Foundations of Language* (BFL). Otra razón es que, según el propio Chomsky, P&P supone el cambio teórico y metodológico de mayor entidad de su trayectoria, lo que se manifiesta en la sustitución de las reglas –propias de *Syntactic Structures* y *Aspects of the Theory of Syntax*– por un conjunto de principios y parámetros que configuran la GU.

En torno a este se conforma el resto de las subseries. La primera, la SERIE PREPARATORIA 1, está compuesta por tres conjuntos de autores procedentes de CL. Debido a las múltiples críticas de las que fue objeto este libro, únicamente apuntamos algunas de las relaciones que el propio lingüista recoge en su obra, pero que requieren de un análisis individual posterior para demostrar su verdadera incidencia en el desarrollo de sus teorías[40]. De este modo, hemos definido un bloque de autores que influyen en Humboldt (Fichte, Kant, Leibniz, Schelling, Goethe, Schiller, Harris, Bopp, Hervás, Jones, Grimm, etc.) de forma *directa* y *total*, tanto desde el punto de vista *metodológico*, insertándolo en el paradigma comparatista, como *teórico*, que conducen al pensador alemán a postular la presencia de estructuras profunda y superficial, el carácter generativo de las gramáticas a partir de medios finitos, etc.

---

40. *Vid.* González Jiménez (2022) para el análisis de uno de estos pensadores: Ralph Cudworth, platónico de Cambridge.

(cf. Tusón 1982: 110). Los otros dos elementos que forman esta serie, autores racionalistas y autores empiristas, actúan en la SERIE PREPARATORIA 3, razón por la que serán definidas sus relaciones posteriormente.

La SERIE PREPARATORIA 2 está compuesta por los textos de Humboldt, *Syntactic Structures* (ST) y la reseña al *Verbal Behavior* de Skinner (Review Skinner) de Chomsky. En primer lugar, el alemán influye *directa, total* y *teórica y metodológicamente* en ATS, puesto que es la base para establecer la diferencia cualitativa entre el lenguaje humano y el resto de los sistemas de comunicación animales (cf. González Jiménez 2018: 90); y porque se mantienen las premisas de estructura profunda y superficial, y de gramática generativa. Humboldt, a su vez, influye en CL, pero en esta ocasión los vectores se definen como *directo, total* y *teórico*, ya que se trata de un ensayo historiográfico. En segundo lugar, ST influye de forma *directa* y *total* –una caracterización vectorial evidente debido a que se trata de obras del mismo Chomsky–, y *teórica* y *metodológicamente* en ATS. Este último vector queda así caracterizado debido al uso en ambas obras de sistemas de reglas de estructura sintagmática y transformacionales para caracterizar las gramáticas de las lenguas naturales.

En tercera instancia, la reseña de la obra de Skinner constituye la primera aportación de Chomsky, claramente interdisciplinar y fundamental para la posterior biolingüística, como queda patente en su defensa de un componente innato de carácter biológico, así como en la adquisición y creatividad lingüística; por tanto, los vectores de su interacción con ATS son *directo, total* y *teórico*. Por último, existe una relación *teórica* y *metodológica*, de orden *parcial* y *directo* entre el *Handbook of Biolinguistics* (HB) de Meader y Muyskens y el *Biological Foundations of Language* (BFL) de Lenneberg. La obra de Lenneberg indaga, como su título indica, en los fundamentos biológicos del lenguaje, pero mientras que plantea una metodología comparada y seguidora de las tesis chomskianas sobre la conducta lingüística, HB se centra en factores fonéticos y anatómicos.

En la serie preparatoria 3, ATS influye en *Principles and Parameters Theory* (P&P), situado en la SERIE PARALELA, de forma *directa, parcial,* y *metodológica*, puesto que se recogen ciertos aspectos metodológicos e ideas fundamentales sobre la base biológica del lenguaje. Sin embargo, este nuevo modelo contraviene la concepción reglar de la GU en favor de otra basada en principios y parámetros, lo que simplifica en gran medida las reglas de estructura sintagmática y las transformacionales, que quedan reducidas a «Muévase-α» y «Modifíquese-α». Asimismo, ATS influye en BFL *directa* –ya que tanto Chomsky como Lenneberg formaron parte del mismo círculo intelectual e, incluso, el norteamericano participó en la segunda obra–, *total* y *teórica* y *metodológicamente*. Este último vector queda así definido a causa de la aceptación por parte de Lenneberg de las tesis lingüísticas en su explicación biológica, lo que servirá como modelo para la realización de estudios interdisciplinares en las décadas sucesivas.

Tal y como hemos anticipado, CL recoge a los *autores racionalistas* y *empiristas* de la SERIE PREPARATORIA 1, que influyen en ella de forma *indirecta, parcial* y *teórica*. Por la parte de los racionalistas, Chomsky toma las ideas que sirven como sustento filosófico de sus postulados en lo que a la existencia de mecanismos mentales innatos respecta en relación con el lenguaje. A su vez, opone a ambos bloques para ensalzar el racionalismo, en el que inserta su *lingüística cartesiana*.

CL, además, actúa sobre P&P de forma *directa, total* y *teórica* debido a que el componente innato defendido por los pensadores recopilados en el ensayo aboga por el innatismo y modularismo que desembocó en el paradigma geneticista de este modelo. Sin embargo, encontramos una desaparición casi total de estas fuentes de forma explícita, como defiende Koerner (2000: 12):

> una vez satisfecho su objetivo de ganar prosélitos para la nueva ideología, lo que queda pierde rápidamente su impacto inicial y su valor informativo. Tras la publicación de la segunda edición de *Language and Mind* (Chomsky 1972), raramente volvemos a encontrar referencias históricas en su trabajo, salvo las que conciernen a las ideas de Saussure y Jespersen.

En la SERIE PREPARATORIA 4 únicamente se encuentra BFL, que influye, del mismo modo que en la relación ATS-BFL, *directa, total* y *teórica* y *metodológicamente*. El tercer vector queda así determinado debido al seguimiento de las tesis de Lenneberg y, por consiguiente, la aceptación de las tesis neodarwinistas de mediados del siglo pasado, que se manifiestan en esta ocasión en una GU modular, específica y codificada genéticamente.

En último lugar, la interacción entre la SERIE PARALELA, compuesta por P&P, y la SERIE PROSPECTIVA, en la que se encuentra el *Programa Minimalista* (PM), presenta una doble interpretación, en consonancia con las investigaciones recopiladas en los epígrafes previos. La primera entiende que PM es un programa rupturista, ya que el componente teórico se ve afectado al definir la facultad lingüística como inespecífica en lugar de altamente especificada en torno a la GU, pero se continúa con la metodología de P&P. Así, los vectores quedan como sigue: *directo, parcial* y *metodológico*. La segunda interpretación, defendida por el propio Chomsky, es continuista, por lo que únicamente cambia el tercer vector a *teórico* y *metodológico*. En esta ocasión, se considera que los principios de economía y legibilidad presentes en PM complementan los criterios de caracterización de la facultad lingüística desde su estado inicial –la GU– hasta el final –las lenguas-i–.

Por otro lado, la biología evolutiva y del desarrollo (Evo-Devo) es el paradigma sobre el que se asientan *total* y *directamente* las bases *teóricas* y *metodológicas* de PM. Esto se debe a que las características minimalista e integradora del último programa lingüístico chomskiano permiten solucionar los problemas derivados de excluir la incidencia de los factores ambientales en la facultad lingüística. Así, se sustituye la especificidad de la GU por la inespecificidad de la capacidad lingüística de forma similar a la que tiene lugar en otros sistemas cognitivos.

En resumen, la producción chomskiana, junto con el resto de los textos que influyen en ella, está íntimamente relacionada con las ciencias naturales y del comportamiento, como se hacía patente en las hipótesis de su reseña al *Verbal Behavior* de Skinner (1959) y su *Cartesian Linguistics* (1978 [1966]). Destacamos de entre todas las aportaciones las relacionadas con la biolingüística:

1. El estudio de la facultad lingüística queda dividido en dos posibles perspectivas: la investigación de su concepción en sentido estrecho (FLN), que se ocupa únicamente de la sintaxis minimalista, y en sentido amplio (FLB), que toma en consideración la interacción de la FLN con el resto de los sistemas cognitivos que no son exclusivamente humanos o lingüísticos. No obstante, es cierto que en trabajos actuales esta separación está siendo extensamente debatida (cf. Wacewicz, Zywiczynski, Hartmann, Pleyer y Benítez-Burraco 2020; Mendívil-Giró 2020; Hartmann, Pleyer, Wacewicz, Benítez Burraco y Zywiczynski 2021).

2. La metodología es eminentemente interdisciplinar, lo que conduce a la adopción por parte de la mayoría de los investigadores del *Programa Minimalista* desde la lingüística y la biología evolutiva y del desarrollo, aunque también las aportaciones deotras disciplinas como la neurología, la biología molecular, etc. El predominio del último programa de Chomsky en la biolingüística se debe a sus principios de economía y simplicidad, que asimilan la facultad lingüística con el resto de los sistemas cognitivos.

A pesar de estos puntos comunes, que se extienden a gran parte de la comunidad investigadora biolingüística como hemos apuntado previamente, existen vacilaciones a la hora de definir el objeto de estudio o la relación entre biología, psicología y lenguaje, entre otras cuestiones. Todo ello conduce a un problema en su propia delimitación disciplinar, donde encontramos dos posturas contrarias: una que la considera un enfoque y otra que defiende que se trata de la disciplina encargada de estudiar los fundamentos biológicos del lenguaje.

Por otra parte, a lo largo de estas décadas se han producido avances en la institucionalización y profesionalización de la biolingüística. Mientras que la institucionalización ha sido anotada ya en este capítulo, la profesionalización no ha sido desarrollada de forma pareja, sino que sería necesario para alcanzar un verdadero avance la creación de carreras universitarias de carácter interdisciplinar, en la línea de la propuesta de Piattelli-Palmarini (cf. 2013: 19-21). La siguiente tabla (Tabla 8) recoge los principales hitos y su aportación a la biolingüística[41]:

---

41. Utilizamos las siguientes siglas para determinar la aportación: «T» (teórico), «M» (metodológico), «I» (institucionalizador) y «T» (terminológico).

Tabla 8. Esquema de la prehistoria y la historia de la biolingüística y sus aportaciones concretas (elaboración propia)

Título	Año	Agente	Vector de la aportación	Aportación
Handbook of Biolinguistics	1950	Meader y Muyskens	T	• Primera aparición término biolingüística • Interdisciplinariedad lingüística-biología (neodarwinismo) • Consideración del lenguaje como fenómeno natural desde una perspectiva estructuralista
The Logical Structure of Linguistic Theory	1955 (1975)	Chomsky	T	• Según Jenkins (cf. 2002), obra iniciadora de las investigaciones en las implicaciones biológicas del lenguaje • Base del modelo reglar chomskiano
Syntactic Structures	1957	Chomsky	T	• Primera obra del modelo reglar chomskiano
«A Review of B. F. Skinner's *Verbal Behavior*»	1957	Chomsky	T	• Crítica al conductismo y primeras tesis biológicas lingüísticas de corte neodarwinista
Aspects of the Theory of Syntax	1965	Chomsky	T y M	• Segunda y última obra del modelo reglar chomskiano • Ampliación de las consideraciones biológicas procedentes de sus obras anteriores en la adquisición lingüística infantil
Biological Foundations of Language	1967	Lenneberg	T y M	• Revisión y explicación de las relaciones biológicas y la conducta del lenguaje • Paradigma neodarwinista • Influido en el aspecto lingüístico por las teorías generativistas

Título	Año	Agente	Vector de la aportación	Aportación
Conferencias del Centre Royaumont	1974	Piattelli-Palmarini (coord.); Chomsky Luria	T e I	• Sistematización en el uso del término biolingüística igualado al de bioantropología
	1975	Chomsky y Luria (coords.)	T y M	• Debate Chomsky-Piaget que afianzó la postura canónica de Chomsky en la biolingüística
Work Group in the Biology of Language	1975-1976	Massachusetts Institute of Technology (MIT)	I	• Primer grupo de investigación de la biolingüística en el centro de las investigaciones de Chomsky
Conferencias e investigaciones en Europa	1973-1979	Lorenz Koenig	I	• Adopción de las teorías biolingüísticas en territorio centroeuropeo • Culmina en el curso *Linguistics Society of America Summer Institute* titulado *Linguistics and Biology* (1979)
Creación de *The Harvard Medical School Biolinguistics Group*	1980	Allan Maxam's Laboratory of Molecular Biology	T, M e I	• Realización de investigaciones de diversa índole, desde la lingüística teórica hasta la neurolingüística
Principles and Parameters Theory	1979-1992	Chomsky	T y M	• Revitalización de los estudios biolingüísticos • Desarrollo de un planteamiento modular de la gramática universal genéticamente codificado (paradigma neodarwinista) • Separación del modelo reglar

Título	Año	Agente	Vector de la aportación	Aportación
The Minimalist Program	1993-Actualidad	Chomsky	T y M	• Programa que la base metodológica de la investigación biolingüística actual • Caracterizado por los criterios de economía y carácter óptimo para igualar los estudios lingüísticos a los estudios biológicos • Carácter inespecífico de la facultad lingüística, contrario al carácter modular de su anterior modelo
Descubrimiento del gen *FOXP2*	2001	Lai, Fisher *et al.*	T y M	• Aumento de la notoriedad de los estudios biolingüísticos
Caracterización de la FLN y la FLB	2002	Hauser, Chomsky y Fitch	T y M	• División de las perspectivas adoptadas para el estudio de la facultad lingüística, objeto de estudio de la biolingüística • Introducción de la metodología de estudio comparativa
Biología evo-devo	Fin siglo XX - principios siglo XXI	Biología	T y M	• Superación del genocentrismo presente en el paradigma neo-darwinista para un estudio de los factores que influyen en el desarrollo
Congresos y cursos sobre biolingüística	2001-actualidad	Biolingüística	I	*The Genetics of Language* (2001) *Of Minds of Language: A Conversation with Noam Chomsky* (2006) *Biolinguistics: Acquisition and Language Evolution* (2008) *Advances in Biolinguistics* (2011) *International Conference on the Evolution of Language (EvoLang)*

Título	Año	Agente	Vector de la aportación	Aportación
Congresos y cursos sobre biolingüística	2001-actualidad	Biolingüística	↑	*Workshop Advances in Biolinguistics* (2013) *Biolinguistic Investigation on the Language Faculty* (2015) *Biolinguistic Conferences on Interface Asymmetries* (2017)
Revista *Biolinguistics*	2007-actualidad	Boeckx Grohmann	↑	• Publicación donde se recoge una amplia variedad de estudios sobre biolingüística tanto empíricos como teóricos
Creación de grupos de trabajo sobre biolingüística	2012	Linguistic Society of America	↑	• Fomento de los estudios biolingüísticos
	2007-actualidad	Di Sciullo (dir.)	↑	*International Biolinguistics Network* ha organizado varios congresos: *Biolinguistics Investigations* (2007) *Biolinguistics: Language Evolution and Variation* (2007) *Biolinguistics Network Inaugural Conference* (2008) *The Language Design* (2010) Panel en el XIII Congreso de Lingüística General (2018) *International Conference on Biolinguistics: Biology and Language* (2022 y 2024)

La multitud de hitos que han tenido lugar desde 1974 recogidos en los distintos repasos históricos deben conjugarse con el periodo que hemos denominado *prebiolingüística*, una etapa que no puede entenderse únicamente a través de las figuras de Chomsky y Lenneberg. Entre este conjunto de autores podemos mencionar a Meader y Muyskens y su *Handbook of Biolinguistics* (1950), que está considerado un mero antecedente terminológico, o Piaget, cuyas posturas cognitivas están en consonancia con las actuales investigaciones en este campo. Asimismo, partimos de la premisa de que existe un periodo previo al que acabamos de mencionar y que debe complementar al conjunto de pensadores de la *lingüística cartesiana*, con el fin de reconstruir el canon historiográfico más allá del foco generativista.

A continuación, recogemos los datos provenientes de los dos periodos históricos de la biolingüística (cf. Jenkins 2002 y 2013; Piattelli-Palmarini 1994, 2001 y 2013) y los conjugamos con los componentes de la serie textual de Chomsky (Figura 5), lo que nos permite evidenciar la canonicidad del lingüista norteamericano. Estas relaciones pueden verse en la siguiente serie textual sobre la constitución y evolución del enfoque (Figura 6):

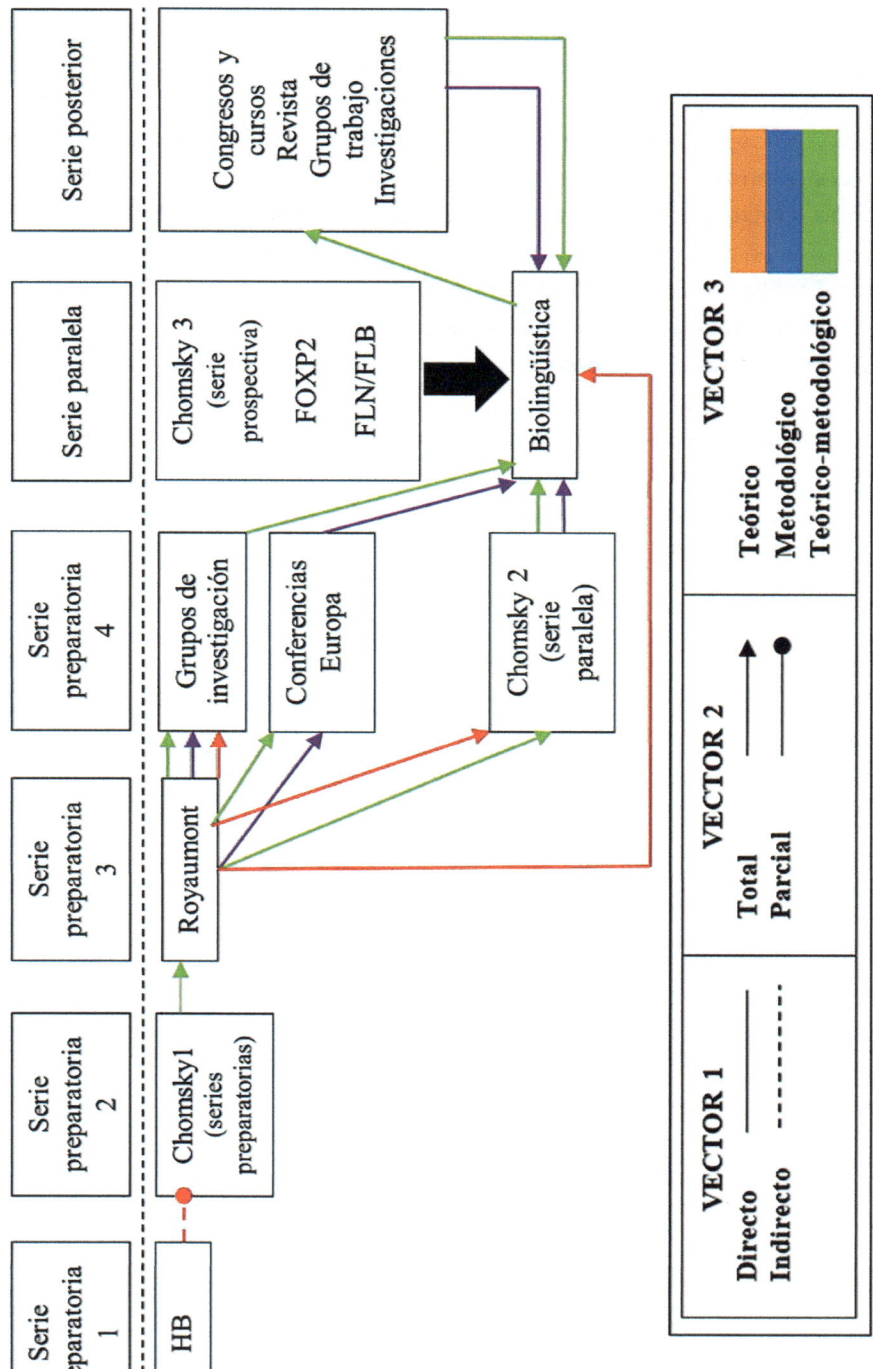

Figura 6. Serie textual de la prebiolingüística y la biolingüística (elaboración propia)

Situamos en la SERIE PREPARATORIA 1 el *Handbook of Biolinguistics* (HB), que influye *parcial* e *indirectamente* en las series preparatorias de Chomsky, concretamente de forma *terminológica* en Lenneberg (Chomsky1), quien desecha el contenido del texto de estos autores al considerarlo de carácter educativo y carente de avances teóricos o metodológicos. Chomsky1, por su parte, es el componente de la SERIE PREPARATORIA 2, cuyos vectores de influencia con las conferencias organizadas por el *Centre Royaumont pour une science de l'homme* (Royaumont) se concretan como *directo*, *total* y *teórico y metodológico*, puesto que son estas reuniones las que sentaron las bases de la posterior biolingüística, en las que participó como ponente y organizador Chomsky: las tesis lingüísticas del norteamericano y las biológicas de Lenneberg.

El éxito de Royaumont conllevó la creación de diversos grupos de investigación (Grupo de investigación del MIT y Harvard) y el desarrollo de un foco de gestación teórica en Europa central entre los años 1973 y 1979 (Conferencias Europa). De este modo, el carácter *teórico*, *metodológico*, *institucionalizador* y *terminológico* del tercer vector se manifiesta en la constitución de un enfoque de estudio inter- y multidisciplinar sobre las relaciones entre biología y lingüística, que, por otra parte, ha de ser definido de forma *directa* pero *parcial*, puesto que la figura de Chomsky no adquirió la canonicidad en Europa que sí obtuvo en los Estados Unidos, como demuestra la pervivencia de las corrientes estructuralista y funcionalista. Royaumont también revolucionó el paradigma chomskiano de *Principios y Parámetros* (Chomsky2) al conducir al lingüista a tomar en consideración las aportaciones de biólogos como Luria –otro organizador de las conferencias–, que influyeron en la caracterización de una GU codificada genéticamente y que sustituyó al paradigma reglar.

En la SERIE TEXTUAL PARALELA hemos decidido incluir la propia disciplina (Biolingüística), en la que insertamos tres componentes que definen al enfoque:

1. El *Programa Minimalista* (Chomsky 3), donde se encuentran los principios teóricos y metodológicos de la biolingüística con el fin de superar los problemas derivados de la interdisciplinariedad, como plantearon Poeppel y Embick (cf. 2005).
2. FOXP2, aportación que propició la notoriedad de las investigaciones interdisciplinares entre la biología y la lingüística.
3. La división en FLN y FLB en el artículo de Hauser, Chomsky y Fitch (cf. 2002), que caracteriza la facultad lingüística a través de las similitudes y divergencias entre la especie humana y el resto de los animales, lo que demuestra la importancia de la investigación comparatista en el campo.

Asimismo, el componente Biolingüística está influido de forma *teórica* y *metodológica* por Chomsky 2, por las razones que hemos aducido en la serie textual de Chomsky (Figura 5) en la relación entre P&P y PM, y que se hace extensible a Grupos de investigación. Pero la relación más relevante es la retroalimentación directa entre la SERIE PARALELA y la PROSPECTIVA, ya que desde la primera se aporta el sustento *teórico* y *metodológico* de los diversos congresos, publicaciones, etc., que, a su vez, hacen progresar al enfoque. De lo anterior se deriva que este proceso propicia la institucionalización de la propia biolingüística y pretende resolver los problemas planteados por Fitch (cf. 2009) con la intención de instituirse como disciplina propia.

Para concluir con este apartado, apuntamos la ausencia generalizada de investigaciones historiográficas en los campos investigados, especialmente en la biolingüística, que hagan énfasis en su origen y evolución. Los estudios que se ocupan de ello se retrotraen mayoritariamente a las décadas inmediatamente precedentes a sus hitos constitutivos[42], lo que condiciona la reconstrucción macroestructural –entre las ciencias interesadas por el comportamiento, los factores biológicos y el lenguaje– y microestructural –entre los autores y las escuelas y los movimientos teóricos–.

La separación de estos enfoques a lo largo de este capítulo pretendía evidenciar sus diferencias metodológicas y teleológicas frente a la similitud ontológica, que defendía Fernández Pérez (cf. 1992). Sin embargo, en las últimas décadas se ha desarrollado la concepción monista frente a la tradicional dualista, que tanta influencia tuvo en Chomsky y, consecuentemente, en la biolingüística, una cuestión que también ha supuesto cambios metodológicos que difuminan los límites entre ellos. No obstante, la postura del lingüista norteamericano de constituir el estudio de los fundamentos biológicos del lenguaje como una disciplina independiente se ha visto sustituida por la propuesta unificadora de la *neurobiología del lenguaje*[43].

En este sentido, Poeppel (cf. 2011: 383) defiende la concepción de la biología en un sentido amplio, que acoge tres áreas en el estudio lingüístico: la biología evolutiva, la genética y la neurobiología. Son especialmente reveladoras de este cambio de perspectiva las siguientes palabras:

---

42. Algunas excepciones son los trabajos de Whitaker (1998), donde se recopilan fuentes sobre estudios lingüísticos y neurológicos en Egipto, Grecia y la Edad Media; Altmann (2006) y Garnham, Garrod y Sanford (2006), quienes se retrotraen a Platón y Aristóteles para localizar el germen del interés «psicolingüístico», Levelt (2013), que se ocupa de las últimas décadas del siglo XVIII; y, en último lugar, las fuentes del modelo reglar chomskiano.

43. El propio Chomsky (cf. Chomsky, Gallego y Ott 2019) utiliza recientemente datos procedentes de indagaciones psicolingüísticas y neurolingüísticas. También pueden encontrarse recopilaciones desde la neurobiología (cf. Theofanopoulou, Martins, Ramirez, Zhang, Castillo, Shi, Alamri, Martínez Álvarez y Leivada 2015).

Genes do not speak; people do. In particular, it is "the brain part of people" that does the speaking (and hearing, comprehending, and interpreting…). Therefore, to begin to have an explanatory understanding of how our genetic makeup underlies the structural and functional properties at the basis of speech and language –to have satisfying mechanistic linking hypotheses between linguistic behavior and its genetic foundations– the correlative data mediating between genetics and linguistics (and psychology/cognitive science, more generally) cannot do without an understanding of how the genome/epigenome relates to the neuronal circuitry that is the implementational infrastructure for cognition. I take it to be the goal of this research direction to provide a *mapping from genetics to neural circuitry to computational neuroscience to language processing.* Presumably, the yearning is to identify the genetic basis of the specific neural circuits (on whatever microscopic, mesoscopic, or macroscopic scale turns out to be relevant) that in turn constitute the basis for the operations that underpin speech and language, i.e., the representations and computations that lie at the foundation of the faculty of language.

The third area of biological inquiry, neurobiology, is obviously closely related to evolutionary biology and genetics –and inconceivable without these– but has a more immediate available basis for testing hypotheses about the relevant biological infrastructure.

Los resultados de las investigaciones han terminado con el modelo Broca-Wernicke-Lichteim (BWL) y el predominio de las áreas homónimas, así como con el del hemisferio izquierdo y la lateralización (cf. Poeppel 2014). Estos datos concuerdan con el *language-ready brain* (cf. Boeckx y Benítez Burraco 2014), que, además de introducir el componente cultural, plantean una explicación biaxial, en la que se tenga en cuenta tanto el lugar (anatomía) como el tiempo (actuación de subrutinas computacionales) (cf. Hagoort y Poeppel 2013).

Todo lo anterior nos permite asumir que nos encontramos en el periodo final de la canonicidad de Chomsky e, incluso, en el estadio inicial de una nueva etapa. Este cambio afecta teórica y metodológicamente a la biolingüística, pero también, teniendo en cuenta la perspectiva *externalista* (cf. Brekle 1986) adoptada en este trabajo, supone el cambio en un conjunto de factores de índole externa que influyen en la propia gestación y evolución de estas ideas inter- y multidisciplinares. Así pues, en este contexto se pueden desarrollar dos escenarios en el campo biolingüístico:

1. Un investigador se erige, gracias a una aportación o a un conjunto de ellas, como canónico, lo que perpetúa la pugna entre investigadores y propicia, en gran medida, la entrada de factores no propiamente científicos.

2. La canonicidad se autorregula de forma constante a través de la labor de investigadores y grupos de trabajo entre los que se establecen relaciones de retroalimentación. Esta segunda posibilidad no restringe la aparición de factores externos, ajenos al propio avance científico, pero sí evita la sobredimensión de uno o más investigadores.

Capítulo 3
Las fuentes griegas

Si bien el capítulo anterior se centraba en las interacciones entre la lingüística y una o más ciencias, en este intentaremos demostrar –tal y como hipotetizábamos al inicio del libro– que la reflexión inter- y multidisciplinar no solo no puede situarse en un hito concreto, sino que tampoco tuvo lugar únicamente durante el siglo pasado. De este modo, consideramos que las relaciones entre campos de conocimiento diversos se han manifestado desde los primeros pensadores, constituyéndose así una cadena textual e intelectual que alcanza hasta nuestros días –con sus correspondientes continuidades y discontinuidades (cf. Hymes 1974, Robins 1976; Koerner 1989a; Jiménez Ruiz 2005, 2006 y 2007) y épocas en las que era más relevante esta cuestión frente a otras de mayor especialización–.

Por tanto, el análisis del periodo griego que presentamos a continuación pretende evidenciar la existencia de pensadores y textos en los que la inter- y multidisciplinariedad está presente. No obstante, este periodo, separado casi veinticinco siglos de la institucionalización de la bio-, la neuro- y la psicolingüística, presenta unas características que no permiten la comparación directa con la actualidad, puesto que se debe tener en cuenta aspectos teóricos y metodológicos que emanan de su carácter precientífico, pero que sí permiten establecer hitos conceptuales que retomaremos en las conclusiones.

1. Contextualización

En consonancia con los postulados teóricos y metodológicos que hemos adoptado en nuestra investigación (*vid. supra* capítulo 1, §2), toda reflexión intelectual tiene lugar en un contexto determinado –tanto individual del propio autor como general de la sociedad en que se encuentra–, lo que convierte a la labor de contextualización en una fuente de datos fundamentales para el análisis historiográfico. Esta cuestión se hace más relevante si tenemos en cuenta que el caso que nos ocupa, el griego, constituye la primera gran civilización europea y, además, el establecimiento de los fundamentos de las nuestras.

Así, las complejas relaciones culturales, económicas, políticas y sociales que se produjeron a lo largo de la historia de la Hélade son una constante desde los inicios de la civilización y se hacen particularmente patentes, a tenor de nuestros intereses, en la tendencia tiránica de las *polis* como Corinto, Sición, Mégara, Samos e, incluso, Atenas, que acogieron a los primeros filósofos. En la última, pese a evitar en primera instancia este régimen, y con el surgimiento de las consecuentes reformas de Solón del 594 a. C. –relativas a la esclavitud por deudas y a la liberación del terreno agrícola–, gobernó el tirano Pisístrato desde el 561 a. C. hasta su muerte en el 527 a. C. No obstante, el conflicto entre Clístenes e Iságoras desembocó en el fin de este sistema debido al acercamiento democrático de las reformas presentadas por el primero, que eliminaban la aristocracia y la amenaza del ostracismo.

Junto con estos conflictos internos de las familias aristocráticas, las *polis* se enfrentaron a la invasión persa en el Asia Menor a mediados del siglo VI a. C. Sin embargo, el poder ejercido por este imperio, que aglutinaba a pueblos cultural, económica, lingüística y socialmente diversos, dio comienzo a rebeliones que desembocaron en la primera guerra médica en el 490 a. C. La victoria en Maratón de la Hélade supuso un hito en la historia griega, en general, y ateniense, en particular, como recoge García Sánchez (2003: 179):

> con la victoria del ciudadano-hoplita, se reforzó el régimen democrático instaurado por Clístenes, se afianzó en Grecia el prestigio de Atenas frente a Esparta y la Liga Peloponesia y se creó el mito de Maratón, esto es, se fraguó una conciencia patriótica orgullosa y segura de sí misma y el impulso que puso en marcha la creación del Imperio ateniense.

Las victorias atenienses durante la segunda guerra médica en Salamina y Platea en el 480 y 479 a. C., respectivamente, reforzaron la hegemonía de la *polis*, como demuestra la creación de la Liga de Delos en el 478 o 477 a. C., encabezada por Atenas y que sustituía a la regida por los espartanos, lo que dio lugar al comienzo de la *Pentecontecia* (479-431 a. C.), un periodo que finalizó con el inicio de la guerra del Peloponeso.

Pese a la prosperidad económica y política de Atenas, su gobernante, Cimón, apoyó a Esparta durante una revuelta hoplita y el posterior desaire de la región, lo que lo condenó al ostracismo y permitió la entrada de los reformistas Efialtes y Pericles. Las posturas rupturistas de estos políticos terminaron con el asesinato del primero, un acto que no amedrentó al segundo, quien presionó a la aristocracia para una implantación más efectiva de la democracia. Sin embargo, el comienzo de la guerra del Peloponeso (431-404 a. C.) y las continuas derrotas atenienses terminaron por sustituir la democracia por una oligarquía concretada en el *Boulé*, un consejo de cuatrocientos miembros. La victoria espartana obligó a la firma de un tratado de paz en el que se invertía el poder entre las potencias y la instauración de la oligarquía de los Treinta Tiranos, «régimen encabezado por treinta individuos claramente contrarios a la democracia y partidarios de una posición de alianza y subordinación con respecto a Esparta» (Plácido 2003: 244). Este nuevo sistema finalizó tras menos de un año como consecuencia de la lucha interna por la posibilidad de instaurar una democracia moderada.

La hegemonía espartana (404-378 a. C.) estuvo marcada por la ruptura de su alianza con Persia debido a los conflictos derivados de las ciudades del Asia Menor. Tras la muerte de Darío II, Esparta apoyó a Ciro frente a Artajerjes II y con un pequeño ejército consiguió vencer a los persas, pero la muerte del primero condujo a una retirada de las tropas restantes, lo que dejó a las *polis* mencionadas a su suerte y reclamando la protección de la Liga. Esparta respondió a la petición y, con su nuevo rey Agesilao, no carente de intrigas en su propia ciudad, acometió una victoriosa expedición que se vio frustrada por el inicio de la Guerra de Corinto (395-376 a. C.), en la que se produjo una unión panhelénica frente a esta *polis*.

La alianza encabezada por Tebas y apoyada por Atenas, que estaba respaldada también por los persas, obligó a Esparta a firmar la Paz de Antálcidas en el 388 a. C. Posteriormente, tuvo lugar un nuevo conflicto, pero, en esta ocasión, las pretensiones tebanas unieron a Atenas y a Esparta, que, a su vez, acercó a Tebas a Persia, lo que desembocó en la batalla de Leuctra en el 371 a. C. La victoria de Tebas no se dilató en el tiempo y una década después terminó en la batalla de Mantinea en el 362 a. C., dando por terminado el último gran periodo de hegemonía (cf. Martín 2003: 290).

Posteriormente, el ataque a territorios de Filipo II desde Macedonia culminó con su victoria en la batalla de Queronea en el 338 a. C., que produjo la conformación de la Liga de Corinto. Su hijo y sucesor, Alejandro Magno, tuvo que apaciguar un inicio revolucionario en Grecia auspiciado por Persia y, junto con ello, se dedicó a la campaña de conquista asiática que comenzó su padre y que ocupó su vida desde el 334 hasta su muerte en el 323 a. C. Su monarquía fue la etapa de la Hélade de mayor esplendor, caracterizada por la fortaleza militar, económica y una extendida idealización del macedonio (cf. Fernández Nieto 2003: 320-325; Blázquez, López Melero y Sayas 1999: 821-826).

Tras su muerte, el periodo helenístico estuvo marcado por la sucesión de gobernantes en la conocida época de los diácodos, que se dilató desde el 323 hasta 276 a. C. En ella se dividió el territorio alejandrino en tres grandes reinos: Egipto, Macedonia y Grecia[44]. El conflicto entre estas civilizaciones se encontró con el auge de Roma, cuyos intereses se extendían a sus propios territorios y que desembocaron

---

44. Pérez Almoguera (cf. 2003) detalla los hechos que tuvieron lugar en cada reino hasta la intervención romana.

en diversas campañas. Así, la fecha *ad quem* aceptada mayoritariamente para este periodo es la victoria de César Octavio sobre Marco Antonio en la batalla de Actium en el 31 a. C.

2. Presocráticos y sofistas

La relevancia de la Antigüedad Clásica en el desarrollo cultural e intelectual es indudable, pero debemos tener en cuenta que los pensadores y textos no se adscriben a las ciencias y disciplinas actuales, sino que teorizan de forma holística, desarrollando fragmentariamente las ciencias, en general, y la lingüística, en particular. De este modo, como defiende Taylor (1995: 84):

> Linguistic information can be found in almost any text, for the ancients do not compartmentalize knowledge as we do. Philosophers, logicians, rhetoricians, poets, historians, philologists, and literary critics, as well as *bona fide* grammarians contribute to formulating ancient language science.

En consecuencia, las periodizaciones de cada disciplina científica pueden no coincidir pese a tratar a los mismos autores, por esta razón, defendemos una organización de los emisores o conjunto de emisores (cf. Zamorano Aguilar 2012) en torno a criterios temáticos, geográficos y cronológicos. Sin embargo, la importancia capital de Sócrates, Platón y Aristóteles sirven como punto de inflexión y nos conduce a definir tradicionalmente a todas las figuras previas como *presocráticas*, un constructo historiográfico que abarca a filósofos desde la primera mitad del siglo VI a. C. hasta la primera del IV a. C.

Antes de comenzar con el análisis es conveniente anotar que en estos autores la reflexión puramente lingüística es escasa, frente al interés predominantemente cosmogónico, pero, como apunta Toulmin (cf. 1977: 165-166), los filósofos presocráticos establecieron los patrones intelectuales imprescindibles para el posterior desarrollo científico en su ámbito empírico, rastreable en Platón y Aristóteles, y también para el cambio que condujo a la explicación teórica de situaciones empíricas concretas.

Por consiguiente, defendemos que no es posible entender el desarrollo científico o filosófico posterior sin sus propuestas, una cuestión particularmente importante en sus reflexiones sobre la naturaleza inteligible como un principio fundamental y subyacente a todo fenómeno de la realidad sensible (cf. Law 2003: 17). El *arché* es el germen de la reflexión sobre la naturaleza sensible y suprasensible en Platón y Aristóteles, por lo que defendemos desde esta perspectiva multidisciplinar la pertinencia de la indagación en estos pensadores. No obstante, es preciso apuntar que el mayor problema de este periodo es la ausencia o fragmentariedad de las fuentes primarias, a lo que hay que añadir la multitud de ediciones y la dificultad de la traducción, por lo que hemos debido elegir una serie de interpretaciones que incluiremos a lo largo de los siguientes epígrafes e, incluso, testimonios posteriores que recogen sus teorías. De este modo, nos valdremos de la compilación y traducciones de Bernabé Pajares (2008); en caso contrario, indicaremos la referencia de la que extraemos las fuentes primarias.

2.1. La escuela naturalista jonia

Esta escuela estuvo conformada por Tales, Anaximandro y Anaxímenes, todos procedentes de Mileto. Aristóteles los denominó *naturalistas –physici* o *physiologi–*, en oposición a los *teólogos –theologi–*, y fue la corriente iniciadora del *hilozoísmo*, consistente en la unión de materia y espíritu en una sustancia material, lo que dota a la materia de sensibilidad y espontaneidad. Tales (*ca.* 640-546 a. C.) enunció el primer principio de carácter natural que pretende describir la causa de todos los seres, es decir, pasa de la investigación sobre los seres individuales y sus accidentes a lo universal y permanente, que en este caso se identifica con el agua, que procede de los mitos caldeo-asirios y los referentes egipcios (cf. Guthrie 1984: 63). Asimismo, el término *principio* debe entenderse como inicio, pero también como base del ser, por lo que todos los seres, ya sean animados o inanimados, están vivos y poseen alma, lo que produce un *panpsiquismo* (cf. Reale y Antiseri 1991: 39). Del mismo modo, el agua se convierte en una fuerza vital de carácter divino, ya que es el movimiento inicial, en la constitución, y perpetuo, en la composición (cf. Kirk, Raven y Schofield 1987: 152).

Anaximandro (*ca.* 610-546 a. C.), su discípulo, reformuló su propuesta sobre el *arché* y lo sustituyó, en lugar de por otro elemento o fenómeno sensible, por el *ápeiron*, es decir, lo ilimitado o infinito. Así, todo está compuesto por elementos evolucionados desde lo infinito a través de un litigio sin pausa, pero sin romper el equilibrio entre ellos; los opuestos originarios, el calor y el frío, son los iniciadores del cosmos y de los seres vivos, en lo que supone una primera explicación del origen del ser humano, como recogen Kirk, Raven y Schofield (1987: 211): «la humedad está contenida en un tegumento corticoso y el calor, de alguna manera, causa una expansión o explosión de la cáscara y la liberación de una forma completa en su interior».

El último, Anaxímenes (*ca.* 585-525 a. C.), identifica el origen con el aire y lo considera el movimiento originario y continuo, lo que respectaba las posturas de sus coetáneos en relación con el aliento y la vida (cf. Guthrie 1984: 130). Su maestro Anaximandro postuló una unidad de la materia y que es continuada por este filósofo, quien considera que los demás elementos son producto de *condensaciones* o *rarefacciones* presentes en la formación, separación y transformación de las partículas de los cuerpos (cf. Chevalier 1968: 55).

2.2. El pitagorismo y Alcmeón de Crotona

Pitágoras de Samos (*ca.* 570-475 a. C.) y sus seguidores han suscitado una gran cantidad de debates debido a la oscuridad que se deriva de su filosofía como consecuencia de la pérdida de la mayoría de los testimonios escritos, junto con la transmisión oral de las enseñanzas por parte de su fundador[45], y, más importante aún, de la propia naturaleza oscura del pitagorismo[46].

Son dos las vertientes fundamentales que se desarrollaron en esta escuela: la *teoría numerológica*, que defiende que el universo está conformado por números y que estos le dan orden, y la *teoría órfica del alma*, en la que se plantea que el alma es inmortal, rompiendo con los pensadores previos y con la barrera entre dioses y humanos. Así, si el alma inmortal forma parte de animales y humanos, plantean una gradación que sitúa en el nivel más bajo a los animales y en el más alto al alma universal, que puede alcanzarse mediante la ruptura del ciclo de reencarnación a través del seguimiento de un *bios theoretikos* que permite alcanzar el conocimiento. Sin embargo, seguimos la afirmación de Guthrie (1984: 202) sobre la continuidad de sus tesis, en oposición a la división de Platón en *República*[47] (530d y 600a-600b) en las temáticas religioso-ética y filosófico-científica:

> Este puente se construyó mediante la siguiente concatenación lógica: a) el mundo es un *kósmos* –esa palabra intraducible que une […] la noción de orden, disposición o perfección estructural con la de belleza. b) La naturaleza entera está unida por lazos de parentesco; el alma humana está íntimamente unida al universo vivo y divino. c) Lo semejante se conoce por lo semejante, es decir, lo que mejor conoce algo es lo que más se parece a ello. De aquí, d) buscar por medio de la filosofía una mejor comprensión de la estructura del *kósmos* divino es comprender y cultivar el elemento divino ínsito en uno mismo.

En este mismo sentido encontramos el testimonio recogido en las *Disputaciones tusculanas*[48] (I, 63) de Cicerón sobre la concepción integradora de la oposición

---

45. Aulo Gelio (*Noches áticas* I, IX) recoge información sobre el método de enseñanza de los pitagóricos. Seguimos la edición de Marcos Casquero y Domínguez García (Aulo Gelio 2006a).
46. *Vid.* Guthrie (1984: 149-171) y Kirk, Raven y Schofield (1987: 316-324) para una exposición de las dificultades y posibles soluciones a través de las fuentes coetáneas y posteriores.
47. Seguimos la edición de Eugers Lan (Platón 1988a).
48. Seguimos la edición de Medina González (Cicerón 2005).

naturalismo-convencionalismo al respecto del lenguaje en la escuela pitagórica (cf. Rodríguez 1958: 457); aunque también existe la postura contraria representado por Proclo, quien defiende una aproximación naturalista:

> En efecto, al ser preguntado Pitágoras // cuál es el más sabio de los seres, responde: «el número»; y cuál EL SEGUNDO EN SABIDURÍA: «EL QUE IMPONE LOS NOMBRES A LAS COSAS». Y con «el número» se refería al orden inteligible que abarca la pluralidad de las formas intelectivas; pues allí el número en su sentido primero // y propio se fundamenta después del Uno supraesencial, el cual procura a todos los seres las medidas de su esencia, en el cual está realmente la sabiduría y el conocimiento, que es de sí mismo, que está vuelto hacia sí mismo y que se perfecciona a sí mismo. Y así como allí lo inteligible, el intelecto y la intelección son lo mismo, así también el número y la sabiduría son lo mismo // allí. Y CON LA EXPRESIÓN «EL QUE IMPONE LOS NOMBRES», ALUDÍA AL ALMA, QUE RECIBE REALIDAD DEL INTELECTO; Y LAS COSAS EN SÍ MISMAS NO SON PRIMARIAMENTE COMO EL INTELECTO, SINO QUE ÉSTE TIENE DE ELLAS IMÁGENES Y RAZONES ESENCIALES DISCURSIVAS, QUE SON COMO ESTATUAS DE LOS SERES, COMO LOS NOMBRES QUE REPRODUCEN LAS FORMAS INTELECTIVAS, A SABER, LOS NÚMEROS. Así que el // ser les viene a todas las cosas del intelecto que se conoce a sí mismo y es sabio, mientras que recibir nombre viene del alma que imita al intelecto. EN CONSECUENCIA, DICE PITÁGORAS, NO ES PROPIO DE CUALQUIERA EL FORJAR PALABRAS, SINO DEL QUE VE EL INTELECTO Y LA NATURALEZA DE LOS SERES. LUEGO LOS NOMBRES SON POR NATURALEZA (Proclo, *Lecturas del* Crátilo *de Platón*[49], XVI, 2-19)[50].

La carencia de fuentes primarias, junto con el anonimato de la mayoría de los pitagóricos, ha sido un problema fundamental para la historiografía de la filosofía, que, ocasionalmente, ha intentado incluir a pensadores en grandes corrientes debido a algún rasgo común; esta cuestión se ve acrecentada en el caso de Alcmeón de Crotona debido a la influencia pitagórica en la región (cf. Guthrie 1984: 338-339). Según Laín Entralgo (cf. 1978: 59), es el iniciador de la patología científica y su postura puede reconstruirse a través del siguiente testimonio de Teofrasto (*Sobre las sensaciones*[51], 25-26):

> Entre los que hacen surgir la sensación de lo no semejante, Alcmeón, en primer lugar, definió la diferencia respecto a los animales. Dice, en efecto, que «el hombre se diferencia del resto (de los animales) sólo porque comprende, mientras que los demás sienten, pero no comprenden», porque el pensar es distinto del sentir y no, como suponía Empédocles, lo mismo. En segundo lugar, habla de cada sensación particular. Así dice que oímos con los oídos, por haber vacío en ellos; éste resuena, un sonido se

---

49. Seguimos la edición de Álvarez, Gabilondo y García (Proclo 1999).

50. Debido a la extensión del fragmento utilizamos las versalitas para marcar las partes más relevantes y así mantener el cotexto, lo que permite una mejor interpretación. Este mismo procedimiento se llevará a cabo en epígrafes sucesivos.

51. Seguimos la edición de Solana Dueso (Teofrasto 1989).

produce en la cavidad (del oído) y el aire, a su vez, le hace el eco. Olemos con la nariz juntamente con la respiración, elevando el aire hasta el cerebro. Con la lengua, a su vez, discernimos los sabores, pues, al ser suavemente caliente y blanda, disuelve con el calor; recibe y transmite (los sabores) a causa de su blandura y esponjosidad.

Los ojos ven mediante el agua de alrededor; que tiene fuego es evidente, pues, si se golpean, destellan. Ven con lo brillante y transparente, cuando éste refleja la imagen, y ven tanto mejor cuanto más puro es. Todos los sentidos se relacionan en alguna medida con el cerebro; por ello, al moverse éste y variar su posición, se saturan, pues el cerebro ocupa el espacio de los poros a través de los cuales) se transmiten las sensaciones. No habló, sin embargo, del tacto ni de cómo ni con qué se produce.

Entre las ideas que podemos destacar de este texto se encuentra la distinción entre los seres humanos y los animales, puesto que a través del intelecto los primeros procesan la información sensorial; y la defensa de la centralidad del cerebro frente al *phren* o *phrenes*, conformado por el diafragma, el pericardio y el corazón, que habitualmente había sido la zona donde se situaba la psique humana desde Homero, debido fundamentalmente al aspecto somático producidos por las emociones (cf. Laín Entralgo 1978: 48). Esta postura fue continuada por Platón en *Fedón*[52] (cf. 96b) y en el *Timeo*, pero Aristóteles, por el contrario, no aceptó este postulado de Alcmeón y retomó el cardiocentrismo, influido por las teorías procedentes del mundo egipcio (cf. Guillermo Gago 2006: 415).

2.3. Heráclito de Éfeso, Jenófanes de Colofón y la escuela de Elea (Parménides, Zenón y Meliso)

De nuevo, la interpretación de Heráclito es compleja: su estilo aforístico, la creación de un libro compilatorio por parte de un discípulo y la interpretación estoica son algunos de los factores principales. Al igual que en el resto del pensamiento de la época, el filósofo se interesa por la relación entre alma, materia y cosmos que se realiza a través de la noción de *logos*, que puede entenderse como lenguaje o discurso –como defiende Solana Dueso (cf. 2003: 31), se supone que el conocimiento concierne a una realidad nombrada– o como un elemento ordenador del universo y como *noûs*, inteligencia. Podemos ver esta idea reflejada en el siguiente fragmento:

De esta razón, que existe siempre, resultan desconocedores los hombres, tanto antes de oírla como tras haberla oído a lo primero, pues, aunque todo transcurre

---

52. Seguimos la edición de García Gual, Martínez Hernández y Lledó Íñigo (Platón 1988b).

conforme a esta razón, se asemejan a inexpertos teniendo como tienen experiencia de dichos y hechos; de estos que yo voy describiendo, descomponiendo cada uno según su naturaleza y explicando cómo se halla. Pero a los demás hombres les pasa inadvertido cuanto hacen despiertos, igual que se olvidan de cuanto hacen dormidos (DK 1).

Este *logos*, por tanto, se manifiesta de forma *externa*, aprehensible sensorialmente[53], e *interna*, producto de la reflexión o intuición sobre estos datos. Así, nuestro cuerpo se constituye como el medio de interacción con el mundo y, por consiguiente, el paso para alcanzar el *logos*. Esta postura ha sido tradicionalmente relacionada con su analogía entre el río y la imperceptibilidad del cambio mediante los órganos sensoriales. Recogemos dos testimonios sobre ella:

> En algún sitio dice Heráclito «todo se mueve y nada permanece» y, comparando los seres con la corriente de un río, añade: «no podrías sumergirte dos veces en el mismo río» (Platón, *Crátilo*[54] 402a).

> Hay quienes afirman que no se trata de que algunas cosas estén en movimiento y otras no, sino que todas las cosas están siempre en movimiento, aunque esto se oculta a nuestros sentidos (Aristóteles, *Física*[55] VIII, 3, 253b).

La articulación entre lo material y lo inmaterial se realiza a través del fuego, lo caliente y lo seco[56]. Esta sequedad se asocia con la inteligencia, mientras que la humedad lo hace con la irracionalidad y la muerte, como demuestran los siguientes fragmentos: «Alma enjuta, la más sabia y la mejor» (DK 118), «Un adulto, cuando se emborracha, se deja llevar por un niño pequeño, vacilante, sin darse cuenta de hacia dónde camina, por tener húmeda el alma» (DK 117) y «Este orden del mundo, el mismo para todos, no lo hizo Dios ni hombre alguno, sino que fue siempre, es y será; fuego siempre vivo, prendido según medidas y apagado según medidas» (DK 36). Por tanto, el *logos* unitario y divino, y, por definición, seco se diluye en la materia humana, húmeda y fría.

Jenófanes de Colofón (*ca.* 575-465 a. C.), considerado el creador de la escuela de Elea debido a su separación del pitagorismo y de las escuelas de su territorio, adquirió notoriedad al criticar la representación antropomórfica de Homero de los e

---

53. Los siguientes dos textos avalan esta interpretación: «Las cosas cuyo aprendizaje es vista y oído, ésas son las que yo prefiero» (DK 55) y «Los ojos son testigos más exactos que los oídos» (DK 101a).
54. Seguimos la edición de Calonge Ruiz, Acosta Méndez, Olivieri y García Gual (Platón 1987).
55. Seguimos la edición de De Echandía (Aristóteles 1995).
56. Esta idea aparece en el siguiente fragmento: «Este orden del mundo, el mismo para todos, no lo hizo Dios ni hombre alguno, sino que fue siempre, es y será; fuego siempre vivo, prendido según medidas y apagado según medidas» (DK 30).

los dioses y los hombres, no semejante a los mortales ni en su cuerpo ni en su pensamiento» (Clemente, *Stromata*, v 109, 1 *apud* Kirk, Raven y Schofield 1987: 249). Pero, además, planteó la eternidad del universo al considerarlo carente de origen e indestructible, unas características que, como veremos, son comunes a los eleatas.

De este modo, el primero de ellos, al contrario de lo defendido por los doxógrafos coetáneos, fue Parménides (*ca.* 515-s. v a. C.), quien fue el encargado de sistematizar el *logos* de Heráclito (cf. Cornford 1939: 29 *apud* Guthrie 1986: 20) y que se manifiesta en una teoría cognitivo-psicológica de la siguiente forma:

> Parménides, en efecto, por decirlo brevemente, nada ha definido, sino solamente que habiendo dos elementos, la cognición es acorde con el que predomina. Pues, según predomine lo caliente o lo frío, se produce un pensamiento distinto, siendo mejor y más puro el que procede de lo caliente [...].
>
> Dice, en efecto, que sentir es lo mismo que pensar, y por ello la memoria y el olvido proceden de los citados elementos a causa de la mezcla; pero si se iguala en la mezcla, no determinó, si se daría pensamiento o no, y cuál sería su índole. Sin embargo, que también por el principio contrario en sí (es decir, el frío) cree que hay sensación es evidente cuando dice que el cadáver no percibe la luz, el calor y el sonido debido a la pérdida del fuego, percibiendo, en cambio, el frío, el silencio y los contrarios, y que en general todo lo que existe tiene algún tipo de cognición (Teofrasto, *Sobre los sentidos*, 3-4).

Parménides expone los dos tipos de información que se presentarán al personaje homónimo en su viaje: la verdad sobre la realidad, que ha de ser una e invariable, y la opinión de los mortales, incorrecta debido a la interpretación sensorial. Esta cuestión queda recogida en el siguiente fragmento (DK 1):

> Preciso es que te enteres de todo
> tanto del corazón imperturbable de la verdad bien redonda
> como de las opiniones de los mortales en las que no cabe creencia verdadera.
> Aun así, también aprenderás cómo es preciso
> que las opiniones sean en apariencia, entrado todas a través de todo.

Del texto se deriva que el único medio de conocimiento válido es el raciocinio, frente a los equívocos a los que conducen los sentidos, y la única vía para alcanzarlo es la que parte de la creencia en el *ser*, aquello sobre lo que se puede hablar y pensar, en oposición a la que surge del *no ser* o de los sentidos (cf. Guthrie 1986: 31). Es importante anotar que el componente cognitivo-lingüístico es el encargado de la determinación ontológica. Además, esta realidad posee unas características que rompen con la noción de universo vivo y cambiante de los milesios y los pitagóricos, puesto que es eterna, inmóvil, unitaria, continua y exenta de pasado o futuro.

En último lugar, Zenón de Elea (*ca*. 490-430 a. C.) desarrolla una defensa de las tesis de Parménides, –su maestro–, en relación con la pluralidad, el movimiento, el lugar y la percepción sensible; Meliso (*ca*. 470 a. C.), por otra parte, reformuló las bases de la escuela eleata al defender la infinitud y unidad del ser como consecuencia de la ausencia de vacío[57], o no ser, así como la inutilidad de los sentidos debido a que el ser es unitario e inmutable, y toda variación se debe a un error (cf. Reale y Antiseri 1991: 62-63). De este modo, el *ser* es eterno (DK 1 y 2), infinito (DK 3), uno (DK 4 y 5), inmutable (DK 8), incorpóreo y homogéneo (DK 9), e inamovible (DK 10).

2.4. Eclecticismo pluralista: Empédocles de Agrigento y Anaxágoras de Clazómenas

Empédocles de Agrigento (*ca*. 492-432 a. C.), conocedor de las escuelas previas, defiende que la materia es eterna y que los cambios son debidos a la mezcla o separación de los elementos que la componen (DK 8 y 9), siendo estos elementos el aire, la tierra, el agua y el fuego, pero con las mismas características definidas por Parménides (cf. Bernabé Pajares 2008: 185).

Asimismo, su teoría del conocimiento y de la percepción se basa en la recopilación de los efluvios emanados de los objetos, que son captados por los órganos sensoriales y transmitidos al corazón (cf. DK 89, 91, 107 y 109; Platón, *Menón*, 76c; Aristóteles, *Acerca de la generación y la corrupción* 324b26; Teofrasto, *Sobre las sensaciones* 2 y ss.) para su interpretación, convirtiéndolo en el centro de la inteligencia, como puede verse en estos fragmentos:

> [el corazón] que se nutre de mares de la sangre que corre en opuestas direcciones.
> Allí se asienta en mayor grado lo que los hombres suelen llamar entendimiento porque el entendimiento en los hombres la sangre de entorno al corazón (DK 105).

> De igual modo se expresa en relación al conocimiento y a la ignorancia, pues el conocimiento se produce por lo semejante y la ignorancia por lo desemejante, de manera que el conocimiento es idéntico o casi igual a la sensación. Pues habiendo enumerado cómo conocemos cada cosa por su semejante, añadió finalmente que «[en efecto] todas las cosas se han construido armonizándose a partir de éstos / y por éstos piensan, gozan y sufren». Por ello pensamos especialmente con la sangre, pues es una tesis

---

57. Este fragmento demuestra esta idea: «De otra parte, nada hay vacío. Pues lo vacío no es nada y la nada no podría haberla. Tampoco se mueve, pues no puede retirarse a parte alguna, sino que está lleno. Pues, si hubiera un vacío, podría retirarse al vacío pero, al no haber vacío, no tiene adónde retirarse» (DK 7).

propia de Empédocles que, de entre los miembros del cuerpo, es en la sangre donde están mezclados los elementos en mayor medida (Teofrasto, *Sobre las sensaciones*, 10).

El conocimiento, por consiguiente, depende de lo sensible, pero también es universal, ya que este no podría producirse si el proceso no fuese bidireccional y basado entre lo cognoscente y lo conocido (cf. Bernhardt 1976: 50; Reale y Antiseri 1991: 64). Sin embargo, este conocimiento es imperfecto, ya que la divinidad lo obtiene sin la mediación de los sentidos (DK 133), por lo que el fin último ha de ser la indagación sobre ella (DK 132), definida de forma no antropomórfica, como defendía Jenócrates (DK 134).

El resto de seres animados también forman parte de las disquisiciones de este pensador, que concibe el origen de toda vida orgánica como un conjunto de procesos espontáneos y accidentales que producen combinaciones que parten desde lo múltiple a lo unitario y viceversa (cf. Chevalier 1968: 99). El siguiente testimonio de Aecio (5 19, 5 *apud* Bernabé Pajares 2008: 237) precisa el origen de estos seres:

> Empédocles dijo que las primeras generaciones de animales y plantas no nacieron en modo alguno completas, sino desmembradas en partes que no se habían generado juntas; las segundas, hechas de miembros generados juntos, eran como seres de pesadilla; las terceras, de hechuras completas, y las cuartas, ya no eran de los elementos semejantes (como de tierra y de agua), sino ya unos de otros, en unos, por condensación de su alimento, en otros, porque la hermosura de las hembras produjo una excitación del impulso procreador. Las especies de los animales todos se diferenciaron por las cualidades de sus combinaciones: unas tienden hacia el agua como el impulso más propio, otras a echarse a volar hacia el aire –cuantas tienen más elemento ígneo–, otras, más pesadas, hacia tierra, y las más equilibradas en la mezcla armonizan con todos los ámbitos.

Pero aún más interesante es el antecedente de las teorías evolucionistas de los siglos actuales, como manifiestan los siguientes testimonios en relación con la funcionalidad, o no, de las partes generadas:

> Así, cuando tales partes resultaron como si hubiesen llegado a ser por un fin, sólo sobrevivieron las que «por casualidad» estaban convenientemente constituidas, mientras que las que no lo estaban perecieron y continúan pereciendo, como los terneros de rostro humano de que hablaba Empédocles (Aristóteles, *Física*, II, 8, 198b).

> Empédocles dice que bajo el dominio de Amistad se generaron primero, como el azar los dispuso, miembros de animales, como cabezas, manos y pies, […]. Cuantos de esos miembros se unieron entre sí de un modo que les permitió conseguir su propia conservación, se tornaron animales y se conservaron porque colmaba el uno las necesidades del otro: los dientes, cortando y triturando el alimento; el estómago,

digiriéndolo, y el hígado, convirtiéndolo en sangre. Y es que la cabeza de un hombre, unida a un cuerpo humano, asegura la conservación del conjunto, pero con el de una vaca no se compagina y lo destruye. Cuando no se unió de acuerdo con la proporción adecuada, pereció (Simplicio, *Física* 371.33 *apud* Bernabé Pajares 2008: 238).

Anaxágoras de Clazómenas (500-428 a. C.), al contrario que Empédocles, defiende que la materia está formada por una serie de componentes inseparables entre sí (DK 6 y 8), pero divisibles hasta el infinito (DK 3 y 10). Así, todo ser que posee materia está conformado por una proporción variable de *chrémata*, mientras que lo único carente de materia es el *noûs*, o intelecto, que es el principio generador (DK 11) y cuyas características podemos ver en el siguiente fragmento

> Las demás cosas tienen una porción de todo, pero el Intelecto es algo infinito, autónomo y no está mezclado con ninguna cosa, sino que está solo y por sí mismo. Y es que, si no existiera por sí mismo, sino que estuviera mezclado con alguna otra cosa, tendría una parte de todas las cosas, caso de estar mezclado con alguna, pues en todo hay una porción de todo, como al principio he constatado. Y las cosas mezcladas lo obstaculizarían tanto como para no dejarlo prevalecer sobre ninguna cosa, como sí que lo hace estando solo por sí mismo. Y es que es la más sutil y la más pura de todas las cosas y tiene todo el conocimiento sobre cada cosa y el mayor poder. Y cuántas cosas tienen alma, tanto las mayores como las menores, a todas las gobierna el Intelecto. También gobernó el Intelecto toda la rotación, de manera que girase al principio […] (DK 12).

Este intelecto, no mezclado y presente en todos los seres humanos, es el iniciador del movimiento a partir del que se generó lo demás (DK 13 y 14), donde la tierra surgió a partir de lo húmedo (DK 16) y en el éter se situó lo cálido (DK 15). En un acercamiento más biológico, Anaxágoras se planteó la evolución en términos teleológicos y concibió la inteligencia presente en el ser humano como una consecuencia de dos elementos: el cerebro y las manos. Estas nociones las podemos rescatar de los siguientes testimonios:

> Anaxágoras dice que lo primero que se forma en el niño es el cerebro, del que se originan todos los sentidos (Censorino, *Sobre el día del nacimiento*, 6.1. A108 *apud* Bernabé Pajares 2008: 262).

> Así, Anaxágoras afirma que el hombre es el más inteligente de los animales por tener manos, pero lo lógico es decir que recibe manos por ser el más inteligente. Las manos son, de hecho, una herramienta, y la naturaleza distribuye siempre, como una persona inteligente, cada órgano a quien puede utilizarlo. Y, en efecto, es más conveniente dar flautas a quien es un flautista que enseñar a tocar a quien tiene flautas, pues a lo mayor y principal la naturaleza añade lo más pequeño, y no a lo más pequeño lo más preciado y grande. Si realmente es mejor de esta manera, y la naturaleza hace lo mejor entre

lo posible, no por tener manos es el hombre el más inteligente, sino por ser el más inteligente de los animales tiene manos (Aristóteles, *Partes de los animales*[58], I, 687a).

En cuanto a su teoría del conocimiento, esta es eminentemente racionalista, ya que Anaxágoras sitúa en los sentidos los errores en el conocimiento del ser (DK 21) y destaca en ese proceso la experiencia, la destreza, la habilidad y la memoria (DK 21b).

2.5. El eclecticismo monista de Diógenes de Apolonia

Diógenes de Apolonia (*ca.* 480-*fl.* 425 a. C.), conocedor de la teoría del *noûs* de Anaxágoras y del hilozoísmo antiguo, defiende una inteligencia de carácter activo y unido a las cosas (cf. Bernabé Pajares 2008: 264). Su monismo, opuesto a otros sistemas pluralistas como el de Empédocles (DK 2), identifica el principio organizador e intelectivo con el aire, que está asociado con el *pneûma*, como podemos ver en el siguiente fragmento:

> Me parece, en una palabra, que todos los seres se diferencian de lo mismo y son lo mismo. Ello es patente. Pues si los seres que hay ahora en el mundo –tierra, agua, aire, fuego y todas las demás cosas que manifiestamente hay en este mundo–, si de ellos hubiera alguno diferente de otro, pero diferente por su propia naturaleza, y no fuera el caso que, aun siendo lo mismo, experimentaran transformaciones y diferenciaciones en múltiples sentidos, de ningún modo sería posible que unas cosas se mezclaran con otras, ni que hubiera provecho ni daño alguno de una a otra, ni que creciera planta alguna de la tierra, ni que naciera un animal ni otra cosa, si su configuración no fuera la de ser una misma cosa. Así que todos estos seres diferenciados de lo mismo se tornan en cada ocasión una cosa y retornan a lo mismo (DK 4).

De hecho, que el aire sea su *arché* conecta con su postura encefalocentrista, ya que es el encargado de guiar las sensaciones en un proceso que define claramente Teofrasto (*Sobre las sensaciones*, 39-49):

> DIÓGENES UNE LAS SENSACIONES, COMO LA VIDA Y PENSAMIENTO, CON EL AIRE; por ello parecería que las explica por lo semejante (pues no se daría el hacer y el padecer a menos que todo procediera de un solo elemento. El olfato se produce por el aire que circunda el cerebro, pues éste (el cerebro) constituye un todo estructurado y es proporcionado a la audición; el cerebro, en efecto, es sólo aire y pequeñas venas, si bien tal aire es muy sutil en aquéllas cuya posición no es proporcionada, y no se mezcla con los olores. Así que, evidentemente, percibiría aquel aire que fuera proporcionado en la mezcla.

---

58. Seguimos la edición de Jiménez Sánchez-Escariche y Alonso Miguel (Aristóteles 2000).

La audición se produce cuando el aire de los oídos, movido por el de fuera, se transmite al cerebro. Vemos el objeto de visión cuando éste se refleja en la pupila y produce sensación al mezclarse en el reflejo con el aire interior. Esta es una prueba: siempre que tiene lugar una inflamación de las venas, no hay mezcla con el aire interior y no vemos aun cuando exista igualmente reflejo. El gusto se produce en la lengua por su carácter esponjoso y blando; sobre el tacto nada definió, ni cómo es, ni de qué es propio; mas, aparte de esto, intenta decir por qué sucede que las percepciones son más exactas y en qué tipos de seres […].

EL PENSAR, POR SU PARTE, COMO SE HA DICHO, SE PRODUCE POR EL AIRE PURO Y SECO, PUES LA HUMEDAD ES UN OBSTÁCULO PARA LA MENTE: POR ELLO PENSAMOS MENOS EN LOS SUEÑOS, EN LA EMBRIAGUEZ Y EN LA SACIEDAD. MÁS AÚN, LOS DEMÁS ANIMALES SON INFERIORES EN EL PENSAMIENTO, PUES PENETRA EN ELLOS EL AIRE PROCEDENTE DE LA TIERRA Y SE LLEVAN A LA BOCA ALIMENTO MÁS HÚMEDO […].

ESTE MISMO ES CAUSA TAMBIÉN DE QUE LOS NIÑOS CAREZCAN DE PENSAMIENTO, PUES TIENEN LA HUMEDAD EN ABUNDANCIA, DE MODO QUE EL AIRE NO PUEDE EXPANDIRSE POR TODO EL CUERPO, SINO QUE SE SEPARA ALREDEDOR DEL PECHO, POR LO QUE SON TONTOS Y CARENTES DE RAZÓN, SI BIEN IRASCIBLES, DE CARÁCTER MUY VIVO E INESTABLES, DEBIDO A QUE GRAN CANTIDAD SE AIRE SE ESCAPA DE CUERPOS PEQUEÑOS. ESTO ES TAMBIÉN CAUSA DEL OLVIDO, PUES NO SE COMPRENDE POR NO RECORRER EL AIRE TODO EL CUERPO. La prueba es que los que se esfuerzan en recordar tienen el agobio alrededor del pecho, pero cuando lo descubren, se disipa el aire y se sienten aliviados del dolor.

De lo anterior se puede deducir que tanto humanos como animales poseen inteligencia, al contrario que los peces y las plantas, y la única diferencia entre ellos es de orden cuantitativo, lo que, a su vez, puede explicarse a través de la necesidad de mantener la vinculación entre el aire, la vida, el pensamiento y la sensación.

2.6. El atomismo de Leucipo y Demócrito y el hipocratismo

La corriente filosófica atomista fue desarrollada por Leucipo y Demócrito (460-370 a. C.), que fueron maestro y discípulo respectivamente, pero debido a la conservación de un mayor número de fuentes procedentes del segundo nos basaremos en este para reconstruir esta corriente filosófica. Las propuestas de estos pensadores están basadas en la concepción de que todo está compuesto por *átomos*, que son ingénitos, homogéneos, finitos, plenos, continuos e indivisibles, y *vacío*, que sirve como separación entre ellos; de este modo, todo ser es fruto de variaciones en la forma, orientación de los átomos, *lo que es*, con el vacío, *lo que no es* (Aristóteles, *Metafísica*[59], 985b).

---

59. Seguimos la edición de Calvo Martínez (Aristóteles 1994a).

La infinitud de cantidad y formas de los átomos y de sus posibles disposiciones permiten a estos filósofos caracterizar analógicamente el surgimiento del cosmos y de los seres vivos, en línea con los pensadores ya presentados. En esta ocasión, no existe una mente ordenadora, sino un conjunto de factores mecánicos[60]; por lo que la generación se produce mediante procesos de unión (Diógenes Laercio, *Vidas de filósofos ilustres*, IX, 31)[61], que tienen como resultado una generación de infinitos mundos[62] determinada mecanicistamente, como expone Leucipo: «Ninguna cosa sucede sin razón, sino que todas suceden por una razón y por necesidad» (DK 2). Sin embargo, el atomismo no se reduce al ámbito tangible, sino que también sirve como explicación del alma, compuesta por un conjunto de átomos esféricos y con la capacidad de traspasar y mover otros átomos, que se encuentra en constante reciclaje a través de la respiración. Aristóteles (*Acerca del alma*[63], I, II, 404a), de nuevo, recopila la postura de estos filósofos:

> De ahí que Demócrito afirme que el alma es un acierto tipo de fuego o elemento caliente; siendo infinitos en número las figuras y los átomos, concluye que los de figura esférica son fuego y alma y los compara con las motas que hay en suspensión en el aire y que se dejan ver en los rayos de luz a través de las rendijas; afirma que el conjunto originario formado por todos los átomos constituye los elementos de la Naturaleza en su totalidad (Leucipo piensa de manera semejante); de ellos, a su vez, los que tienen forma esférica son alma ya que tales figuras son especialmente capaces de pasar a través de todo y de mover el resto estando ellas mismas en movimiento: y es que parten del supuesto de que el alma es aquello que procura el movimiento a los animales.

Esta caracterización del alma nos conduce a identificar la inteligencia en una parte del cuerpo, que para Demócrito es la cabeza, y también a explicar la sensación como el impacto en los órganos sensoriales de los átomos emanados de los seres,

---

60. El siguiente fragmento refleja esta relación:

> Demócrito decía de Anaxágoras que no eran suyas las opiniones acerca del sol y de la luna, sino antiguas, y que él sólo las había aprovechado. Ridiculizaba también su teoría sobre la ordenación del mundo y el intelecto y lo aborrecía porque no le había interesado en absoluto (DK 5).

61. En adelante, D. L. Seguimos la traducción de García Gual (Diógenes Laercio 2007).

62. La infinidad de mundos puede verse en el siguiente testimonio de Hipólito (*Refutación de todas las herejías* 1.13.2 *apud* Bernabé Pajares 2008: 319).

> Hay (*según Demócrito*) innumerables mundos, diferentes en tamaño. En algunos no hay sol ni luna, en otros son menores que los nuestros y en otros mayores. Las distancias entre los mundos son desiguales y en unos sitios hay más (mundos), en otros menos, y unos están creciendo, otros en su plenitud, otros están decayendo. Aquí nacen, allí desaparecen, pues se destruyen por colisión mutua. Hay algunos mundos desiertos, sin animales ni plantas ni agua en absoluto.

63. Seguimos la edición de Calvo Martínez (Aristóteles 2003).

que varían en cada individuo[64] (cf. Guthrie 1986: 441 y 445-458). Esta relatividad conduce a establecer que el conocimiento puede clasificarse en dos tipos, al menos según la reconstrucción de Bernabé Pajares (cf. 2008) del fragmento corrupto DK 11: el *oscuro*, proveniente de la información sensorial, y el *genuino*, que alude a los átomos, al vacío y a sus cualidades en cada ser. Sin embargo, el fragmento conservado sobre este tema niega la posibilidad de conocimiento: «[n]osotros en realidad no conocemos nada verdadero, sino los cambios que se producen según la disposición del cuerpo y de lo que él se introduce o le ofrece resistencia» (DK 9).

En el aspecto lingüístico, no encontramos fragmentos conservados de estos filósofos, pero sí un testimonio neoplatónico, en el comentario de Proclo al *Crátilo*, donde se defiende la postura convencionalista de Demócrito, en consonancia con las tesis de Hermógenes, justificada por la *homonimia*, la *polinimia*, la *metonimia* y la *elipsis de nombres semejantes* (Proclo, *Lecturas del* Crátilo *de Platón*, XVI, 6 y 7).

La influencia del atomismo se extendió de forma importante en la civilización griega y, concretamente, puede verse en una de las figuras más relevantes de la medicina: Hipócrates de Cos (*ca.* 460-380 a. C.). Fue discípulo de Demócrito y alcanzó una relevancia que se extendió durante los siguientes siglos dando lugar al *Corpus Hippocraticum*, ya que, en palabras de Laín Entralgo (1978: 35), «Alcmeón fue el iniciador de la medicina "fisiológica"; Hipócrates su verdadero fundador. No es un azar que a lo largo de los siglos le hayan sido atribuidos de buena fe muchos escritos de que él no es autor».

Antes de comenzar con su análisis, es imprescindible anotar una serie de cuestiones sobre el hipocratismo. El corpus está compuesto por un conjunto de autores de los siglos IV a III a. C., mayoritariamente entre el 420 y el 350, y un conjunto de cincuenta y tres textos de diversa temática, concretamente nueve temas según la clasificación de Haeser (cf. Hipócrates 1983: 23-25): 1) escritos de carácter general, 2) de contenido anatomofisiológico, 3) dietéticos, 4) de carácter patológico general, 5) sobre patología general, 6) de contenido terapéutico, 7) quirúrgicos, 8) oftalmológicos y 9) ginecológicos, obstétricos y pediátricos. Esta dilatada extensión temporal, junto con la multiplicidad de autores, permite clasificar los escritos en cuatro tipos (cf. Laín Entralgo 1970: 36): el hipocratismo *strictissimo sensu*, que serían atribuibles al propio Hipócrates; el *stricto sensu*, que sería común a la escuela de Cos; el *lato sensu*, que alude a los autores con un pensamiento común sobre la medicina, pero con divergencias; y el *latissimo sensu*, que correspondería con aquellos escritos con validez en la actualidad.

---

64. Teofrasto (cf. *Sobre la sensación*, 61-82) realiza una descripción de la *teoría de los sensibles* de Demócrito.

La postura hipocrática, por tanto, se caracteriza por un método novedoso que trata enfermedades visibles e invisibles a través de la práctica y la razón. Aquí la teoría procede de la inferencia a través de la experiencia que permite conocer las causas de estas (cf. *Sobre la ciencia médica*[65], 11; *Preceptos*[66], 1). Pero sus aportaciones no se reducen simplemente a esto, sino que también pretenden estudiar los elementos originarios del hombre: los *principios activos*, que son el «grado máximo en intensidad y fuerza de cada uno de los humores», y las *estructuras internas*, «los órganos internos del hombre» (*Sobre la medicina antigua*[67], 20). Asimismo, su teoría humoral se separa del monismo previo y defiende que el ser humano no solo está formado por sangre, sino por cuatro elementos que varían su proporción en función de las estaciones y cuya desestabilización provoca las enfermedades (cf. *Sobre la naturaleza del hombre*, 4 y 7): la *pituita*, que domina durante el invierno; la *sangre*, en la primavera; la *bilis amarilla*, en el verano; y la *negra*, que lo hace durante el otoño.

El hipocratismo también aborda la formación de los distintos órganos, siendo especialmente importante la vinculación del cerebro con el frío y del corazón con lo caliente, a los que hay que sumar los relacionados con los sentidos (cf. *Sobre las carnes*[68], 4, 5 y 15-17). En lo que respecta al debate sobre el órgano relacionado con la cognición, el hipocratismo se sitúa en el encefalocentrismo en los siguientes fragmentos sobre la epilepsia:

> De acuerdo con esto considero que el cerebro tiene el mayor poder en el hombre. Pues es nuestro intérprete, cuando está sano, de los estímulos que provienen del aire. El aire le proporciona el entendimiento. Los ojos, los oídos, la lengua, las manos y los pies ejecutan aquello que el cerebro apercibe. Pues en todo el cuerpo hay entendimiento, en tanto que hay participación del aire, pero el cerebro es el transmisor de la conciencia.
>
> Pues cuando el hombre recoge en su interior el aire que respira, éste llega en primer lugar al cerebro, y luego se reparte el aire en el resto del cuerpo, habiéndole dejado en el cerebro lo mejor de sí, y lo que le hacer ser sensato y tener inteligencia (*Sobre la enfermedad sagrada*[69], 19).

> Dicen algunos que pensamos con el corazón y que éste es el órgano que se aflige y preocupa. Pero no es así; lo que pasa es que tiene convulsiones, como el diafragma y, más bien, por las mismas razones […]. Forzosamente el cuerpo se estremece y se pone tenso al sentir una pena, y experimenta lo mismo en una gran alegría, cosa que el corazón y el diafragma perciben con especial sensibilidad. No obstante, de la capacidad de

---

65. Seguimos la edición de García Gual, Lara Nava, López Férez y Cabellos Álvarez (Hipócrates 1983).
66. *Ibid.*
67. *Ibid.*
68. Seguimos la edición de Villa Polo, Rodríguez Blanco, Cano Cuenca y Rodríguez Alfageme (Hipócrates 2002).
69. Seguimos la edición de García Gual, Lara Nava, López Férez y Cabellos Álvarez (Hipócrates 1983).

comprensión no participan ni uno ni otro, sino que el responsable de todo eso es el cerebro (*Sobre la enfermedad sagrada*, 20).

En este texto, además de la centralidad del cerebro en consonancia con lo propuesto por Alcmeón, encontramos un vínculo con Diógenes de Apolonia debido a la importancia proporcionada al aire en el funcionamiento del cuerpo humano y, particularmente, en el razonamiento, ya que el aire alcanza en primer lugar el cerebro y posteriormente el resto de zonas, en consonancia con el orden de formación de los órganos.

En último lugar, encontramos una reflexión tangencial sobre aspectos lingüísticos, concretamente en lo que respecta al discurso oral y a las afonías (cf. *Prenociones de Cos*[70], 240-254), y en el que desarrollan el proceso de producción y los órganos implicados:

> El hombre habla introduciendo aire en todo el cuerpo, pero sobre todo en sus cavidades. Y este aire, impulsado a través del vacío produce el sonido. La cabeza produce la resonancia y la lengua produce la articulación por medio de sus impulsos. Al cerrar el paso al aire en la garganta y al impulsarlo contra el paladar y los dientes hace que los sonidos sean distintos. Si la lengua no produjera articulaciones impulsando el aire en cada ocasión, no podría el hombre hablar de forma inteligible, sino emitir los sonidos naturales sin articulación. La prueba de ello es que los sordos de nacimiento no saben hablar, sino que sólo emiten sonidos no articulados. Tampoco es posible hablar si uno intenta hacerlo después de haber expulsado el aire. El hecho es claro por lo siguiente: los hombres, cuando desean emitir sonidos fuertes, impulsan el aire desde dentro, lo echan afuera y así pronuncian sonidos fuertes mientras queda aire, pero después se extingue la voz (*Sobre la naturaleza*, 18).

2.7. La sofística

El agotamiento del estudio de la *physis* junto con el avance de la democracia en los territorios griegos durante el siglo v a. C. produjeron la llegada de la corriente sofística, que, en su búsqueda por la practicidad del saber, revolucionó pedagógica y socialmente la civilización griega al pretender igualar a las personas a través del conocimiento y no de su nacimiento. Por tanto, se rompía con el acuerdo de que el filósofo solo podía serlo cuando tenía sus necesidades satisfechas; pero también la pérdida de apego en relación con la *polis* y al resto de convenciones sociales en favor de la razón (cf. Reale y Antiseri 1991: 76-77).

---

70. Seguimos la edición de López Férez y García Novo (Hipócrates 1987).

Cuando se menciona a la sofística, se ha de tener en cuenta que hace referencia a un conjunto de autores con intereses heterogéneos, por lo que nos centraremos en dos de los más prominentes: Protágoras y Gorgias. El primero es conocido por su subjetivismo, que pudo ser consecuencia de las enseñanzas de Demócrito, como defiende Aulo Gelio (*Noches áticas*, 5,3), y que fue criticado por Platón (*Teeteto*[71], 152, 170c-171a) y Aristóteles (*Metafísica*, XI, 5, 1062b), especialmente con la tesis inicial de su *Sobre la verdad*: «De todas las cosas la medida es el hombre, de las que son en cuanto son, y de las que no son en cuanto no son» (D. L., IX, 50). En este punto encontramos la revolución ética y política, pero también respecto a la física previa, como defiende Guthrie (1988: 187):

> Protágoras adoptó un extremo subjetivismo, según el cual no había una realidad más allá e independientemente de las apariencias, no había diferencia entre parecer y ser, y cada un somos el juez de nuestras propias impresiones [...]. Si lo que yo siento como caliente tú lo sientes como frío no puedo argüir sobre ello: es caliente para mí y frío para ti. Ningún filósofo natural fue tan lejos, porque esto supone la negación total del verdadero significado de *phýsis*.

Pese a que Diógenes Laercio (cf. D. L., IX, 53-54) identifica el origen de la dialéctica en este autor, el principal representante de la retórica sofística es Gorgias, de quien desconocemos su biografía más allá de su estancia en Atenas y su notoriedad en la época, además de dos testimonios tardíos sobre sus obras: el de Sexto Empírico y uno falsamente atribuido a Aristóteles (cf. Ariza 2014: 15-35). De sus teorías se pueden extraer tres tesis de orden epistemológico (cf. Guthrie 1988: 196-200): 1) nada existe, 2) en caso de que existiera el ser, no podría ser conocido por el ser humano; y 3) incluso si se pudiera aprehender, no sería posible comunicarlo. En consecuencia, el *logos* queda separado de la realidad, especialmente en el tercer argumento, ya que es un órgano independiente encargado de producir y reducir el discurso. Esto conduce a Rodríguez Adrados (1981: 17) a defender la existencia de una tripartición entre cosas, signos y significados, lo que unido a su postura práctica en el *Elogio de Helena* desemboca en lo que el investigador considera su teoría del lenguaje, fin último de su obra:

> Así, en definitiva, toda la doctrina de Gorgias es coherente. En ella la teoría lingüística depende de la práctica de la retórica y, a su vez, fundamenta una ontología antiparmenídea y antiidealista. Lo que aquí hemos querido resaltar es que todo ello tiene como centro una teoría del signo de tipo triangular: hay la cosa, el significado y el significante y no se accede directamente a la primera, sino con mucho trabajo y dificultad. Hay

---

71. Seguimos la edición de Santa Cruz, Vallejo Campos y Luis Cordero (Platón 1998b).

luego que prestar atención al receptor e, implícitamente, al emisor (de ahí la enseñanza que Gorgias da a los futuros oradores): sólo atendiendo a estos factores se puede dar el signo un sentido aceptado ampliamente y más o menos próximo a la verdad.

Así pues, el lenguaje y la realidad se separan. Si añadimos la tesis de Protágoras, la palabra alcanza autonomía y elimina sus límites, al tiempo que lo hace con su vinculación con el ser y, por tanto, la dependencia onto-veritativa (cf. Reale y Antiseri 1991: 80).

3. Sócrates, Platón y la Academia

La figura de Sócrates (*ca.* 470-399 a. C.) estuvo claramente influida por la situación social y política de Atenas, su *polis*: participó en la guerra del Peloponeso, se opuso a la impuesta oligarquía de los Treinta y a la siguiente democracia, cuyos valedores, por temor a la instauración de un régimen aristocrático y por las acusaciones de otros ciudadanos como Meleto, terminaron por ejecutarlo. El rechazo por parte de la sociedad de su época tuvo su contrapunto con el impacto que tuvo en la filosofía posterior, fundamentalmente en Platón, pero también en Aristóteles y muchos otros, que consistía, como defiende Bechtel (cf. 1991: 21), en un *método* que tenía como meta las definiciones universales y verdaderas de los conceptos. Sus pilares son los siguientes: 1) el conocimiento es virtud –todo mal es involuntario y condicionado por la ignorancia, y que el cuidado del alma es la condición para una vida (cf. Guthrie 1988: 426)–; 2) todo conocimiento se adquiere de forma inductiva, lo que permite determinar una característica *esencial* a partir de la que se realiza una definición sin aludir a lo *accidental*; y 3) el conocimiento de los filósofos naturalistas y sofistas acercó a Sócrates a la ética, ya que renegaba de que la física se situase en un plano superior al de los humanos (Sexto Empírico, *Contra los dogmáticos*[72], I, 8).

Estos tres apuntes marcaron la trayectoria intelectual de Platón (*ca.* 428-348 a. C.), cuya biografía aporta información interesante para la construcción de su pensamiento. Perteneciente a una familia influyente, fue criado en Atenas, *polis* en la que adquirió tanto su bagaje cultural como su breve pero intensa relación con su maestro Sócrates, ejecutado tras haber sido acusado de sofistería. Este hecho afectó a Platón, quien se embarcó en una serie de viajes por Megara, Egipto, Cirene, Tarento y Siracusa, en los que se nutrió de las teorías de pensadores de estos territorios. Tras volver a Atenas fundó la Academia (387 a. C.) donde

---

72. Seguimos la edición de Martos Montiel (Sexto Empírico 2012).

comenzó su labor como maestro que duró hasta su muerte y que solo se interrumpió por sus infructuosos intentos de poner en práctica su teoría política en Siracusa (368 y 361 a. C.).

Se hace notable, por tanto, la importancia que el contexto sociohistórico y cultural adquiere a la hora de interpretar a este pensador. Su propuesta política es una respuesta al desencanto con el sistema establecido tras el juicio a su maestro, por lo que establece una relación entre los ideales de la *psique* humana, que son la armonía y el conocimiento, y el gobierno de la *polis*. En las páginas de la *República* se recogen, además de su propuesta, una descripción y una jerarquización de los distintos sistemas políticos en lo que es una muestra de su contexto: la primera de las guerras médicas, la guerra del Peloponeso, las guerras de Corinto y la rebelión de Tebas. Esta última redujo el poder de las ciudades-estado hasta que el fin de la hegemonía tebana lo restauró, una situación que se extendió hasta las conquistas macedonias y el periodo helenístico.

El interés de Platón por la filosofía antigua es notable tanto por la centralidad que adquiere su maestro como personaje como por muchos de los títulos de sus diálogos, pero también por la diversidad temática que abarca desde lo epistemológico hasta lo lingüístico, pasando por lo ontológico, lo biológico y lo psicológico. El primero de los diálogos –siguiendo la organización cronológica de García Gual (cf. Platón 1985: 51-52)– que aborda alguno de los aspectos inter- y multidisciplinares por los que nos interesamos en esta investigación es *Ion*[73]. En él se postula la oposición entre *inteligencia* (*noûs*), concebida como el conocimiento racional compuesto por un sistema conceptual, y la *predisposición*, que puede considerarse como un posible antecedente del innatismo y que aparece representado a través del discurso poético y la figura del rapsoda que da título al diálogo, quien tiene un don divino:

> Sóc. – […] Porque es una cosa leve, alada y sagrada el poeta, y no está en condiciones de poetizar antes de que esté endiosado, demente y no habite ya más en él la Inteligencia. Mientras posea este don, le es imposible al hombre poetizar y profetizar. Pero no es virtud de una técnica como hacen todas estas cosas y hablan tanto y tan bellamente sobre sus temas, cual le ocurre a ti con Homero, sino por una predisposición divina, según la cual cada uno es capaz de hacer bien aquello hacia lo que la Muse le dirige; uno compone ditirambos, otros loas, otro danzas, otros epopeyas, otro yambos. En las demás cosas cada uno de ellos es incompetente. Porque no es gracias a una técnica por lo que son capaces de hablar así, sino por un poder divino, puesto que si supiesen, en virtud de una técnica, hablar bien de algo, sabrían hablar bien de todas las cosas (*Ión*, 534b-c).

---

73. Seguimos la edición de Calonge Ruiz, Lledó Íñigo y García Gual (Platón 1985).

Esta dicotomía continúa en *Protágoras*[74] en los términos *episteme*, o ciencia, y *areté*, o virtud, pero aplicados a la enseñanza de la *téchne politiké*, donde Protágoras se postula como defensor de la capacidad para enseñar la *areté* –«Mi enseñanza es […] acerca de los asuntos políticos, para que pueda ser él el más capaz de la ciudad, tanto en el obrar como en el decir» (*Protágoras*, 318e-319a)– y Sócrates, como su opuesto –«Así que yo, Protágoras, atendiendo a estos ejemplos [de Pericles y Clínias], creo que no es enseñable la virtud» (*ibid.*, 320b)–. En la misma línea, *Menón*[75] trata la posibilidad de enseñar, de adquirir dicha virtud mediante la práctica o su presencia «natural» en el hombre; en esta ocasión, Platón considera que el origen de la virtud es divino y lo relaciona con el carácter inmortal del alma, lo que permite conectar esta concepción con la *anamnesis*[76] y, por consiguiente, constituye una primigenia *teoría de las formas*:

> Sóc. – Los que lo dicen son aquellos sacerdotes y sacerdotisas que se han ocupado de ser capaces de justificar el objeto de su ministerio. Pero también lo dice Píndaro y muchos otros poetas divinamente inspirados. Y las cosas que dicen son éstas –y tú pon atención si te parece que dicen verdad–: afirman, en efecto, que el alma del hombre es inmortal, y que a veces termina de vivir –lo que llaman morir–, a veces vuelve a renacer, pero no perece jamás […]. El alma, pues, siendo inmortal y habiendo nacido muchas veces, y visto efectivamente todas las cosas, tanto de aquí como las del Hadas, no hay nada que no haya aprendido; de modo que no hay de qué asombrarse si es posible que recuerde, no sólo la virtud, sino el resto de las cosas que, por cierto, antes también conocía. Estando, pues, la naturaleza toda emparentada consigo misma, y habiendo el alma aprendido todo, nada impide que quien recuerde una sola cosa –eso que los hombres llaman aprender–, encuentre él mismo todas las demás, si es valeroso e infatigable en la búsqueda. Pues, en efecto, el buscar y el aprender no son otra cosa, en suma, que una reminiscencia (*Menón*, 81a-d).

---

74. *Ibid.*
75. Seguimos la edición de Calonge Ruiz, Acosta Méndez, Olivieri y García Gual (Platón 1987).
76. En *Menón* (97e-98a) encontramos una reflexión sobre el proceso de reminiscencia:

> Sóc. – Poseer una de sus obras que no esté sujeta no es cosa digna de gran valor; es como poseer un esclavo vagabundo que no se queda quieto. Sujeta, en cambio, es de mucho valor. Son, en efecto, bellas obras. Pero, ¿por qué motivo digo estas cosas? A propósito, es cierto, de las opiniones verdaderas. Porque, en efecto, también las opiniones verdaderas, mientras permanecen quietas, son cosas bellas y realizan todo el bien posible; pero no quieren permanecer mucho tiempo y escapan del alma del hombre, de manera que no valen mucho hasta que uno no las sujeta con una discriminación de la causa. Y ésta es, amigo Menón, la reminiscencia, como convinimos antes. Una vez que están sujetas, se convierten, en primer lugar, en fragmentos de conocimientos y, en segundo lugar, se hacen estables. Por eso, precisamente, el conocimiento es de mayor valor que la recta opinión y, además, difiere aquél de ésta por su vínculo.

Una vez definidos varios de los puntos principales de la filosofía platónica, pasamos al diálogo de mayor contenido lingüístico de su producción: *Crátilo*[77], que tiene como objetivo evaluar la *rectitud de los nombres* en cuanto a su relación con los entes (cf. Araos San Martín 1999: 83; González Pereira 2008: 67-68) y donde se recogen la postura *convencionalista*, asociada con Hermógenes, y la *naturalista*, con Crátilo. Su importancia en la lingüística y la filosofía del lenguaje queda demostrada por la ingente cantidad de investigaciones al respecto[78], consecuencia de la ambigüedad del diálogo derivada de la ironía socrática y que podría deberse, como defiende Casadesús Bordoy (cf. 2000), a una crítica a la teogonía órfica a través de las etimologías.

La estructura del diálogo comienza con una crítica al convencionalismo (385b-428b). Sócrates, a través de la igualación entre convencionalismo e individualidad, en la línea de la epistemología de Protágoras[79], defiende que los seres y las acciones son naturales, razón por la que nombrar cumple esta condición y hace imposible hablar falsamente. Todo esto puede verse representado en este fragmento:

> SÓC. – Puede entonces, Hermógenes, que no sea banal, como tú crees, la imposición de nombres, ni obra de hombres vulgares o de cualesquiera hombres. Conque Crátilo tiene razón cuando afirma que las cosas tienen el nombre por naturaleza y que el artesano de los nombres no es cualquiera, sino sólo aquel que se fija en el nombre que cada cosa tiene por naturaleza y es capaz de aplicar su forma tanto a las letras como a las sílabas (*Crátilo*, 390d).

A continuación, estos personajes debaten sobre ciertas etimologías (391d-421c) y establecen la distinción entre los *nombres primarios* y los *secundarios*, acordando que el lenguaje no es más que un arte imitativo, del mismo modo que la música o la pintura (423d-428b). Este proceso, pese a inadecuado, es el único disponible, como se recoge la siguiente cita:

---

77. Seguimos la edición de Calonge Ruiz, Acosta Méndez, Olivieri y García Gual (Platón 1987).

78. Para un análisis exhaustivo y una recopilación de la bibliografía especializada sobre este diálogo y otros relacionados con el signo lingüístico platónico, *vid.* González Pereira (2008: §2).

79. El siguiente fragmento del *Crátilo* (385d-385e) recoge esta cuestión:

> HERM. – Yo desde luego. Sócrates, no conozco para el nombre otra exactitud que ésta: el que yo pueda dar a cada cosa un nombre. el que yo haya dispuesto. y que tú puedas darle otro, el que, a tu vez, dispongas. De esta forma veo que también en cada una de las ciudades hay nombres distintos para los mismos objetos: tanto para unos griegos a diferencia de otros, como para los griegos a diferencia de los bárbaros.
>
> SÓC. – ¡Vaya! Veamos entonces, Hermógenes, si también te parece que sucede así con los seres: que su esencia es distinta para cada individuo como mantenía Protágoras al decir que «el hombre es la medida de todas las cosas» (en el sentido, sin duda, de que tal como me parecen a mí las cosas, así son para mí, y tal como te parecen a ti, así son para ti), o si crees que los seres tienen una cierta consistencia en su propia esencia.

> Sóc. – Es manifiestamente ridículo, Hermógenes –pienso yo– que las cosas hayan de revelarse mediante letras y sílabas. Sin embargo, es inevitable, pues no disponemos de nada mejor que esto a lo que podamos recurrir sobre la verdad de los nombres primarios (*Crátilo*, 425d).

Del mismo modo, Sócrates somete a examen la postura naturalista de Crátilo (428b-435d) y comienza por negar la afirmación anterior sobre la capacidad mimética del lenguaje y por reafirmar la postura contraria convencionalista, como vemos a continuación:

> Y si esto es así, ¿no será que lo has pactado contigo mismo, y para ti la exactitud del nombre es convención, dado que tanto las letras semejantes como las desemejantes tienen significado, con tal que las sancionen costumbre y convención? Pero, aun en el caso de que la costumbre no fuera exactamente convención, ya no sería correcto decir que el medio de manifestar es la semejanza, sino más bien la costumbre. Pues ésta, según parece, manifiesta tanto por medio de lo semejante como de lo desemejante, y como quiera que coincidimos en esto, Crátilo (pues interpreto tu silencio como concesión), resulta, sin duda, inevitable que tanto convención como costumbre colaboren a manifestar lo que pensamos cuando hablamos […]. ¡Claro que yo, personalmente, prefiero que los nombres tengan la mayor semejanza posible con las cosas! Pero temo que, en realidad, como decía Hermógenes, resulte «forzado» arrastrar la semejanza y sea inevitable servirse de la convención, por grosera que ésta sea, para la exactitud de los nombres. Y es que, quizá, se hablaría lo más bellamente posible cuando se hablara con nombres semejantes en su totalidad o en su mayoría –esto es, con nombres apropiados–, y lo más feamente en caso contrario. Pero dime a continuación todavía una cosa: ¿cuál es, para nosotros, la función que tienen los nombres y cuál decimos que es su hermoso resultado? (*Crátilo*, 435a-d).

En esta ocasión, Sócrates reformula el convencionalismo de Hermógenes al entender el lenguaje como *acción* y, por tanto, realidad, rompiendo con el subjetivismo de Protágoras (cf. Araos San Martín 1999: 88-90). Así, cada ser posee un *nombre en sí*, esencial, y que no depende de ninguna manifestación sensible, lo que conecta el lenguaje con su *teoría de las formas*. En la siguiente cita de otro texto platónico se puede ver esta idea continuada:

> Hay en todos los seres para que se produzcan el conocimiento [nombre, definición y realidad[80]]; el cuarto es el conocimiento mismo, y hay que colocar en quinto lugar el objeto en sí cognoscible y real. El primer elemento es el nombre, el segundo es la definición, el tercero, la imagen, el cuarto, el conocimiento. Pongamos un ejemplo aplicado a un objeto determinado para comprender la idea y extendámoslo a todos

---

80. *Vid. Leyes* (X, 895d-e). Seguimos la edición de Lisi (Platón 1999).

los demás. Hay algo llamado «círculo», cuyo nombre es el mismo que acabo de pronunciar. En segundo lugar viene la definición, compuesta de nombres y predicados: «aquello cuyos extremos distan por todas partes por igual del centro» sería la definición de lo que se llama «redondo», «circunferencia», «círculo». En tercer lugar, la imagen que se dibuja y se borra, se torna en círculo y se destruye, pero ninguna de estas cosas le ocurre al círculo mismo al que se refieren todas las representaciones, pues es distinto a todas ellas. LO CUARTO ES EL CONOCIMIENTO LA INTELIGENCIA, LA OPINIÓN VERDADERA RELATIVA A ESTOS OBJETOS: TODO ELLO DEBE CONSIDERARSE COMO UNA SOLA COSA, QUE NO ESTÁ NI EN LAS VOCES NI EN LAS FIGURAS DE LOS CUERPOS, SINO EN LAS ALMAS, POR LO QUE ES EVIDENTE QUE ES ALGO DISTINTO TANTO EN LA NATURALEZA DEL CÍRCULO EN SÍ COMO DE LOS TRES ELEMENTOS ANTERIORMENTE CITADOS. De estos elementos es la inteligencia la que está más cerca del quinto por afinidad y semejanza; los otros se alejan más de él. Las mismas diferencias, podrían establecerse respecto a las figuras rectas o circulares, así como a los colores, a lo bueno, lo bello y lo justo, a todo cuerpo, tanto si está fabricado artificialmente como si es natural, al fuego, al agua y a todas las cosas parecidas, a toda clase de seres vivos, a los caracteres del alma, a toda clase de acciones y pasiones. PORQUE SI EN TODAS ESTAS COSAS NO SE LLEGAN A CAPTAR DE ALGUNA MANERA LOS CUATRO ELEMENTOS, NUNCA SE PODRÁ CONSEGUIR UNA PARTICIPACIÓN PERFECTA DEL QUINTO. ADEMÁS, ESTOS ELEMENTOS INTENTAN EXPRESAR TANTO LA CUALIDAD DE CADA COSA COMO SU ESENCIA POR UN MEDIO TAN DÉBIL COMO LAS PALABRAS; POR ELLO, NINGUNA PERSONA SENSATA SE ARRIESGARÁ A CONFIAR SUS PENSAMIENTOS EN TAL MEDIO, SOBRE TODO PARA QUE QUEDE FIJADO, COMO OCURRE CON LOS CARACTERES ESCRITOS. Éste es también un punto que hay que entender. Cada círculo concreto de los dibujados o trazados en giro está lleno del elemento contrario al quinto, pues está en contacto por todas sus partes con la línea recta. En cambio, el círculo en sí, afirmamos que no contiene ni poco ni mucho de la naturaleza contraria a la suya. AFIRMAMOS TAMBIÉN QUE EL NOMBRE DE LOS OBJETOS NO TIENE PARA NINGUNO DE ELLOS NINGUNA FIJEZA, Y NADA IMPIDE QUE LAS COSAS AHORA LLAMADAS REDONDAS SE LLAMEN RECTAS, Y LAS RECTAS, REDONDAS, NI TENDRÁN UN VALOR MENOS SIGNIFICATIVO PARA LOS QUE LAS CAMBIAN Y LAS LLAMAN CON NOMBRES CONTRARIOS. Lo mismo puede decirse de la definición, puesto que está compuesta de nombres y predicados: no hay en ella nada que sea suficientemente firme (*Cartas*[81], VII, 342a-343).

De este modo, el diálogo ha sido interpretado desde el enfoque filosófico como una reflexión epistemológica y ontológica que utiliza el lenguaje como un pretexto, puesto que no se reflexiona ni sobre su origen ni sobre su funcionamiento, sino sobre la capacidad que posee para describir la realidad (cf. Blasco, Grimaltos y Sánchez 1999). Por nuestra parte, defendemos una postura intermedia, ya que sí que se abordan aspectos sobre el funcionamiento lingüístico en «la variación intraidiomática (histórica, dialectal y estilística) y la distinción y método de análisis de los elementos léxicos complejos frente a los simples» (González Pereira 2008: 197-198). Además,

---

81. Seguimos la edición de Zaragoza y Gómez Cardó (Platón 1992a).

también se manifiesta la función distintiva y no comprensiva del lenguaje, puesto que la realidad de los nombres es un segundo estadio (cf. Laborda Gil 2010). Las conclusiones obtenidas de esta perspectiva de análisis son las siguientes:

> (I) El *Crátilo* constituye la primera obra en la que con claridad se defiende la necesidad de diferenciar entre la estructura de la realidad (lo ontológico), las vías de aproximación a su conocimiento (lo epistemológico) y los modos en que este se representa y manifiesta mediante signos (lo lingüístico) […].
>
> (II) El *Crátilo* constituye una proyección al lenguaje de la tradicional controversia entre lo natural y lo convencional que involucra una radical reformulación que supera los límites del anquilosamiento al que había quedado reducida. De una parte, Platón asume y afirma que el origen de los nombres está en una imposición humana, con lo que da testimonio de que en aquella época esta dicotomía ya habría perdido relevancia entendida en términos de origen del lenguaje, por más que posteriormente se reabriera esa vía de aproximación a la controversia […].
>
> Podemos sintetizar nuestra lectura a este respecto diciendo que *Platón refuta que las lenguas humanas tengan una naturaleza representacional de la esencia real de las cosas*: la esencia real no se corresponde con la esencia nominal; pero *Platón reconoce en las lenguas humanas su naturaleza comunicativa*, su capacidad para la transmisión de los contenidos psicológicos subjetivos; una naturaleza comunicativa que tiene su fundamento explicativo, su causa, en la convención (González Pereira 2008: 184-187).

Alejándonos del tema lingüístico, *Fedón* se centra en la oposición entre el cuerpo y el alma inmortal, cuya separación se produce con la muerte (*Fedón*, 64c), y cuyo origen y materialidad se definen mediante el argumento genético de los pares de contrarios, en consonancia con los presocráticos. Esta alma es el agente de la *anamnesis* y la encargada de obtener las ideas a través de un proceso separado de las restricciones sensoriales impuestas por el cuerpo, en una postura gnoseológica racionalista. La siguiente cita sintetiza estas ideas:

> Yo te lo diré –contestó–. Conocen, pues, los amantes del saber –dijo– que cuando la filosofía se hace cargo de su alma, está sencillamente encadenada y apresada dentro del cuerpo, y obligada a examinar la realidad a través de éste como a través de una prisión, y no ella por sí misma, sino dando vueltas en una total ignorancia, y advirtiendo que lo terrible del aprisionamiento es a causa del deseo, de tal modo que el propio encadenado puede ser colaborador de su estar aprisionado. Lo que digo es que entonces reconocen los amantes del saber que, al hacerse la cargo la filosofía de su alma, que está en esa condición, la exhorta suavemente e intenta liberarla, mostrándole que el examen a través de los ojos está lleno de engaño, y de engaño también el de los oídos y el de todos los sentidos, persuadiéndola a prescindir de ellos en cuanto no le sean de uso forzoso, aconsejándole que se concentre consigo misma y se recoja, y que no confíe en ninguna otra cosa, sino tan sólo en sí mismo, en lo que ella por sí misma capte de lo real como algo que es en sí. Y que lo que observe a través de otras cosas que es

distinto en seres distintos, nada juzgue como verdadero. Que lo de tal clase es sensible y visible, y lo que ella sola contempla inteligible e invisible (*Fedón*, 82d-83b).

En el *Banquete*[82] se desarrolla esta noción de inmortalidad del alma asociándole el movimiento como carácter ingénito y, por consiguiente, imperecedero; pero, además, Platón se preocupa por caracterizar el alma humana frente a la de los dioses:

> Podríamos entonces decir que se parece a una fuerza que, como si hubieran nacido juntos, lleva a una yunta alada y a su auriga. Pues bien, los caballos y los aurigas de los dioses son todos ellos buenos, y buena su casta, la de los otros es mezclada. Por lo que a nosotros se refiere, hay, en primer lugar, un conductor que guía un tronco de caballos y, después, estos caballos de los cuales uno es bueno y hermoso, y está hecho de esos mismos elementos, y el otro de todo lo contrario, como también su origen. Necesariamente, pues, nos resultará difícil y duro su manejo (*Fedón*, 246a-b).

Así, el manejo de los caballos, cuyos rasgos aparecen recogidos en *Fedón* (cf. 253c-254b), puede conducir a que el alma gobierne el cosmos o a que pierda el control y quede aprisionada en el cuerpo. El proceso para no descender al plano terrenal se puede guiar mediante el poder de las palabras que confiere la retórica, lo que la convierte en un elemento fundamental del buen gobernante (cf. *ibid.* 271e-272a). De forma similar, Platón reflexiona sobre esta caracterización del alma en su *República* y considera que el único modo que posee el alma para escapar del cuerpo es el conocimiento racional obtenido mediante la dialéctica, opuesta a la ignorancia, extremos a los que hay que sumar la *doxa*, u opinión.

Estos planteamientos son básicos para entender la filosofía, la psicología y la lingüística posterior. Platón realizó sobre este último campo una serie de reflexiones relevantes[83], que nos permiten unir pensamiento y lenguaje e indagar las interacciones entre sus componentes. El filósofo estableció como límite inferior para la comunicación la suma de un sustantivo y un verbo (cf. Guthrie 1992: 170), y la forma en que estos pueden dar lugar a enunciados verdaderos y falsos (*Sofista*[84] 259b-264b), lo que supone rechazar la lógica subyacente en el *ser* y el *no ser* de Parménides (cf. *Sofista*, 240e). En *Teeteto* (159e-160a) encontramos una clara relación entre estos elementos, que marcan la existencia de un lenguaje mental:

---

82. Seguimos la edición de García Gual, Martínez Hernández y Lledó Íñigo (Platón 1988b).

83. Además de las ya mencionadas, la composición bipartita de la oración compuesta por nombres (*onomata*) y verbos (*rhemata*), y a la distinción entre consonantes y vocales y entre vocales y semivocales (cf. Taylor 1995: 84; Mounin 1981: 93-94; entre otros).

84. Seguimos la edición de Santa Cruz, Vallejo Campos y Luis Cordero (Platón 1988c).

TEET. – ¿A qué llamas tú pensar?

SÓC. – Al discurso que el alma tiene consigo misma sobre las cosas que somete a consideración. Por lo menos esto es lo que yo puedo decirte sin saberlo del todo. A mí, en efecto, me parece que el alma, al pensar, no hace otra cosa que dialogar y plantearse ella misma las preguntas y las respuestas, afirmando unas veces y negando otras. Ahora bien, cuando se decide, su resolución es manifiesta y, aunque ésta se produzca con más o menos rapidez, mantiene ya sus afirmaciones y no vacila, de ahí que la consideremos su opinión. En conclusión, al acto de opinar yo lo llamo hablar, y a la opinión un discurso que no se expresa, ciertamente, ante otro ni en voz alta, sino en silencio y para uno mismo. ¿No te parece a ti?

TEET. – Sí.

En último lugar, analizamos el *Timeo*[85], el diálogo representante de la vertiente más naturalista de Platón y en el que distingue tres ámbitos:

Pues bien, en mi opinión hay que diferenciar primero lo siguiente: ¿qué es lo que es siempre y no deviene y qué, lo que deviene continuamente, pero nunca es? Uno puede ser comprendido por la inteligencia mediante el razonamiento, el ser siempre inmutable; el otro es opinable, por medio de la opinión unida a la percepción sensible no racional, nace y fenece, pero nunca es realmente. Además, todo lo que deviene, deviene necesariamente por alguna causa; es imposible, por tanto, que algo devenga sin una causa. Cuando el artífice de algo, al construir su forma y cualidad, fija constantemente su mirada en el ser inmutable y lo usa de modelo, lo así hecho será necesariamente bello (*Timeo*, 27d-28b).

Por tanto, el demiurgo creó, a partir del modelo eterno, el universo sensible como un ser vivo racional, compuesto por un cuerpo formado por los elementos y el alma del mundo junto con el resto de los seres divinos. A estos últimos se les encomendó la creación del resto de seres compuestos por lo mortal y lo inmortal en una gradación descendente desde los humanos hasta las diversas especies animales. Asimismo, las partes del cuerpo están jerarquizadas. Entre ellas destaca la cabeza, en la que se sitúa el alma inmortal y racional, como se explicita en la siguiente cita:

Para imitar la figura del universo circular, ataron las dos revoluciones divinas a un cuerpo esférico, al que en la actualidad llamamos cabeza, el más divino y el que gobierna todo lo que hay en nosotros. Los dioses reunieron todas las partes del cuerpo y se las entregaron para que se sirviera de él porque habían decidido que debía poseer todos los movimientos que iba a haber (*Timeo*, 44d).

---

85. Seguimos la edición de Durán y Lisi (Platón 1992b).

El alma mortal, por otra parte, está dividida en la *irascible*, ligada al tórax, donde se encuentra el corazón, órgano encargado de transmitir a los miembros del cuerpo las respuestas a los estímulos; y la *concupiscible*, situada en el vientre y asociada con el hígado, que lleva a cabo las funciones de nutrición y crecimiento. Todos estos órganos, así como el resto de las partes del cuerpo son generados desde la médula (cf. *Timeo*, 73b-c), que culmina en el cerebro, en línea con la importancia conferida al cerebro.

La creación del alma mortal permite a Platón solventar, no sin dificultad, la división entre cuerpo y alma, y demostrar que toda enfermedad mental es consecuencia directa de la ruptura de la armonía corporal[86]:

> Mientras las enfermedades del cuerpo suceden de la manera antedicha, las del alma que son consecuencia del estado del cuerpo se dan del siguiente modo. Es necesario acordar, ciertamente, que la demencia es una enfermedad del alma y que hay dos clases de demencia, la locura y la ignorancia. Por tanto, debemos llamar enfermedad a todo lo que produce uno de estos dos estados cuando alguien lo sufre y hay que suponer que para el alma los placeres y dolores excesivos son las enfermedades mayores (*Timeo*, 86b).

Las enseñanzas de Platón se extendieron tanto durante su vida como tras su muerte, pero sus sucesores inmediatos –Espeusipo, director desde el 347 hasta el 339 a. C., y Jenócrates, desde el 339 hasta el 315 a. C.– comenzaron a alejarse de sus doctrinas (cf. Reale y Antiseri 1991: 155-156; Cherniss 1993: 49-70)[87]. Sexto Empírico (*Contra los dogmáticos*, I, 145-149) recoge algunos testimonios al respecto de sus planteamientos: Espeusipo define los criterios de *razón* y *sensación cognitiva*, esta última participante de la verdad racional que le permite discernir los objetos sensibles; y Jenócrates, por su parte, aboga por la infalibilidad del razonamiento, al igual que de la sensación, pero de un modo diverso, y junto con ellos la opinión, que es compuesta y puede ser verdadera o falsa. Asimismo, también se transmitieron las doctrinas platónicas no escritas, la Mónada y la Díada, que adquirieron una importancia capital en el seno de la Academia (cf. Dillon 1996: 1-43).

Para concluir con este apartado, consideramos relevante el viraje que las doctrinas académicas desarrollaron en los años siguientes, concretamente en las figuras de Arcesilao (315-250 a. C.) y Carnéades (200-129 a. C.) y su relación con el escepticismo[88]. Esta secta, fundada por Pirrón de Elide (365-275 a. C.), critica las

---

86. Platón (cf. *Timeo*, 82a-86a) sigue las teorías previas que vinculan las enfermedades corpóreas a la ruptura del equilibrio entre los elementos fundamentales.

87. *Vid.* Dorandi (2002a y 2002b) para un desarrollo extenso de los escolarcas de la Academia y de su funcionamiento.

88. *Vid.* Román Alcalá (2012a) para una reconstrucción de la continuación de la secta escéptica diversa a la planteada por Diógenes Laercio (cf. D. L., IX, 115).

propuestas sensualistas, propias de epicúreos y estoicos como veremos, y las racionalistas, como la platónica, y aboga por una suspensión del juicio (*epoqué*), que conduce a una indiferencia sobre las cosas (*adiaporía*) (cf. D. L., IX, 74-77 y 106).

Sin embargo, mientras que el *pirronismo* se difuminó hasta su refundación en Roma por parte de Ptolomeo de Cirene, el *escepticismo académico* comenzó con Arcesilao, iniciador de la Academia Media y «el primero en suspender los juicios a causa de las contraposiciones de los argumentos […] y el primero en modificar el sistema heredado de Platón» (D. L., IV, 28), y fue continuado por Carnéades, quien sustituyó las teorías del conocimiento previas, que tenían la relación entre el objeto y su representación como base –puesto que se constituyen de forma interrelacionadas y son imposibles de aislar (cf. Sexto Empírico, *Contra los dogmáticos*, I, 176)– por otra en la que interactúan la representación con el sujeto de forma probabilística.

4. Aristóteles y los peripatéticos

La biografía de Aristóteles (384-322 a. C.) está marcada por su formación en la Academia desde el 366 hasta la muerte de Platón en el 347 a. C., cuando abandonó la *polis* ateniense, probablemente debido al rechazo hacia los macedonios por la ascensión al poder de Filipo y el saqueo de Olinto, ciudad protegida por Atenas (cf. Düring 1990: 30-31). Así comienza una segunda etapa entre el 347 y el 335 a. C. durante la que se instala como docente en Assos, donde se casó y tuvo una hija e inició su relación con su discípulo Teofrasto. Además, este periodo coincide con la invitación por parte de Filipo a la corte macedonia y el inicio de la tutorización de Alejandro, su hijo. Durante la última etapa de su vida (del 335 al 322 a. C.) fundó el Liceo en Atenas y produjo la mayor parte de sus investigaciones; pero la muerte de Alejandro Magno y la desintegración de su imperio revivieron el rechazo hacia los macedonios, lo que propició su traslado a Calcis, que fue el lugar de su muerte con sesenta y dos años.

El contexto intelectual del Estagirita está marcado por el ataque a los físicos por parte de los sofistas, el humanismo socrático y el interés platónico por el plano inteligible frente al sensible. Sin embargo, Aristóteles aborda todo el conocimiento, que clasifica en las ciencias *teóricas*, *prácticas* y *productivas* (*Metafísica*, VI, I, 1026a); por nuestra parte, nos centraremos en las primeras, ya que incluyen, además de las matemáticas, la metafísica –o filosofía primera– y la física –o filosofía segunda– que abarcan lo que actualmente se identifica con la biología y la psicología, respectivamente. De este modo, la investigación aristotélica se enmarca en la *ciencia natural*, entendida como aquella que estudia «la inteligencia y lo inteligible, ya que son correlativos, y la misma ciencia se ocupa de todos los correlativos, como también es el caso de la sensación y de las cosas sensibles» (*Partes de los animales*, I, 641a-b).

Sin embargo, la entrada de la sofística, y sus postulados subjetivistas, condujo a Aristóteles a establecer la distinción entre *ciencia* y *opinión*, como ya hizo su maestro. De este modo, la primera es verdadera, única y establecida sobre hechos y obtenida a partir del razonamiento, frente al accidentalismo propio de los sofistas (*Analíticos segundos*[89], I, 2, 71b). Los procesos implicados en este razonamiento son 1) la *aprehensión*, que permite captar la naturaleza de las cosas y los conceptos derivados, 2) los *juicios*, encargados de establecer relaciones entre los conceptos, y 3), los *raciocinios*, que a través de juicios conocidos permiten alcanzar otros desconocidos mediante las *intuiciones* (*Analíticos segundos*, II, 19, 100b). Con esta base, la ciencia quedaba dotada de los procedimientos para estudiar las cuatro *causas*, o principios, de los seres, además de estos mismos, que quedan recogidos en el siguiente fragmento (*Metafísica*, I, 3, 983a):

> Pero de «causas» se habla en cuatro sentidos: de ellas, una causa decimos que es la *entidad*, es decir, la *esencia* (pues el porqué se reduce, en último término a la definición, y el porqué primero es causa y principio); la segunda, la *materia*, es decir, el sujeto; la tercera, *de donde proviene el inicio del movimiento*, y la cuarta, la causa opuesta a esta última, *aquello para lo cual*, es decir, el bien (éste es, desde luego el fin a que tienden la generación y el movimiento).

Abandonamos la caracterización epistemológica aristotélica para centrarnos en los apartados más relevantes inter- y multidisciplinarmente. Comenzamos con la vertiente psicológica presente en *Acerca del alma*, texto en el que junto con sus propias tesis desarrolla un repaso de las distintas teorías de sus antecesores y coetáneos[90]. De este estudio extrae dos conclusiones: ninguno de los autores identifica el alma con el elemento *tierra* y la alusión común al *movimiento*, a la *sensación* y a la *incorporeidad*. Sin embargo, el Estagirita rechaza esta noción de *automovimiento* basándose en que los movimientos definidos en su *Física* –traslación, alteración, corrupción y crecimiento– requieren de un lugar natural y la necesidad del alma de un cuerpo, frente a la separación propuesta en el *Timeo* de Platón[91]. Todo esto queda condensado en la cita siguiente:

---

89. Seguimos la edición de Candel Sanmartín (Aristóteles 1988a).

90. *Vid.* González López (1998) para una evaluación de la investigación histórica aristotélica que lleva a cabo en la mayoría de sus obras.

91. La postura de Aristóteles con respecto a las teorías platónicas está diseminada por toda su obra, pero la crítica a la teoría de las ideas y de los principios está condensada en los libros XIII y XIV de su *Metafísica*.

Mejor sería, en realidad, no decir que es el alma quien se compadece, aprende o discurre, sino el hombre en virtud del alma. Esto no significa, en cualquier caso, que el movimiento se dé en ella, sino que unas veces termina en ella y otras se origina en ella (*Acerca del alma*, I, IV, 408b).

La definición general de alma es la de «entidad en cuanto a forma específica de un cuerpo natural que en potencia tiene vida» (*Acerca del alma*, II, V, 412a), y, de forma general, es «la entelequia primera de un cuerpo primera de un cuerpo natural» (*ibid.*, 412b), lo que supone la imposibilidad de disociar alma y cuerpo. Si unimos estas afirmaciones con su teoría del conocimiento, debemos distinguir dos procesos: la *intelección*, que puede realizarse a través de sí misma debido a la independencia de su correspondiente, y la *sensación*, que necesita de un sensible para su realización y que puede ser corrupta debido al deterioro de los órganos sensoriales.

Así pues, con estas clarificaciones, Aristóteles propone un sistema de potencias del alma que gradan a los seres vivos: las plantas poseen únicamente la *nutritiva*, los animales tienen la anterior, la *sensitiva*, la *desiderativa* y la *motora*; y los humanos, las enumeradas y la *discursiva*, o *intelectiva*. Esta última, a su vez, distingue dos tipos de intelecto (cf. *Acerca del alma*, III, V, 230a): *activo*, capaz de realizar todas las cosas y relacionado con el *acto*, y *pasivo*, capaz de ser todas las cosas y relacionado con la *potencia*. El siguiente fragmento recopila estas ideas y las anteriores, pero, además, introduce la sensación como un proceso diverso a la intelección y la sensación:

El conocimiento intelectual y la sensación se dividen de acuerdo con sus objetos, es decir, en tanto que están en potencia tienen como correlato sus objetos en potencia, y en tanto que están en acto, sus objetos en acto. A su vez, las facultades sensible e intelectual del alma son en potencia sus objetos, lo inteligible y lo sensible respectivamente. Pero éstos han de ser necesariamente ya las cosas mismas, ya sus formas. Y, por supuesto, no son las cosas mismas, toda vez que lo que está en el alma no es la piedra, sino la forma de ésta. De donde resulta que el alma es comparable a la mano, ya que la mano es instrumento de instrumentos y el intelecto es forma de formas así como el sentido es forma de las cualidades sensibles. Y puesto que, a lo que parece, no existe cosa alguna separada y fuera de las magnitudes sensibles, los objetos inteligibles –tanto los denominados abstracciones como todos aquellos que constituyen estados y afecciones de las cosas sensibles– se encuentran en las formas sensibles. De ahí que, careciendo de sensación, no sería posible ni aprender ni comprender. De ahí también que cuando se contempla intelectualmente, se contempla a la vez y necesariamente alguna imagen: es que las imágenes son como sensaciones sólo que sin materia. La imaginación es, por lo demás, algo distinto de la afirmación y de la negación, ya que la verdad y la falsedad consisten en una composición de conceptos. En cuanto a los conceptos primeros, ¿en qué se distinguirán de las imágenes? ¿No cabría decir que ni éstos ni los demás conceptos son imágenes, si bien nunca se dan sin imágenes? (*Acerca del alma*, III, VIII, 431b-432a).

En conclusión, la postura aristotélica establece un «proceso de desmaterialización progresiva, que comienza en la sensación, que recibe la forma sin la materia, continúa en la imagen, creada sin la presencia del objeto, y culmina en las ideas abstractas» (García del Castillo 1990: 31). Estas tesis psicológicas conducen a una postura que condiciona sus reflexiones biológicas: el principio motor del alma no recae en la vertiente teórica del intelecto, sino en la práctica, relativa al deseo, común con los animales.

Es precisamente este conjunto de rasgos comunes y diferenciadores al que dedicaremos las siguientes páginas. Los primeros, comunes a todas las especies animales, entre las que se incluye el hombre como animal racional, son la *sensación*, la *memoria*, la *pasión*, el *deseo*, el *apetito*, el *placer* y el *dolor*; no obstante, la pertenencia a animales y humanos de estas capacidades no significa que se produzcan de forma similar, ya que la sensación se produce de forma razonada en los humanos y sin razón en los animales (cf. *Acerca de la sensación*[92], I, 436b). Justamente a partir de esa facultad discursiva exclusivamente humana podemos plantear características diferenciadoras como, por ejemplo, la distinción entre la *memoria* y la *reminiscencia*. La segunda es un proceso inferencial posterior a la sensación, mientras que la primera simplemente consiste en el rescate de esa sensación.

En el ámbito puramente biológico, Aristóteles (cf. *Partes de los animales*, II, 646a) define tres tipos de composiciones: 1) las *fuerzas activas*, que son los elementos –tierra, aire, agua y fuego–; 2) las *partes homogéneas*, compuestas por las fuerzas activas, que son el hueso, la carne, etc.; y 3) las *partes heterogéneas*, formadas por las anteriores y son las manos, el rostro, etc. Las segundas son las encargadas de la sensación, poseen una serie de propiedades basadas en la oposición –blando-duro, húmedo-seco, viscoso-quebradizo, etc. (cf. *Acerca de la sensación*, IV, 445b)– y se diferencian de las terceras en que estas últimas poseen una función. Dentro de estas últimas destaca como la parte más compleja el corazón, origen de las venas y encargado de elaborar la sangre, lo que convierte a Aristóteles en un cardiocentrista, en oposición a su maestro, como se demuestra en la siguiente cita:

> Pues bien, ninguna parte es causa de este proceso de generación, sino el agente externo que puso en marcha el movimiento. Pues ninguna cosa se engendra a sí misma, aunque cuando está formada, ya se desarrolla ella misma. Por lo tanto, primero se forma algo, y no todo al mismo tiempo. Pero es necesario que se forme

---

92. Seguimos la edición de La Croce y Bernabé Pajares (Aristóteles 1987).

primero aquello que contiene el principio del crecimiento, pues, sea planta o animal, esa capacidad nutritiva está igualmente presente en todos. Ésta es la facultad de generar otro ser como él, ya que ésta es la función de todo ser perfecto en su naturaleza, sea animal o planta. Es necesario por esta razón: porque cuando algo se forma, tiene que crecer. Y, aunque lo engendró un ser de la misma naturaleza, por ejemplo un hombre a otro hombre, se desarrolla por sí mismo. Por lo tanto, hay algo que lo hace crecer. Si, efectivamente, ese algo es una sola cosa y la primera, es necesario que se forme en primer lugar. De modo que, si el corazón se forma lo primero en algunos animales, y en los que no tienen corazón se forma lo análogo a éste, de él vendría el principio en los que lo tienen; y en los demás, de su análogo (*Reproducción de los animales*[93], II, 735a).

Las razones que lo conducen a esta posición proceden de la embriología y de las disecciones[94], y surgen de la identificación de la facultad de crecimiento en este órgano. En *Partes de los animales* (cf. III, 665b-666a) queda recogido su razonamiento: 1) no puede situarse el origen de las venas en la cabeza porque es un lugar frío, 2) ninguna vena atraviesa el corazón, 3) el corazón es un órgano denso para conservar el principio del calor y hueco para albergar la sangre, y 4) su situación central en el cuerpo es óptima para la distribución de la sangre.

Además de ser el principio de la formación embriológica, lo es de las sensaciones[95], pero únicamente de las táctiles y gustativas, ya que las auditivas y visuales se encuentran en la cabeza por la cercanía con respecto a los órganos sensoriales, y las olfativas, en una situación intermedia. El cerebro, por tanto, posee cierta relevancia en su sistema gnoseológico, pero mediante el contraste por su posición y función con el corazón, como vemos en este fragmento:

> PERO PUESTO QUE TODO NECESITA DE UN CONTRAPESO PARA ALCANZAR LA MEDIDA Y EL JUSTO MEDIO (PUES AHÍ ESTÁ LA ESENCIA Y LA RAZÓN, Y NO EN CADA UNO DE LOS EXTREMOS POR SEPARADO), POR ESTA CAUSA, FRENTE A LA ZONA DEL CORAZÓN Y AL CALOR QUE HAY EN ÉL, LA NATURALEZA HA CREADO EL CEREBRO Y PARA ESO EXISTE ESTA PARTE EN LOS ANIMALES, CON UNA NATURALEZA COMÚN DE AGUA Y TIERRA. Y por eso, los animales sanguíneos tienen todos un cerebro, mientras que se puede decir que ninguno de los otros lo tiene, excepto por analogía, como el pulpo: pues todos tienen poco calor por su falta de sangre. EL CEREBRO, PUES, ATEMPERA EL CALOR Y LA EBULLICIÓN DEL CORAZÓN, Y PARA QUE TAMBIÉN ESTA PARTE ALCANCE UN CALOR MODERADO, A PARTIR DE CADA UNA DE LAS DOS VENAS, DE LA GRANDE Y DE LA LLAMADA AORTA, LAS VENAS DESEMBOCAN EN LA MEMBRANA QUE RODEA AL CEREBRO. Para no dañarlo con su calor, en vez

---

93. Seguimos la edición de Sánchez Millán (Aristóteles 1994b).
94. Los datos provenientes de estos procedimientos se hacen evidentes en la descripción que realiza de las *partes heterogéneas* en sus textos.
95. Sin embargo, nos encontramos con una postura encefalocentrista en *Problemas* (cf. 963a30 y 965a20).

de pocas y grandes venas, lo rodean numerosas y finas venas, y en lugar de abundante y espesa, la sangre es ligera y pura (*Partes de los animales*, II, 652a).

El apartado lingüístico[96], en último lugar, debe comenzar, al igual que los anteriores, con un contraste entre humanos y animales. Aristóteles propone una jerarquización gnoseológico-lingüística (cf. *Partes de los animales*, II, 656a6-13) en la que se organizan, de forma ascendente, los seres animados: animales no sanguíneos, animales de sangre fría, animales de sangre caliente y seres humanos –que poseen inteligencia y, además, lenguaje–. Esta capacidad lingüística comienza a diferenciarse ya desde un apartado biológico, concretamente en la siguiente caracterización de la lengua y la boca:

> El hombre es el que tiene la lengua más suelta, más blanda y más ancha para que sea útil para ambas funciones, la percepción de los sabores (pues el hombre es el que tiene la sensibilidad más fina de todos los animales y así su lengua es blanda, ya que es la más sensible al tacto, y el gusto es una especie de tacto), y para la articulación de las letras y el lenguaje la lengua blanda y ancha es útil, pues sólo podría replegarse y avanzar en todo tipo de posiciones al ser como es y estar especialmente suelta. Resulta evidente en aquéllos en que no está suficientemente suelta, pronuncian mal y tartamudean, y esto es incapacidad de pronunciar las letras. En el hecho de ser la lengua ancha está también la posibilidad de hacerse estrecha: pues en lo grande está también lo pequeño, en cambio, en lo pequeño no está lo grande. Por eso entre las aves las que pronuncian mejor las letras son las que tienen la lengua más ancha que las otras (*Partes de los animales*, II, 660a 19-30).

> Los animales tienen también la boca para estas funciones, y además para la respiración aquellos animales que respiran y se refrescan desde fuera. En efecto, la propia naturaleza por sí misma, como dijimos, se sirve de los órganos comunes a todos para muchas funciones específicas, por ejemplo, en lo referente a la boca, la alimentación es común a todos, en cambio, la lucha es específica de algunos animales y el lenguaje de otros, e incluso la función respiratoria no es común a todos. La naturaleza ha reunido todas las funciones en un solo órgano, diferenciando esta parte de acuerdo con las diferentes funciones (*Partes de los animales*, III, 662a15-24).

A partir de la clasificación anterior, Araos San Martín (cf. 1999: 21-96) distingue entre la *voz*, el *dialekto* y la *palabra*. La oposición entre los dos primeros se establece en el nivel lingüístico, por supuesto, pero también en el biológico y el psicológico, como recoge la siguiente tabla comparativa (Tabla 9):

---

96. *Vid.* McKeon (1946 y 1947) para un análisis de la teoría lingüística de Aristóteles y su relación con las disciplinas sobre el lenguaje de su época.

Tabla 9. Diferencias entre *voz* y *dialekto* (Araos San Martín 1999: 55)

Clases de lenguaje	Voz	Dialekto
Rasgo esencial	Sonido vocal, dotado de significación	Articulación de la voz por la lengua
Requisitos fisiológicos	Pulmones, laringe y tráquea	Lengua amplia, fina y provista de soltura (labios y dientes)
Clases de sonidos	Sólo vocales	Vocales y mudas
Modo de significación	Natural e innata	Natural, susceptible de cambio y aprendizaje
Funciones	Expresión de pasiones sensibles para la conservación de la especie	Comunicación recíproca e información relativa a objetos de naturaleza sensible

El tercer concepto, la *palabra*, posee unas características similares al *dialekto*, pero con la diferencia de que este último es convencional[97]. McKeon (1946: 203) considera que la convencionalidad es la muestra del lenguaje como discurso verbal, simbólico y físico al contrario que el carácter natural e interno del discurso del alma, fruto de las pasiones de esta, como se recoge en *Acerca del alma*:

> The inner discourse consists of mental experiences or, as Aristotle likes to put it, of what the soul undergoes, the passions of the soul. The discourse expressed in sound and voice is symbolic of these passions, much as written discourse is symbolic of spoken [...]. The passions of the soul, which are symbolized in verbal discourse, are natural occurrences, for the reaction of organism to stimuli in sensation and emotion follow natural laws and they are therefore the same for all men, as are the things of which our experiences are the images; the verbal discourse, on the other hand, is significant only by convention, for no noun or verb has its meaning by nature [...]. The discourse of the soul and verbal discourse are in a sense the same discourse, since words are symbolic directly only of thoughts, and therefore discourse –*lógos*– may signify speech or thought, and there is no sharp line to separate the formula expressive of meaning from the meaning expressed in formula.

La *palabra*, o, en términos actuales, *lenguaje*, se desarrolla, fundamentalmente, en *Sobre la interpretación*[98] y *Categorías*[99], aunque también en *Poética*[100]

---

97. Araos San Martín (cf. 1990) defiende que el cambio con respecto a su maestro se debe a la superación del subjetivismo de Protágoras en favor de un simbolismo que armoniza con lo social.

98. *Vid.* Arens (1984) para un repaso historiográfico de sus exégesis lingüísticas más relevantes.

99. Seguimos la edición de Candel Sanmartín (Aristóteles 1982).

100. Seguimos la edición de García Yebra (Aristóteles 1999a).

(cf. 1456a-1459a), *Retórica*[101] (cf. III, 5, 1407b) y *Analíticos primeros*[102] (cf. I, 36, 48b-49a). De esta forma, el esquema lingüístico aristotélico se define en *Poética* mediante siete elementos: 1) *letra* (indivisible y con carácter convencional), 2 y 3) *conjunción* y *adverbio* (sin significado), 4) *nombre* («voz convencional significativa, sin idea de tiempo, de cuyas partes ninguna es significativa por sí misma; pues en los nombres dobles no usamos las partes como si cada una significara por sí misma»), 5) *verbo* («voz convencional significativa, con idea de tiempo, de cuyas partes ninguna tiene significado por sí misma como sucede también en los nombres»), 6) *caso* («es propio del nombre o del verbo y significa unas veces la relación de "de" o de "para" y demás semejantes; otras veces la singularidad o pluralidad, […] o bien los modos de expresarse el que habla»), y, por último, 7) *enunciación* («voz convencional significativa, algunas de cuyas partes significan algo por sí mismas; pues no toda enunciación consta de verbos y nombres, […] sino que puede haber enunciación sin verbo; pero siempre tendrá alguna parte significativa»).

Sin embargo, el planteamiento lingüístico aristotélico no se hace de forma inmanente, sino interdisciplinar, como puede verse en la relación entre el alma y el lenguaje, y, por consiguiente, entre el mundo sensible, su procesamiento mental y su realización:

> Así, pues, lo < que hay > en el sonido son símbolos de las afecciones < que hay > en el alma, y la escritura < es símbolo > de lo < que hay > en el sonido. Y, así como las letras no son las mismas para todos, tampoco los sonidos son los mismos. Ahora bien, aquello de lo que esas cosas son signos primordialmente, las afecciones del alma, < son > las mismas para todos, y aquello de lo que éstas son semejanzas, las cosas, también < son > las mismas (*Sobre la interpretación*[103], 16a).

De lo anterior se deriva que las afecciones y los objetos son comunes a todos los seres humanos, no así los sonidos y la escritura, una idea que se ve reforzada en la siguiente cita, donde para definir el nombre se basa en criterios puramente semánticos:

> Nombre, pues, es un sonido significativo por convención sin < indicar> tiempo, y ninguna de cuyas partes es significativa por separado […]. Sin embargo, lo que ocurre en los nombres simples no ocurre igual en los compuestos: pues en aquéllos la parte no es significativa en absoluto, en cambio, en éstos tiende < a serlo >, pero por separado no lo es de nada […]. Por convención < quiere decir > que ninguno de los nombres lo es por naturaleza, sino sólo cuando se convierte en símbolo; puesto que

---

101. Seguimos la edición de Racionero (Aristóteles 1999b).
102. Seguimos la edición de Candel Sanmartín (Aristóteles 1988a).
103. Seguimos la edición de Candel Sanmartín (Aristóteles 1988a).

también indican algo los sonidos inarticulados, v.g.: de los animales, ninguno de los cuales es un nombre (*Sobre la interpretación*, 16a).

Estas citas demuestran que el nombre tiene una función representativa de los elementos dentro del discurso[104], una característica que le permite no simplemente funcionar en el plano denotativo, sino también adquirir valores simbólicos no naturales, es decir, convencionales[105]. La caracterización del verbo, por su parte, se realiza a través de criterios sintácticos, al aportar información sobre el sujeto, y semánticos, al aludir al tiempo de forma explícita:

> Verbo es lo que cosignifica tiempo, y ninguna de sus partes tiene significado separadamente; y es signo de lo que se dice acerca de otro. Digo que cosignifica tiempo en el sentido de que, mientras *salud* es un nombre, *está sano* es un verbo: en efecto, cosignifica que se da ahora. Y siempre es signo de lo que se dice acerca de otro, en el sentido de lo que < se dice > acerca de un sujeto […].
>
> Así, pues, dichos por sí mismos, los verbos son nombres y significan algo –pues el que habla detiene el pensamiento, y el que escucha descansa–, pero no indican en modo alguno si existe < algo > o no; en efecto, ni siquiera ser o no ser es signo de la cosa real, por más que diga lo que es a secas. En sí mismo, en efecto, no es nada, sino que cosignifica una cierta composición, que no es posible concebir sin los componentes (*Sobre la interpretación*, 16b).

De este modo, el objeto de estudio de la gramática es el *enunciado*, caracterizado de nuevo de forma semántica y por su carácter convencional, lo que permite

---

104. Seguimos la edición de Candel Sanmartín (Aristóteles 1982):

> El razonamiento, en efecto, parte de unas cuestiones puestas de modo que necesariamente se ha de decir, a través de lo establecido, algo distinto de lo establecido; una refutación, en cambio, es un razonamiento con contradicción en la conclusión. Ahora bien, aquéllos [los sofistas] no hacen esto, pero parecen hacerlo, por muchas causas. De entre las cuales, el lugar más natural y corriente es el que se da a través de los nombres. En efecto, como no es posible discutir trayendo a presencia los objetos mismos, sino que empleamos los nombres en lugar de los objetos, como unos símbolos, creemos que lo que ocurre con los nombres ocurre también con los objetos, tal como les ocurre con los guijarros a los que cuentan. Pero no hay tal semejanza: en efecto, los nombres y la cantidad de enunciados son limitados, mientras que los objetos son numéricamente infinitos. Es, pues, necesario que un mismo enunciado y un único nombre signifiquen varias cosas. Por tanto, al igual que en el caso anterior, los que no son hábiles en manejar los guijarros son engañados por los que saben hacerlo, de la misma manera también, en el caso de los argumentos, los que no tienen experiencia de la capacidad de los nombres, hacen razonamientos desviados, tanto si discuten ellos como si escuchan a otros (*Refutaciones sofísticas*, 165a).

105. Aubenque (1974: 106) aboga por que el carácter simbólico presenta una relación de superioridad e inferioridad con respecto al signo, que sí puede ser real y natural:

> menos, en cuanto que no hay nada que sea naturalmente símbolo, y en cuanto que la utilización de un objeto como símbolo implica siempre cierta arbitrariedad; más, en cuanto que la constitución de una relación simbólica exige una intervención del espíritu que adopta la forma de imposición de un sentido.

posteriormente a Aristóteles desarrollar en el resto de esta obra una teoría sobre los enunciados asertivos:

> Enunciado es un sonido significativo, cualquiera de cuyas partes es significativa por separado como enunciación, pero no como afirmación. Digo que hombre, por ejemplo, significa algo, pero no que sea o que no sea (aunque sería una afirmación o una negación si se añadiera algo); sin embargo, una sílaba de hombre no <es significativa>: en efecto, tampoco en ratón es significativo -tón, sino que, en este caso, es meramente un sonido). En cambio, en los < términos > dobles sí tiene significado < cada parte >, pero no en sí misma, como ya se ha dicho. Todo enunciado es significativo, pero no como un instrumento < natural >, sino por convención, como ya se ha dicho; ahora bien, no todo enunciado es asertivo, sino < sólo > aquel en que se da la verdad o la falsedad: y no en todos se da, v.g.: la plegaria es un enunciado, pero no es verdadero ni falso. Dejemos, pues, de lado esos otros -ya que su examen es más propio de la retórica o de la poética-, ya que < el objeto > del presente estudio es el < enunciado > asertivo (*Sobre la interpretación*, 16b-17a).

El lenguaje, a la luz de esta cita, puede abordarse desde dos planos: el *significativo* y el *proposicional*, en el que puede distinguirse entre *oración* y *enunciado*, que, por su parte, puede ser *afirmativo* o *negativo*, según el criterio veritativo. Esto conduce a establecer que no toda oración es un enunciado, ya que no siempre alude a criterios de verdad, por lo que lo semántico prevalece sobre lo lógico (cf. Martínez del Castillo 2010: 114). De este modo, como defiende Aristóteles (*Categorías*, 1b-2a):

> [c]ada una de las cosas que se dicen fuera de toda combinación, o bien significa una *entidad*, o bien un *cuanto*, o un *cual*, o un *respecto a algo*, o un *donde*, o un *cuando*, o un *hallarse situado*, o un *estar*, o un *hacer*, o un *padecer*. Es *entidad* –para decirlo con un ejemplo–: *hombre, caballo*; es *cuanto*: *de dos codos, de tres codos*; es *cual*: *blanco, letrado*; es *respecto a algo*: *doble, mitad, mayor*; es *donde*: *en el Liceo, en la plaza del mercado*; es *cuando*: *ayer, el año pasado*; es *hallarse situado*: *yace, está sentado*; es *estar*: *va calzado, va armado*; es *hacer*: *cortar, quemar*; es *padecer*: *ser cortado, ser quemado*. Ninguna de estas expresiones, por sí misma, da lugar a afirmación alguna, pero de su mutua combinación surge la afirmación: en efecto, toda afirmación es, al parecer, verdadera o falsa, mientras que ninguna de las cosas dichas al margen de toda combinación es ni verdadera ni falsa, como, por ejemplo, *hombre, blanco, corre, vence*.

El Estagirita plantea en *Categorías* diez tipos de predicados[106], pero esta clasificación ontológica no supone una relación unívoca entre realidad, lenguaje y

---

106. *Vid.* Householder (1995: 95).

pensamiento, ya que existen casos, aplicados a seres, de *homonimia* y *sinonimia*[107]. De este modo, no es posible realizar una teoría semántica general, por lo que el extenso desarrollo que le dedica Aristóteles se debe a la naturaleza social y al propósito comunicativo (cf. González Pereira 2008: 261 y 288). La siguiente cita de su *Política*[108] (1253a, 10-12) refrenda esta idea:

> La razón por la cual el hombre es un ser social, más que cualquier abeja y que cualquier animal gregario, es evidente: la naturaleza, como decimos, no hace nada en vano, y el hombre es el único animal que tiene palabra. Pues la voz es signo del dolor y del placer, y por eso la poseen también los demás animales, porque su naturaleza llega hasta tener sensación de dolor y de placer e indicársela unos a otros. Pero la palabra es para manifestar lo conveniente y lo perjudicial, así como lo justo y lo injusto. Y esto es lo propio del hombre frente a los demás animales: poseer, él sólo, el sentido del bien y del mal, de lo justo y de lo injusto, y de los demás valores, y la participación comunitaria de estas cosas constituye la casa y la ciudad.

En último lugar, Aristóteles también reflexionó sobre medicina a lo largo de su trayectoria –concretamente en las secciones I a XI de sus *Problemas*[109]–. En este campo demuestra una gran influencia del hipocratismo debido a la centralidad asignada a los fenómenos astronómicos dentro de los patológicos y a los conceptos de *pépsis*, *krísis* y *apóstasis*, como apunta Sánchez Millán en su introducción a la obra (cf. Aristóteles 2004: 20). En la sección XI, el filósofo trata la *voz* junto con temas como la tartamudez, la variación de las ondas sonoras a través del aire, etc. Asimismo, aborda las siguientes diferencias en este sentido entre animales y humanos: 1) la necesidad de un periodo más extenso para la adquisición lingüística por parte de los segundos, 2) la mayor complejidad del sistema comunicativo de estos, y 3) la asociación entre la capacidad lingüística animal e infantil, en oposición a la de los humanos adultos. Estas tres ideas pueden recuperarse de los siguientes fragmentos:

> ¿Por qué de los sentidos es el oído el que con más frecuencia es defectuoso de nacimiento? ¿Es porque se podría pensar que tienen el mismo origen el oído y la voz? La lengua, que es un tipo de voz, parece muy fácil de perder y muy difícil de perfeccionar. La prueba es que después del nacimiento somos mudos durante mucho tiempo: pues al principio no hablamos absolutamente nada y después, más tarde, balbuceamos

---

107. Recogemos sus definiciones a continuación:

> Se llaman *homónimas* las cosas cuyo nombre es lo único que tienen en común, mientras que el correspondiente enunciado de la entidad es distinto [...]. / Se llaman *sinónimas* las cosas cuyo nombre es común y cuyo correspondiente enunciado de la entidad es el mismo / Se llaman *parónimas* todas las cosas que reciben su denominación a partir de algo con una diferencia en la inflexión (*Categorías*, 1a).

108. Seguimos la edición de García Valdés (Aristóteles 1988b).

109. Seguimos la edición de Sánchez Millán (Aristóteles 2004).

durante un tiempo. Por el hecho de que la lengua es muy fácil que se estropee, y por tener ambos, la lengua (pues es un tipo de voz) y el oído, el mismo origen, es el oído el sentido que se estropea más fácilmente como por accidente y no por él mismo. También de los demás animales es posible conseguir una prueba de que el principio de la lengua es absolutamente fácil de destruir: ningún otro animal habla excepto el hombre, y este lo hace tarde, como ya se ha dicho (*Problemas*, XI, 1).

¿Por qué a los niños se les traba la lengua más que a los adultos? ¿Acaso, igual que de niños siempre se dominan peor las manos y los pies, y los más pequeños no son capaces de andar, del mismo modo también los más jóvenes no controlan su lengua? Si son muy pequeños, ni siquiera pueden pronunciar de otro modo que los animales, porque no controlan. Sería el caso no solo de los que se traban al hablar, sino también de los que cecean y balbucean. Entonces, el ceceo consiste en no controlar una determinada letra, esa y no cualquiera; mientras que el balbuceo es quitar algo, o letra o sílaba, y el tartamudeo se debe a la incapacidad de unir rápidamente una sílaba con la siguiente. Todos estos problemas surgen por una incapacidad: pues la lengua no obedece al pensamiento. También los borrachos y los ancianos sufren esto mismo, pero todo les pasa en menor medida (*Problemas*, XI, 30).

¿Por qué el hombre es el único animal que tartamudea? ¿Quizá porque es el único que participa del lenguaje, mientras que los demás sólo tienen voz? Los tartamudos emiten una voz, pero no pueden pronunciar seguidas las palabras (*Problemas*, IX, 55).

¿Por qué la voz es lo último que se perfecciona en los hombres respecto a los demás animales con voz? ¿Es porque presenta muchísimas diferencias y formas? Pues los demás animales o no articulan ninguna letra o pocas. Lo que es muy variado y tiene muchísimas diferencias forzosamente debe conformarse en muchísimo tiempo (*Problemas*, IX, 57).

Tras la muerte de Aristóteles, el Liceo continuó su funcionamiento conforme a las indicaciones legadas por este en su testamento (D. L., V, 51-57)[110]. Su sucesor, Teofrasto, fue el primero en desempeñar esta labor entre 323 y el 288 a. C., y entre sus obras destacan para nuestra investigación: *Opiniones de los físicos*, en la línea de los textos escritos por otros peripatéticos[111]; *Historia de las plantas* y *Sobre el origen de las plantas*, y *Sobre las sensaciones*.

---

110. *Vid.* Dorandi (2002a y 2002b) para un desarrollo extenso de los escolarcas del Peripato y de su funcionamiento.

111. Según Chevalier (1968: 370), «Teofrasto [...] inspiró todos los escritos de los doxógrafos de nuestra era y dirigió su método, que consiste en estudiar las opiniones de los filósofos a propósito de una cuestión dada». Estos pensadore fueron: Eudemo (aritmética, geometría, astronomía y meteorología), Fanias de Ereso (poesía), Aristoxeno de Tarento (música) y Dicearco de Mesina (historia y geografía).

Además de la importancia que sus textos tienen para reconstruir la filosofía previa y coetánea a Teofrasto, podemos encontrar ideas relevantes sobre los temas de nuestra investigación, como las disensiones con su maestro en el campo metafísico (cf. *Algunas cuestiones de metafísica*[112], V, 16). No obstante, el filósofo adoptó una epistemología sensualista para la búsqueda de las causas, de las que una parte era únicamente alcanzable a través de la razón por estar carente de engaño (cf. *ibid.*, VIII, 19, 24 y 25). En el apartado biológico, Teofrasto niega el axioma que dota a los seres vivos de su carácter óptimo, pero que sí es una tendencia en la evolución, lo que demuestra su seguimiento del cardiocentrismo peripatético:

> Pero si esto no es en vista de algo, hay que establecer unos límites < a la tendencia > a lo mejor y no aplicarla sin más a todas las cosas, pues también este tipo de cuestiones plantean alguna incertidumbre, tanto dichas en general como en cada caso concreto. «Sin más» < quiere decir> que la naturaleza tiende en todas las cosas a lo mejor y, donde ello es posible, a participar de lo < que dura > siempre y de lo ordenado; asimismo y de manera semejante, en los animales, pues donde es posible lo mejor, allí < la naturaleza > no lo omite en modo alguno; por ejemplo: < está > antes la faringe que el esófago, pues es más digno < así >; y en la cavidad central del corazón < se produce > la temperatura óptima, porque el centro es lo más digno (*ibid.*, IX, 31).

El sucesor de Teofrasto fue Estratón de Lámpsaco, apodado «el Físico» (D. L., V, 58-64), fue el director del Liceo más rupturista con Aristóteles, como demuestra su alejamiento del principio divino en favor de una teoría materialista y monista del universo, influido por la teoría atomística de Demócrito:

> Ahí tienes inesperadamente a Estratón de Lampsaco que concede a ese dios la exención de un trabajo grande en verdad (y si los sacerdotes de los dioses tienen la dispensa, ¡cuánto más equitativo es que los dioses mismos la tengan!); dice que él no acepta la actividad de los dioses en la fabricación del mundo. Enseña que todo cuanto existe fue realizado por la naturaleza, y no como aquel que dice que estas cosas se formaron de átomos ásperos y lisos y ganchudos y encorbados, interpuesto el vacío (él piensa que estas doctrinas son sueños de Demócrito, quien no demuestra, sino que expresa un deseo); por el contrario, él mismo, revisando cada una de las partes del mundo, enseña que cuanto existe o se hace, se hace o ha sido hecho por pesos y movimientos naturales (Cicerón, *Cuestiones académicas*[113], II, XXXVIII, 121).

> Y, por cierto, que es intolerable la falta de rigor de Teofrasto, porque tan pronto atribuye la primacía divina a la mente, como al cielo; pero es que luego se la atribuye a los astros y a las estrellas celestes. Tampoco ha de prestarse oído a su oyente Estratón

---

112. Seguimos la edición de Candel San Martín (Teofrasto 1991).
113. Seguimos la edición de Pimentel Álvarez (Cicerón 1990).

–al que llaman «el Científico»–, quien estima que todo el poder de la divinidad se encuentra albergado en la naturaleza, la cual regula el proceso de cuanto nace, crece o merma, pero carece de toda sensibilidad y figura (Cicerón, *Sobre la naturaleza de los dioses*[114], I, 35).

Asimismo, en el campo de la psicología, como atestiguan los siguientes fragmentos, Estratón defiende que no existen diferencias entre el pensamiento y la sensación, en lo que Copleston (cf. 1986: 372) defiende como una igualación entre el principio racional humano y el animal:

Y desde luego, tampoco puede hacerlo el pensamiento. Porque si el pensamiento fuera capaz de conocer lo verdadero, primero debería conocerse a sí mismo; y como el arquitecto juzga lo recto y lo oblicuo no sin percatarse de la estructura de sus criterios, por ejemplo la de la regla o la del compás, así también el pensamiento, si pudiera discernir lo verdadero y lo falso, mucho antes tendría que percatarse de su propia naturaleza, por ejemplo de la sustancia que lo compone, del lugar que naturalmente ocupa, y de todo lo demás. Pero no, de ningún modo puede el pensamiento comprender tales cosas, desde el momento en que unos afirman que no es más que un cierto estado del cuerpo, como hace Dicearco, mientras que otros han dicho que existe, sí, pero no que esté situado en el mismo lugar, sino que unos lo sitúan fuera del cuerpo, como hace Enesidemo siguiendo a Heráclito, otros en la totalidad del cuerpo, como hacen algunos siguiendo a Demócrito, otros, en fin, en una parte del cuerpo, y estos últimos, a su vez, se dividen en múltiples opiniones. Algunos, además, afirman que el pensamiento difiere de los sentidos, como piensa la mayoría, mientras que otros lo identifican con los sentidos, diciendo que aflora por los órganos sensoriales como por una especie de agujeros, una opinión avanzada inicialmente por Estratón el Físico y por Enesidemo (Sexto Empírico, *Contra los dogmáticos*, I, 348-350).

Sensation provides recognition of both [beneficial and harmful things] to each [creature] in the same way. But there is no way in which what follows on the sensation, taking and pursuit in the case of beneficial things, warding off and avoidance in that of destructive and painful ones, can be present in [creatures] that do not naturally calculate and discern and remember and attend. Those [creatures] that you deny have any expectation, memory, purpose, preparation, hope, fear, desire or distress at all, gain no benefit from possessing eyes or ears; it would be better [for them] to be free from all sensation and imagination when they do not have [anything to] make use [of these], rather than to experience effort and distress and pain, since they do not have what wards these o. And indeed there is an argument of Strato the naturalist which shows that not even sensation is present at all in the absence of mind. For frequently we fail to notice letters when we traverse them with our sight and words that fall on our ears, because we have our mind on something else; and then again [the mind] returns and runs a er and pursues and gathers up each of the things that it cast away. This is why it

---

114. Seguimos la edición de Escobar (Cicerón 1999).

is said that "Mind sees and hears, the rest are deaf and blind,"1 since the experience in the eyes and ears does not produce sensation if what thinks is not present (Plutarco, *On the Intelligence of Animals* 3 960e-961a *apud* Sharples 2017: test. 62).

Las aportaciones lingüísticas de este filósofo plantean 1) el signo lingüístico en términos de *significante-objeto*, en oposición a la postura tripartita de los estoicos, lo que está en consonancia con la postura igualatoria entre humanos y animales al establecer una identificación entre pensamiento y sensación, y 2) un acercamiento a la fonética acústica. En estos testimonios pueden verse estas ideas:

> Pero, aunque este ha sido el principal punto de desacuerdo respecto a la verdad, ha habido también entre estos filósofos otra controversia, según la cual unos han situado lo verdadero y lo falso en el terreno del significado, otros en el de la expresión, y otros en el de la actividad del pensamiento […].
> En cambio, Epicuro y Estratón el Físico, al admitir sólo dos elementos, el significante y el objeto, parece que se atienen al segundo punto de vista y que localizan en la expresión lo verdadero y lo falso (Sexto Empírico, *Contra los dogmáticos*, II, 11-13).

> [Aristotle] provides, as an indication that the impact is not heard at the same time that it happens, the fact that those who are standing a long way away from those who are speaking hear the sound from the voice, but do not hear what is said, because in the intervening [space] the shapes that are produced in the air from [the sounds of] the letters and the words composed of them by the impact are changed, and the sounds do not arrive at the hearing with the same shapes that the speakers gave to them. Whether it is by their shapes being changed as they travel, or by the tension of the impact being slackened, as Strato says (for he says that different sounds are not produced by the air being shaped in certain ways, but by the inequality of the impact), at any rate, whichever way it comes about that [the sound] is not heard in the way that it travels, this happens through one [part of the] air receiving the impact in turn from another in the intervening interval through which [the sound] travels (Alexander, *On Aristotle's On Sensation* 6 446b2-27 *apud* Sharples 2017: test. 64).

5. Helenismo

La muerte de Alejandro Magno en el 323 a. C. dio comienzo al periodo helenístico, que se extiende hasta el fallecimiento de Justiniano en el 565 d. C. y que puede dividirse en tres periodos (cf. Reyes 1965: 14-16): 1) la *edad alejandrina*, hasta la batalla de Accio en 31 d. C.; 2) la *época grecolatina*, hasta el siglo III d. C., en la que se produce un auge del latinismo en el siglo I, que desemboca en un resurgimiento helenístico en el siguiente, y, en último lugar, la centralidad del neoplatonismo en el siglo III d. C.; y 3) el *cristianismo*, etapa en la que se suceden escritores cristianos, los últimos escritores paganos y la corte de letrados de Justiniano. La muerte del emperador macedonio y la fragmentación de su territorio, como queda patente, supusieron una desestabilización política, económica y cultural, de la que da cuenta la filosofía:

> El epicureísmo y el estoicismo surgieron coetáneamente en un contexto histórico muy significativo: el de la ilustre y cansina ciudad de Atenas de fines del siglo IV a. C. Como sistemas filosóficos rivales se desenvolvieron en un mismo ámbito cultural y político dentro del marco del sugestivo mundo helenístico. Como movimientos ideológicos, tanto una como otra escuela responden y reflejan unas mismas presiones sociales, unas exigencias intelectuales paralelas y unos desasosiegos espirituales comunes. De ahí que, por encima de su aparente antagonismo y de su pregonada hostilidad, epicureísmo y estoicismo coincidan en ofrecer un perfil histórico muy parecido en cuanto a sus puntos de partida y sus planteamientos básicos (García Gual e Imaz 1986: 29).

El centro de gravitación ateniense estableció una división inicial entre filosofía y ciencia, en la que pensadores como Epicuro, Zenón, Arcesilao y Crisipo[115] se acercaron a la *polis*, mientras que aquellos interesados en las ciencias particulares se alejaron de ella (cf. Long 1987: 14). Los campos de conocimiento y autores más destacados del apartado científico son los siguientes (cf. Reale y Antiseri 1991: 254-266): Euclides y Apolonio en las matemáticas, Arquímedes y Herón en la mecánica, Aristarco e Hiparco en la astronomía, Herófilo y Erasístrato en la medicina, y Eratóstenes en la geografía.

De hecho, fruto de las pugnas entre los diácodos surgió Alejandría, ciudad que acogió el museo y la biblioteca más importantes de la actualidad bajo el auspicio de Ptolomeo y Estratón, escolarca del Liceo y posterior preceptor del Ptolomeo II. Esta concentración del conocimiento fue especialmente notable en el campo de la medicina, donde la libertad otorgada por el monarca en las labores de investigación permitió realizar disecciones y vivisecciones, aunque durante poco tiempo (cf. Byl 1997: 115), y, por consiguiente, produjo una gran cantidad de avances en la anatomía. Herófilo de Cos describió con gran precisión la anatomía cerebral, devolvió el alma y la inteligencia a este órgano frente al corazón; al igual que realizó Erasístrato con el sistema circulatorio con la sangre como elemento fundamental[116].

Los testimonios de estos autores provienen fundamentalmente de Celso y Galeno (*vid. infra* capítulo 4, §4), y demuestran que su escuela se oponía a la teoría humoral y racionalista del hipocratismo. De hecho, Filino de Cos, discípulo de Herófilo, influido por la corriente escéptica pirronista, funda la medicina *empírica*, que desecha todo aquel conocimiento ajeno a la experiencia, para lo que se valían de

---

115. Dorandi (2002a y 2002b) recopila el funcionamiento y sucesiones de estas escuelas.

116. *Vid.* Wilson (1959) para un recorrido por los postulados al respecto del *pneûma* en Herófilo y Erasístrato y las divergencias de Galeno.

la interpretación de la obra hipocrática. Los rasgos de esta escuela son los siguientes (Ritti 1983: 149):

> El empírico Glaucios de Tarento resumió el método de la secta en tres puntos […]: observación (*téresis*), es decir, la experiencia directa; tradición (*historía*), o el conocimiento de la experiencia ajena; tránsito por analogía a otras experiencias […]. De este concepto típicamente helenístico de la empiria se derivó un enriquecimiento de la casuística general y una mayor profundización de los casos particulares, así como el progreso de la farmacología y de la cirugía externa. Pero a falta de un racionamiento clínico que se basara a su vez en hipótesis legítimas, el exceso de fenomenalismo llevó a reducir la medicina a un complejo de medios terapéuticos que se aplicaban a síntomas particulares.

Al igual que en el periodo presocrático, las fuentes primarias son fragmentarias, lo que no se corresponde con la centralidad de estas escuelas en su época, que sirvieron como sustrato para el cristianismo (cf. García Gual e Imaz 1986: 37-38). Mansfeld (2002: 3-4), por su parte, defiende que la pérdida de las fuentes primarias helenísticas se debe al auge de los comentarios de textos aristotélicos y platónicos por parte de los neoplatónicos en los que se difuminan las aportaciones helenísticas.

5.1. Epicureísmo

Epicuro (341-270 a. C.), fundador de la escuela homónima, recibió en Samos, su ciudad natal, formación filosófica de corte platónico por parte de Pánfilo hasta que se trasladó a Atenas para realizar el servicio militar, periodo que coincidió con la muerte de Alejandro, Demóstenes, Aristóteles y Diógenes, figuras reputadas en la *polis*. En el 321 a. C., se trasladó a Colofón, donde conoció al atomista Nausífanes, y diez años después se afincó en Mitilene y Lámpsaco, *polis* en las que instauró sendas escuelas filosóficas que fueron clausuradas por sus conflictos con los aristotélicos de las zonas. Consiguió su objetivo tras su retorno a Atenas en el 306 a. C., donde su Jardín se convirtió en un centro de convivencia amistosa más que de investigación –al contrario que la Academia o el Liceo– y en el que participaban habitualmente mujeres y esclavos junto con los ciudadanos.

Según Diógenes Laercio (cf. D. L., I, 13-15), el epicureísmo surge de la escuela proveniente de Pitágoras, quien llevó a cabo su labor en la península itálica, y concluye con el pensador que nos ocupa. De este modo, la filosofía epicúrea, al igual que otras corrientes, presenta un marcado carácter dialéctico y se construye por recopilación y oposición con respecto a los pensadores previos y coetáneos, como sintetiza García Gual (2011: 77):

Ya a primera vista destaca en la filosofía de Epicuro más la coherencia que la originalidad. Recoge, en una hábil síntesis, teorías bien conocidas de otros pensadores griegos: el atomismo de Leucipo y Demócrito para explicar la constitución material del universo, el hedonismo de Aristipo de Cirene, el empirismo en la teoría de la percepción derivado de Aristóteles, y la búsqueda de la serenidad de ánimo, la ataraxia, de los escépticos. En su rechazo de la política y la educación coincide [...] con los cínicos, los escépticos y los estoicos. Sin embargo, lo importante es lo ajustadamente que armoniza, en un sistema nuevo, todas las ideas surgidas ya en la tradición anterior.

Este sistema filosófico se estructura en la *canónica*, o teoría del conocimiento, la *física* y la *ética*[117]. El primero de estos campos tiene como base la *aisthéseis*, o sensación, que se toma como un conocimiento irrefutable, lo que conduce a identificar cualquier falsedad en el juicio y no en los datos sensoriales, que son «las imágenes (*eídola*), formadas por sutilísimos átomos, que se desprenden de los objetos como efluvios que alcanzan la sensibilidad del sujeto conocedor» (García Gual 2011: 83). Estas sensaciones conllevan un segundo criterio de verdad, de carácter pasivo, al manifestar respuestas inmediatas de placer o dolor, o lo que es lo mismo: *sentimientos*. Este conjunto de experiencias sensoriales produce activamente una *prolepsis*, «una imagen mental o un concepto general producido por el recuerdo de impresiones repetidas de un determinado objeto» (*ibid.*: 84), que debe ser confirmada. A su vez, la veracidad de este tercer criterio es la base para las *proyecciones imaginativas del entendimiento*, que deben ser claras y corroborables, y que se alcanzan a través de un proceso de razonamiento inductivo que aborda desde el mundo sensible hasta lo inteligible (cf. *ibid.*: 87). Estos testimonios de Diógenes Laercio acreditan estas ideas:

> Toda sensación –afirma– es irracional e incapaz de memoria. Pues ni se mueve por sí misma ni, movida por otro, es capaz de añadir o quitar nada. Tampoco hay nada que pueda refutarlas. Porque ni la sensación de cierta clase refuta otra de la misma clase por su fuerza equivalente, ni la sensación de una clase diferente la de una clase diferente, puesto que no emiten juicio sobre los mismos objetos; ni tampoco la razón, puesto que todo razonamiento es enunciado a partir de las sensaciones; ni un sentido a otro, pues prestamos atención a todos. Y la existencia de percepciones efectivas garantiza la verdad de las sensaciones; pues tan efectivamente existe el hecho de que nosotros vemos y oímos como el hecho de que sentimos dolores.
> Por lo tanto también es preciso que nuestras inferencias sobre las cosas trascendentes procedan del ámbito de los fenómenos. Y desde luego todas las nociones tienen su origen en las sensaciones y se forman por coincidencia y analogía y semejanza

---

117. *Vid.* Mas Torres (2018) para un análisis del sistema filosófico epicúreo griego y romano.

y composición, colaborando en algo también el razonamiento. Incluso las visiones de los locos y las de los sueños son verdaderas, ya que producen una agitación, y lo inexistente no puede agitar (D. L., X, 31-32).

En cuanto a la prolepsis, hablan de ella como de una aprehensión real o una opinión correcta o intuición o idea universal residente en nosotros, es decir como recuerdo de lo que muchas veces se le ha mostrado en el exterior, como por ejemplo: «lo de tal aspecto es un hombre». Porque en cuanto se pronuncia la palabra «hombre» enseguida de acuerdo con la prolepsis la imagen de éste es pensada, siendo los sentidos sus introductores previos. Desde luego la significación denotada por cada nombre primordialmente es clara. Y nunca habríamos planteado la investigación sobre un objeto, si no lo conociéramos ya antes. Como al decir: «Lo que está allá lejos es un caballo o un toro», es preciso que ya por prolepsis (o anticipación) nosotros tengamos un conocimiento de la forma del caballo y del toro. Y no habríamos dado un nombre a algo antes de conocer su imagen por prolepsis. Por tanto las prolepsis son claras. También lo opinable está en dependencia de algo anterior concebido claramente, a lo que lo referimos al decir, por ejemplo: «¿Cómo sabemos si esto es un hombre?» (D. L., X, 33).

Como se deriva de lo anterior, la *canónica* está conectada con la *física*, que aparece recogida en la *Carta a Heródoto*[118] recopilada en el texto de Diógenes Laercio (D. L., X, 35-83). Según Epicuro, el *todo* está compuesto por átomos, que son los principios indivisibles y originales, y por el vacío (cf. *ibid.*, 38-42); los primeros[119], por su parte, presentan un número incalculable, pero no infinito, de formas y un movimiento eterno (cf. *ibid.*, 42-45). Son los que forman los cuerpos que, a su vez, «son capaces de producir en su espacio envolvente emanaciones y figuraciones de tal clase que reproduzcan sus cavidades y sus superficies, y efluvios que conservan exactamente la disposición y la secuencia inmediata que ofrecen en sus volúmenes» (cf. *ibid.*, 46), lo que se denomina *eídola*, o *simulacro*, y que son las que permiten el conocimiento. El alma[120], compuesta por átomos, es la encargada

---

118. Según Muñoz Morcillo (cf. 2016), se trata de un compendio básico y mnemotécnico dirigido a estudiantes formados, razón por la que carece de justificaciones.

119. *Vid.* Reale y Antiseri (1991: 216-220) para las diferencias entre la teoría atómica de Epicuro y la de Demócrito.

120. Epicuro, según Diógenes Laercio, define el alma como

un cuerpo formado por partes sutiles, diseminada por todo el organismo, muy semejante al aire con cierta mixtura de calor, y cercana respecto a lo uno y en parte a lo otro (i. e., al soplo y al calor). Existe también una parte que posee una enorme ventaja sobre lo ya mencionado por la sutilidad de sus partículas, y que por eso está más sensiblemente compenetrada con el resto del organismo. Todo esto lo dejan en claro las facultades del alma, los sentimientos, la buena movilidad y los pensamientos, de lo que quedamos privados al morir (D. L., X, 63).

del conocimiento, pero necesita del cuerpo para ello, por lo que se establece una unión que termina con la muerte (cf. *ibid.*, 65).

Junto con lo anterior, Epicuro se ocupa también de lo lingüístico[121], dedicándole especial énfasis a la postura *naturalista* en el extenso debate, pero en esta ocasión no se detiene en la relación nombre-cosa, sino que aborda el propio origen natural del lenguaje (cf. Atherton 2005; Verlinsky 2005). De este modo, la labor del ser humano en este apartado consiste en la evolución y el perfeccionamiento, que no son asimilables a toda la especie, sino que son variables en función del tiempo y de la civilización a la que se alude. En definitiva, el origen es natural, como resultado de la necesidad de responder a estímulos sensoriales, y su evolución convencional (cf. Mas Torres 2018: 172). Los siguientes testimonios recogen estas cuestiones:

> EN PRIMER LUGAR CONVIENE SER CONSCIENTES, HERÓDOTO, DE LO QUE DENOTAN LAS PALABRAS, PARA QUE EN LOS TEMAS SUJETOS A OPINIÓN O QUE SE INVESTIGAN O SE DISCUTEN PODAMOS EMITIR JUICIO REFIRIÉNDONOS A SUS DESIGNACIONES, Y, AL HACER UNA DEMOSTRACIÓN, NO SE NOS VAYA TODO CONFUSO AL INFINITO O NOS QUEDEMOS CON PALABRAS VACÍAS.
>
> ES PRECISO PUES QUE EN CADA VOCABLO ATENDAMOS A SU SENTIDO PRIMERO Y QUE NO REQUIERA EXPLICACIÓN, SI ES QUE HEMOS DE TENER UN TÉRMINO AL QUE REFERIR LO QUE SE INVESTIGA, SE DISCUTE O ES OBJETO DE OPINIÓN. Luego hay que velar en todo caso por nuestras sensaciones y de forma simple por las percepciones presentes (en nosotros), ya sean de la mente o de cualquier otro de los criterios, y del mismo modo por nuestros sentimientos actuales, para que podamos referir a estos signos tanto lo que aguarda confirmación como lo no evidente (a la percepción sensible) (D. L., X, 37-38).

> Por eso (hay que suponer) que los nombres no surgieron desde un comienzo por convención, sino que los hombres primitivos en cada una de sus tribus, al experimentar sentimientos particulares y al recibir impresiones concretas, emitían el aire de modo peculiar bajo el impulso de todos y cada uno de esos sentimientos e imaginaciones, de acuerdo también acaso con la naturaleza de los lugares que habitaban.
>
> Más tarde, en acuerdo comunitario, cada tribu codificó sus vocablos propios a fin de que los significados resultaran menos ambiguos recíprocamente y que las expresiones fueran más concisas. Y al introducir ciertas cosas hasta entonces desconocidas, los expertos recomendaron ciertos vocablos para éstas, forzados a darles nombre con tal sonido, o bien eligiéndolos calculadamente según el motivo más apto para su interpretación (D. L., X, 75-76).

> Que lo que es por naturaleza es de cuatro maneras: o bien como las esencias, en su totalidad y en sus partes, de los animales y plantas; o bien como las // actividades y potencias de aquéllos, como la ligereza y calor del fuego; ya como las sombras y los reflejos en los espejos; ya como las imágenes artificiales que se parecen a sus propios modelos. Por

---

121. *Vid.* Muñoz Morcillo (2017) para una relación entre su teoría lingüística y gnoseológica.

tanto, Epicuro (*fr.* 335), con arreglo al segundo significado creía que los nombres eran por naturaleza, como actos espontáneos de la naturaleza, // como la voz y la vista, y que como el ver y el oír, así también el nombrar, de suerte que también el nombre es por naturaleza, // como acto de la naturaleza. Crátilo, en cambio, opinaba con arreglo al tercer significado; por ello dice que el nombre es particular de cada cosa, en la idea de que está impuesto con propiedad por los que lo han impuesto primero con arte y con conocimiento. SIN DUDA EPICURO (FR. 335) DECÍA QUE ÉSOS NO HAN IMPUESTO CON CONOCIMIENTO LOS NOMBRES, SINO MOVIÉN-DOSE DE MODO NATURAL, COMO LOS QUE TOSEN, LOS QUE ESTORNUDAN, LOS QUE RUGEN, LOS QUE LA-DRAN Y LOS QUE GIMEN. Sócrates dice que los nombres son por naturaleza según el cuarto significado, como vástagos de un pensamiento conocedor y no de un impulso natural, sino // de un alma que imagina, y que han sido impuestos con propiedad a las cosas desde un principio en la medida de lo posible. Según la forma todos los nombres son idénticos y tienen una sola potencia y son por naturaleza, pero según la materia difieren unos de otros y son por convención. En efecto, por la forma se parecen a las cosas, pero por la materia difieren unos de otros (Proclo, *Lecturas del Crátilo de Platón*, XVII).

En último lugar, el apartado ético epicúreo considera la filosofía como el medio para alcanzar la felicidad, es decir, la ausencia de dolor corporal, o *aponía*, y de las perturbaciones del alma, o *ataraxia*. Estas últimas, relacionadas con la mente son producto de la separación de lo natural en favor de lo convencional, manifestada en la política, la justicia, el derecho, etc. La ruptura con los ideales platónico y aristotélico asocia a los hombres a través de la amistad y no a partir de su participación en la vida pública, una postura que propició las críticas por parte de la sociedad ateniense y del estoicismo, como apunta García Gual (2011: 249):

> Por otra parte, pronto debió de comenzar la polémica con los estoicos, en un choque frontal que los discípulos de Zenón extremaron. Partiendo, como hemos destacado, de algunos principios comunes, la Estoa avanzó en una dirección contraria a la del epicureísmo, primero en la ética, y luego en la física y en la lógica y teoría del conocimiento […]. Conviene destacar, una vez más, que Zenón fundó la suya años después de que Epicuro fundara el Jardín, y que la evolución de la doctrina estoica –alejándose de sus orígenes cínicos, mitigando su materialismo básico, comprometiéndose en una ideología política, etc.– acentuó este enfrentamiento.

5.2. Estoicismo antiguo

Al igual que con el epicureísmo, Diógenes Laercio (D. L., I, 13-15) identifica su origen en una evolución de los postulados de Diógenes de Sinope[122] por parte del fe-

---

122. El cinismo fue iniciado por Antístenes –discípulo de Sócrates–, supuestamente criticado por su postura naturalista en el *Crátilo* platónico (D. L., VI, 3, 3). Este filósofo fue el maestro de Diógenes de

nicio Zenón de Citio (333/332-262/216 a. C.). La biografía de este filósofo, junto con su incidencia en la sociedad de la época y su formación, ha sido extensamente recogida en diversos testimonios de Diógenes Laercio y muchos otros. Destaca su instrucción, que tuvo lugar con su llegada a Atenas en la treintena y abarcó influencias de diversas corrientes de pensamiento (cf. Cappelletti 1996: 14). Tras ello, fundó su propia escuela, aunque de forma accidental, puesto que su intención era exponer sus lecciones en el Pórtico de Pisianacte, o Pórtico Pintado (cf. D. L., VII, 5), oponiéndose desde su fundación al epicureísmo. Este hecho propició que el epicureísmo se desarrollase en un ámbito más reducido en torno a la figura de su maestro y, por tanto, más ortodoxo frente a la multitud de seguidores y las diferentes etapas que tuvo el estoicismo en época romana.

Sin embargo, Zenón no únicamente expuso sus doctrinas oralmente, sino también en una gran cantidad de obras (D. L., VII, 4), que se han conservado de forma fragmentaria y a través de testimonios, razón por la que expondremos de forma general la doctrina estoica y únicamente destacaremos su autoría cuando los textos lo permitan[123]. Por consiguiente, es obligatorio citar a los dos siguientes directores del Pórtico (D. L., VII, 174 y 179-189): Cleantes (331/330-232 a. C.) y Crisipo (281/278-208/204 a. C.). El testimonio de Séneca (*Epístolas morales a Lucilio*[124], IV, 33, 3-4) avala la postura que tomamos y se opone, como anticipábamos, a otras escuelas, especialmente a la epicúrea:

> No hay motivo, por tanto, para que me exijas extractos y citas: en nuestros estoicos se encuentra de forma continuada lo que en otros autores hay que seleccionar. Así que no poseemos esas mercancías llamativas, ni engañamos al comprador que, una vez dentro de la tienda, no va a encontrar objeto alguno distinto de las muestras colgadas a la puerta; al propio cliente le damos permiso para que tome su modelo de donde quiera.
>
> Suponte por un momento que queramos seleccionar del conjunto unas máximas ingeniosas: ¿a quién las asignaremos?, ¿a Zenón, a Cleantes, a Crisipo, a Panecio o a Posidonio? No somos vasallos de un rey: cada cual reclama los derechos para sí mismo. Entre los epicúreos, cuanto dijo Hermarco, cuanto Metrodoro, se atribuye a uno solo; todo lo que cada uno manifestó en medio de aquella camaradería, lo manifestó bajo la dirección y los auspicios de uno solo. Nosotros, lo repito, no podemos extraer, aunque lo intentemos, modelo alguno de entre una multitud tan grande de sentencias igualmente estimables.

Sinope, por lo que puede demostrarse así la unión del socratismo con la Stoa de forma independiente al platonismo (cf. García Gual e Imaz 1986: 44).

123. Seguimos los trabajos de Cappelletti (1996) y de Campos Daroca y Nava Contreras (Crisipo 2006a y 2006b).

124. Seguimos la edición de Roca Melià (Séneca 1986).

La división estoica entre la lógica, la física y la ética (D. L., VII, 39-40) no se correspondía con el verdadero desarrollo de la filosofía, que debía hacerse de forma entrelazada. En nuestro caso, comenzamos por la física, donde se establece una diferencia inicial entre la *materia*, compuesta por los cuatro elementos y de carácter pasivo, y la *razón*, el principio activo que, a su vez, se identifica con la divinidad[125], como recoge Cleantes (cf. D. L., VII, 134; Cappelletti 1996: tests. 617-621). De este modo, el cosmos es inteligente y sigue un orden racional a partir del que emanan el resto de los seres, inferiores ontológicamente en función de su raciocinio (cf. D. L., VII, 142-143; Cappelletti 1996: tests. 670, 672, 673, 678). Esta divinidad fue caracterizada como sigue:

> Cleantes, empero, así argumenta: si existe una naturaleza mejor que otra, tiene que haber una naturaleza mejor que todas; si hay un alma mejor que otra, tiene que haber un alma mejor que todas, y si hay un animal mejor que otro, debe haber un animal mejor que todos. No es posible, en efecto, llevar tales cosas hasta el infinito: así como la naturaleza no podría proceder hasta el infinito, ni el alma ni el animal. Pero un animal es mejor que otro, como el caballo es mejor que la tortuga, pongamos por caso, y el toro que el asno y el león que el toro; y a todos los animales que hay sobre la tierra probablemente los supera y domina el hombre por su índole no sólo corpórea sino también psíquica. Vendría a ser, por consiguiente, el más poderoso y el mejor de los animales. Y, sin embargo, el hombre no puede ser absolutamente el más poderoso de los animales, como enseguida [se ve], ya que transita por la maldad todo el tiempo o, en todo caso, la mayor parte de él (porque aun cuando llega a conquistar la virtud, lo hace tarde y hacia el ocaso de su vida). Es además perecedero, débil y necesitado de innumerables auxilios, como la comida, el vestido y otros cuidados del cuerpo, el cual nos domina a manera de un cruel tirano, exige cada día su tributo y si no le proporcionamos lo necesario para lavarse, ungirse, vestirse y alimentarse, amenaza con enfermedades y muerte. De modo que el hombre no es animal perfecto sino incompleto y muy alejado de la perfección. Pero [el animal] perfecto y óptimo debe ser no solamente mejor que el hombre sino también repleto de todas las virtudes y ajeno a todo mal. No se diferenciará de un dios. Es, en realidad, un dios (Sexto empírico, *Contra los dogmáticos*, IX, 88).

Los humanos y animales son definidos de forma monista, es decir, se componen de un cuerpo material y de un alma, también corpórea. El alma, consecuentemente, es un «soplo cálido (*pneúma énthermon*)» compuesto por «los cinco sentidos, las razones seminales dentro de nosotros, la facultad del habla y la

---

125. Para los estoicos,

[l]a divinidad es un ser vivo, inmortal, razonable, perfecto e inteligente en su felicidad, incapaz de aceptar nada malo, providente del universo y de los seres del universo. No obstante, no tiene forma humana. Es, por otro lado, el demiurgo de todas las cosas, y como el padre de todas las criaturas, en general, y en particular lo que penetra en todo, es llamado con muchos nombres según sus varios poderes (D. L., VII, 147).

facultad del razonamiento» (D. L., VII, 157)[126]. Su transmisión se produce a través del esperma, lo que permite la adquisición de cualidades tanto físicas como anímicas de sus progenitores (cf. *ibid.*, VII, 158)[127]. Sin embargo, su unión no es simplemente una yuxtaposición, sino una *mixtión* donde cuerpo y alma son codependientes, pero mantienen sus propias características:

> La doctrina de Crisipo sobre la mezcla es como sigue. Sostiene que la sustancia toda está unificada, pues la atraviesa toda ella un hálito (*pneûma*) por el que el todo se mantiene unificado y estable y en relación consigo mismo (*sympathés*). De los cuerpos que se mezclan en ella, dice que las mezclas por yuxtaposición (*parâthesis*) surgen cuando dos o más sustancias se componen y yuxtaponen entre sí, según dice, «por ajuste», manteniendo cada una de ellas en tal yuxtaposición su propia esencia y cualidad respecto de su perfil, como ocurre, digamos, al poner juntos habas y granos de trigo. Surgen otras por fusión total (*sýnchysis*), cuando las sustancias mismas y sus cualidades se destruyen mutuamente, como ocurre, dicen, en los remedios medicinales por destrucción conjunta de los componentes, pues nace de ellos un cuerpo diferente. Otras mezclas dice que surgen cuando ciertas sustancias se hacen coextensivas unas de otras junto con sus cualidades propias, si al mismo tiempo en una tal mezcla se conservan las sustancias originales y sus cualidades, mezcla que dice ser propiamente una mixtión (*krâsis*). Pues bien, de entre las mezclas, sólo la coextensión total de dos o más cuerpos cualesquiera en su totalidad, de modo que conserve cada uno de ellos en una tal mezcla su propia sustancia y cualidades, dice que es una mixtión, pues es propio de los cuerpos que están así mezclados el poder separarse de nuevo unos de otros, lo cual sólo sucede por conservar los componentes en la mezcla sus naturalezas propias (Alejandro de Afrodisias, *Sobre la mezcla y el aumento* 2-4 págs. 216, 1-218, 10 Bruns *apud* Crisipo 2006b: test. 400).

En el habitual debate sobre el órgano preponderante del cuerpo se sitúa en la postura cardiocentrista, ya que considera que se puede localizar en él el origen del discurso y, por tanto, del pensamiento, como critica Galeno en diversas obras recogidas a continuación:

> El raciocinio de Zenón, admirado por los estoicos… se desarrolla de esta manera: «LA VOZ FLUYE A TRAVÉS DE LA GARGANTA. PERO SI FLUYERA A PARTIR DEL CEREBRO, NO PODRÍA FLUIR A TRAVÉS DE LA GARGANTA. EN EFECTO, DE DONDE FLUYE LA PALABRA, DE ALLÍ FLUYE TAMBIÉN LA VOZ. AHORA BIEN, LA PALABRA FLUYE DEL ENTENDIMIENTO, DE MODO QUE EL ENTENDIMIENTO NO ESTÁ EN EL CEREBRO» (Galeno, *Sobre las opiniones de Hipócrates y Platón*, II 5, V 241 K, 201 Mueller [*S. V. F.* I 148] *apud* Cappelletti 1996: test. 232).

---

126. Apolófanes, también estoico, incluye la memoria (cf. Tertuliano, *Sobre el alma* 14 [*S. V. F.* I 405] *apud* Cappelletti 1996: test. 513).

127. *Vid.* Cappelletti (1996: tests. 196-173).

Quiero, antes de refutarlos, citar el argumento de Crisipo, que es de la siguiente manera: «Es razonable que, a donde los significados que hay en él (se. El discurso) van y de donde el discurso viene, aquello sea la parte soberana del alma. Pues no es una la fuente del discurso y otra diferente la del pensamiento, ni una la fuente de la voz y otra diferente la del discurso ni, en suma, una la fuente de la voz y otra cosa diferente la parte soberana del alma». EN TÉRMINOS ACORDES A ÉSTOS DEFINE EL PENSAMIENTO Y DICE QUE ES LA FUENTE DEL DISCURSO. «PUES, EN GENERAL, DE DONDE SE EMITE EL DISCURSO, ALLÍ DEBE TAMBIÉN DARSE EL RAZONAMIENTO, LOS PENSAMIENTOS Y LA PREPARACIÓN DE LOS ENUNCIADOS, COMO DIJE. ESTO TIENE LUGAR CLARAMENTE EN LA ZONA DEL CORAZÓN, Y DESDE EL CORAZÓN A TRAVÉS DE LA TRÁQUEA SE EMITEN LA VOZ Y EL DISCURSO. Es por, lo demás, plausible que lo que se dice aporte su significado allí de donde también lo toma, y que las voces provengan de allí del modo antes mencionado» […] (Galeno, *Sobre las opiniones de Hipócrates y Platón* II 5, 15-20; págs.130, 22-132, 16 De Lacy *apud* Crisipo 2006a: test. 294).

IGUALMENTE, CUANDO CRISIPO DICE «Y DE DONDE SE EMITE EL DISCURSO, SEA AQUELLO LA PARTE SOBERANA DEL ALMA», CONTESTAREMOS SU ARGUMENTO Y DIREMOS QUE AQUELLO POR LO QUE ES EMITIDO EL DISCURSO ES LA PARTE SOBERANA, NO AQUELLO DESDE LO QUE ES EMITIDO. Del mismo modo, también cuando dice: «Pues, en general, de donde se emite el discurso, allí debe también darse el razonamiento», diremos nosotros que no es de donde, sino que, en aquella parte por la que es emitido el discurso, en ella debe darse y estar el raciocinio. Es evidente, en efecto, que Crisipo ha dicho «hacia allí» (*ekeíse*), en lugar de «allí» (*ekeî*), que es igual que decir «en aquella parte del cuerpo», porque no hay que pensar que al decir «hacia allí» quiere decir «a aquella parte», aunque ciertamente «hacia allí» denote hacia un lugar, y «allí», en un lugar. Hay que suponer que comete un solecismo en la expresión, mejor que pensar que habla de manera tan claramente ininteligible […] (Galeno, *Sobre las opiniones de Hipócrates y Platón*, II 5, 57-61; págs. 138, 24-140-316 De Lacy *apud* Crisipo 2006a: test. 295).

¿Por qué fue la opinión de Crisipo y de otros muchos filósofos estoicos y peripatéticos sobre el corazón que es el primero de los órganos del animal en surgir, que es por efecto suyo que los demás órganos nacen y que, como corresponde a lo primero que toma forma, es; necesariamente el comienzo de venas y arterias? (Galeno, *Sobre la formación del feto*, 4, IV, pág. 674 Kuhn *apud* Crisipo 2006b: test. 433).

La primera hipótesis la avanzan cuando dicen que el corazón es el primero que nace de todos los órganos. La segunda se añade a ésta, que el corazón configura las demás partes, en la idea de que se ha destruido lo que le dio forma a él, lo·que quiera que sea, y ya no existe. Prosiguen y añaden como consecuencia que la parte deliberativa de nuestra alma se asienta en él y, si está la deliberativa, también está la que desea alimentos, según dicen, bebidas, trato sexual y riquezas, así como, evidentemente, la irascible y pendenciera (Galeno, *Sobre la formación del feto*, 4, IV, pág. 698 Kuhn *apud* Crisipo 2006b: test. 434).

La razón, como hemos apuntado, justifica la existencia de un cosmos inteligente y ordenado, pero esta capacidad no carece de desarrollo en los seres animados. En el caso de los humanos, no es hasta los siete o catorce años cuando se alcanza su máximo desarrollo[128]. Así, el *logos*, entendido como origen, lenguaje y razón, es la causa e instrumento del pensamiento y discurso; pero todo estudio ha de vincularse a objetos particulares y no universales, puesto que el valor del lenguaje está relacionado con su capacidad descriptiva (cf. Long 1987: 147). González Pereira (2008: 314-315) apunta, no obstante, varias diferencias con las posturas previas:

> Lo que distingue su defensa del lenguaje como *physis* de la del epicureísmo radica no sólo en que ellos no lo entienden en términos de origen, como Epicuro, sino, también, en su muy diferente forma de concebir la naturaleza. Para los estoicos el lenguaje es natural no en relación con un origen ajeno a los hombres, sino porque, formando parte de la racionalidad de la naturaleza, la expresa de forma apropiada. Su concepción del mundo gobernado por la razón y por el principio de causalidad se aleja, pues, de la visión epicúrea de la naturaleza como necesidad irracional […]. El lenguaje es natural porque sus elementos contribuyen a una significación apropiada de la realidad tal y como ésta es […].

La lógica incluía (D. L., VII, 42) la *dialéctica*, la «ciencia de cosas verdaderas, falsas y neutras», y la *retórica*, la «ciencia de hablar bien en los discursos de amplio curso». La primera –que es la que nos interesa para nuestro objetivos– tuvo como máximo representante a Crisipo. En cuanto a su función, abarca los significados y la lengua, y sirve para convertir en *representación* a la impresión de carácter sensorial[129] que produce una alteración[130]. Como expone Diógenes Laercio (D. L., VII, 55-56), el proceso dialéctico se debe a la inteligencia, cuestión que se manifiesta en el par *articulado-inarticulado* entre humanos y animales, pero, también, es una capacidad sujeta a desarrollo hasta su estancamiento en los catorce años:

---

128. Jámblico (*Sobre el alma* en Estobeo, *Églogas* I 48, 8, pág. 317, 21 W [*S. V. F.* I 149] *apud* Cappelletti 1996: test. 234) trata el periodo del desarrollo en que se alcanza la madurez cognitiva: «Una vez más acerca de la inteligencia y de todas las potencias superiores del alma, dicen los estoicos que la razón no surge inmediatamente, sino que se consolida más tarde, alrededor de los catorce años, a partir de los sentidos y de las representaciones».

Por su parte, Aecio (IV 11, 4 DDG pág. 400 [*S. V. F.* I 149] *apud* Cappelletti 1996: test. 235) considera que «la razón, gracias a la cual somos considerados seres racionales, […] se llena de anticipaciones durante los primeros siete años [de la vida]».

129. La sensación (*aísthesis*) «designa, según los estoicos, el aire que se traslada del hegemónico a los sentidos, y la aprehensión por medio de éstos, y la estructura misma de estos órganos, de la que algunas personas pueden quedarse privadas. También su actividad se llama sensación» (D. L., VII 52).

130. *Vid.* Sexto Empírico (*Contra los profesores*, VII, 227-231 y 372-374) donde se apunta la discrepancia entre la impronta en el alma propuesta por Cleantes y la alteración de Crisipo.

Según acuerdo de la mayoría, el estudio de la dialéctica ha de comenzarse por el tema de la voz. La voz es el aire vibrante, o el objeto propio de la sensación del oído, como dice Diógenes de Babilonia en su *Manual sobre la voz*. La voz de un animal es el aire golpeado por un impulso natural; en cambio, la del hombre es articulada y emitida según dice Diógenes, y ésta llega a su madurez a los catorce años. También la voz es un cuerpo, según los estoicos, como dicen Arquidemo en *Sobre la voz* y Diógenes, Antígono y Crisipo en el libro segundo de su física. Pues todo lo efectivo es un cuerpo, y la voz al llegar a los que la oyen de quienes la vocean produce efectos. El habla (*lexis*) es, según dice Diógenes, una voz formada por letras como *heméra* («día»). La frase (*lógos*) es una voz significativa emitida por la inteligencia, como «es de día» (*heméra estí*). Dialecto es una expresión caracterizada según una comunidad regional, dentro de la lengua griega, o una expresión local particular, es decir, de carácter dialectal, por ejemplo: *thálatta* (mar) según el ático, y *hemére* («día») según el jonio.

Estas representaciones (cf. D. L., VII, 46; Sexto Empírico, *Cuestiones académicas*, I, 41) pueden ser *comprehensivas*, que captan lo real, o *incomprehensivas*, que no proceden del objeto o lo hacen de forma diferente a él. También existen otras clasificaciones de las representaciones (cf. D. L., VII, 47-51) como las que las dividen en *sensibles*, captadas por los sentidos, y *no sensibles*, accesibles únicamente a través de la razón; o las que las clasifican en *racionales*, de carácter intuitivo, o en *irracionales*, carentes de nombre, una tipología que demuestra una relación entre lenguaje y pensamiento. Sin embargo, la representación, base de la teoría del conocimiento estoica, ha de relacionarse con otros conceptos, como refleja el siguiente testimonio:

> el criterio por el que se reconoce la verdad de las cosas es, en general, la representación, y por cuanto la teoría de la comprensión (*katalépsis*) y de la intuición (*nóesis*), que precede a todas las otras, no se mantiene sin la representación. Conque la representación tiene la precedencia, y luego le sigue el pensamiento que se ha dotado de habla, que lo que experimenta a partir de la impresión sensible lo expresa por medio del lenguaje (*lógos*) (D. L., VII, 49).

Esta ordenación presenta un carácter claramente empirista, ya que supone que no existe nada mental ni lingüístico previo a la experiencia. No obstante, el proceso activo que comentábamos previamente es a través del que se produce la formación de *conceptos*, de carácter incorpóreo, consistentes en la formulación de ideas generales a partir de los datos sensoriales mediante procesos mentales como la analogía, la transferencia, la composición o la oposición (D. L., VII, 52). En palabras de Estobeo (*Églogas*, I, pág. 135, 21 W *apud* Cappelletti 1986: test. 84):

> Zenón [y sus seguidores] dicen que los conceptos no son cosas ni cualidades, sino representaciones del alma al modo de cosas y cualidades. Ellos eran denominados

«ideas» por los antiguos. Hay, en efecto, ideas de los objetos que caen bajo los conceptos, como, por ejemplo, de los hombres, de los caballos; y, para hablar más genéricamente, de todos los animales y de las demás cosas de las cuales se dice que hay ideas. Pero los filósofos estoicos dicen que éstas no tienen existencia real y que nosotros participamos [en la producción de los conceptos] y encontramos los casos de los llamados nombres comunes.

El estudio del lenguaje, otro rasgo diferenciador entre humanos y animales, parte del *logos*, compuesto, en primer lugar, por la *phoné*, es decir, la voz o las perturbaciones del aire, y, en un segundo nivel que implica al anterior, la *lexis*, o sonido articulado, que es exclusivamente humano y está compuesto por letras. Asimismo, se puede dividir el *logos* en cinco partes, según Diógenes de Babilonia y Crisipo (D. L., VII, 56): 1) *nombre* (*ónoma*), que se refiere a entidades individuales; 2) *apelativo* (*prosegoría*), que indica clases de comunes; 3) *verbo* (*rhema*), que expresa propiedades; 4) *conjunción* (*syndesmós*), que sirve, funcionalmente, como enlace; y 5) *artículo* (*árthron*), encargado de distinguir género y número de los nombres. Asimismo, tal y como hemos apuntado previamente, los estoicos continuaron la postura naturalista mostrada por Sócrates en el *Crátilo*, como demuestran las similitudes en los ejemplos etimológicos tomados del diálogo y en el uso mimético de los sonidos primarios[131].

La diferencia entre *lexis* y *logos* radica en el carácter semántico del segundo que permite la generación de enunciados o *lekta*[132]. González Pereira (2008: 365-366) profundiza en esta distinción en términos psicológicos, como recoge esta cita:

> La actividad representacional de la mente es eso, una actividad, y, por tanto, constituye para los estoicos una entidad corpórea, ya que supone la modificación del estado de la psique. El *lekton*, por el contrario, es una entidad incorpórea, sin capacidad para actuar sobre otras entidades. El lugar y el estatuto del *lekton* queda así configurado como el de «algo» cuyo modo de existencia está determinado, y depende, de la existencia de una representación racional. Dentro del ámbito psicológico, el *lekton* funciona como el contenido expresable de dicha representación racional. No se trata de lo ya significado por el lenguaje, de los significados lingüísticos ya expresados, sino de una especie de lenguaje interno que da cuenta de los principios activos (*logoi*) que gobiernan la naturaleza del mundo tal y como la razón (*logos*) humana, que forma parte de dicha naturaleza, la representa de forma lingüísticamente expresable mediante el logos, mediante secuencias de sonidos articulados poseedoras de significado. He aquí el papel cohesionador que el aparentemente ambiguo concepto de logos juega dentro de su doctrina dialéctica.

---

131. *Vid.* Long (2005) para una exposición detallada de esta afirmación y de otras posibles relaciones con Sócrates, y Allen (2005) para una interpretación del origen del lenguaje a la luz de las interpretaciones de Orígenes y San Agustín.

132. *Vid.* Egli (1987) para un repaso de la semántica y sintaxis estoica.

Por otro lado, la aportación más reconocida por la lingüística de la filosofía estoica es el planteamiento de las bases de un signo tripartito, que queda reflejado en los siguientes dos fragmentos[133]:

> Pero, aunque este ha sido el principal punto de desacuerdo respecto a la verdad, ha habido también entre estos filósofos otra controversia, según la cual unos han situado lo verdadero y lo falso en el terreno del significado, otros en el de la expresión, y otros en el de la actividad del pensamiento. De la primera opinión han sido sin duda exponentes destacados los estoicos, al afirmar que hay tres elementos que están interrelacionados: el significado, el significante y el objeto, y que, de estos, el significante corresponde a la expresión, por ejemplo el nombre «Dión»; el significado, a la propia cosa indicada por la expresión y que nosotros percibimos al someterse a nuestra facultad intelectiva, pero que los bárbaros no captan por más que oigan la expresión; y el objeto, al referente externo, como es el propio Dión. Dos de estos elementos son corpóreos, como son la expresión y el objeto, y uno es incorpóreo, como es la cosa significada, o sea el enunciado, y es esto precisamente lo que es verdadero o falso; pero no lo es siempre de forma generalizada, sino que unas veces es defectivo y otras completo en sí mismo, y de este enunciado completo en sí mismo procede lo que se denomina proposición, cuya definición esbozan los estoicos así: «Proposición es aquello que es verdadero o falso». En cambio, Epicuro y Estratón el Físico, al admitir sólo dos elementos, el significante y el objeto, parece que se atienen al segundo punto de vista y que localizan en la expresión lo verdadero y lo falso (Sexto Empírico, *Contra los dogmáticos*, VIII, 11-13).

> Existen –se afirma– distintas naturalezas corpóreas, como son este hombre, este caballo; a éstas siguen luego los movimientos del alma que revelan las características de los cuerpos. Éstos presentan una índole peculiar, distinta de los cuerpos: por ejemplo, si veo a Catón caminar, esta acción la muestra el sentido, y la mente lo cree. Lo que veo es el cuerpo en el que fijo la mirada y la mente. A continuación digo: «Catón camina». No es el cuerpo –dicen– aquello de lo que ahora hablo, sino una frase enunciativa acerca del cuerpo que unos llaman proposición, otros enunciado, otros dicho. Así, cuando decimos: «sabiduría», entendemos un ser corporal, y cuando decimos: «es sabio», hablamos del cuerpo. Pero existe notabilísima diferencia entre nombrar una cosa o hablar de ella (Séneca, *Epístolas morales a Lucilio*[134], XIX, 117, 13).

De este modo, el componente incorpóreo *lekton*, que surge del objeto corpóreo, requerirá para alcanzar su corporeidad de la expresión de palabras que se flexionen y combinen (*lexis*). Asimismo, no todos los *lekta* son iguales, puesto que los encontramos *completos* o *incompletos*, según si presentan *ptosis* y *kategorema* o

---

133. González Pereira (cf. 2008: 351-361) considera que es más conveniente el segundo porque Séneca mantiene el carácter predicativo del *lekton* y no lo reduce a su carácter designativo.

134. Seguimos la edición de Roca Meliá (Séneca 1989).

no, y, dentro de los primeros, si se validan atendiendo a criterios de verdad y false-dad, como ocurre en los *axiomas* o *proposiciones,* o no, como es el caso de las pre-guntas, los mandatos, los juramentos, etc.:

> Son diferentes el juicio, la pregunta y la indagación; y el mandato, el juramento, la imprecación, la hipótesis, la exclamación y la acción semejante a un juicio. Pues un juicio es lo que al decirlo lo afirmamos, lo que justamente resulta verdadero o falso. La pregunta es un enunciado completo, como el juicio, pero que reclama una respuesta, como: «¿Acaso es de día?». Esto no es ni verdadero ni falso, como «es de día», de ma-nera que esta frase es un juicio, mientras que «¿acaso es de día?» es una interrogación. Indagación es una cuestión a la que no se puede responder sucintamente, como a la pregunta, con «sí», sino que hay que expresarse con una frase, como «habita en este te-rreno» (D. L., VII, 66).

En definitiva, la propuesta estoica es la primera teoría no psicologista del signi-ficado, en la que significado y pensamiento poseen un estatus ontológico distinto –corpóreo frente a incorpóreo– y, consecuentemente, una metafísica «nomina-lista» (cf. Itkonen 1991: 183-185).

Otro sucesor de Zenón de Citio fue Aristón de Quíos, quien rechazaba el es-tudio de la física y la lógica, puesto que consideraba que superaban al ser humano (cf. D. L., VII, 160; Cappelletti 1996: tests. 453-456). Sin embargo, en Porfirio encon-tramos un testimonio que evidencia sus posturas sobre la física en el que la in-teligencia, como parte del alma, vuelve a ser considerada como una capacidad distintiva entre el ser humano y el resto de las especies animales:

> Se trata de bosquejar las potencias del alma. Y, en primer lugar, Aristón pasa re-vista a las investigaciones llevadas a cabo por los antiguos y las que más tarde realiza-ron los maestros, y establece que el alma posee una potencia comprensiva, la cual se divide en dos partes. Dice, como la mayoría, que una de ellas es movida por medio de alguno de los órganos sensoriales. A ésta se la llama «sensitiva» y constituye el princi-pio de las sensaciones particulares. La otra opera siempre por sí misma, aparte de los órganos. Ésta, en los [animales] irracionales no tiene un nombre especial (porque no existe en ellos en absoluto o es sumamente débil y demasiado oscura), pero en los ra-cionales, en los cuales se manifiesta principal o exclusivamente, se denomina «inteli-gencia» (Porfirio, *Sobre las facultades del alma*, en Estobeo, *Églogas* I, pág. 347, 21 W [*S. V. F.* I 377] *apud* Cappelletti 1996: test. 485).

6.   Series textuales del periodo, relaciones y canonicidad

La recopilación y el análisis de las tesis planteadas por los distintos filósofos de esta época demuestran la productividad de los planteamientos de la historiografía de la lingüística como acto comunicativo (cf. Zamorano Aguilar 2012) y la perspectiva externalista (cf. Brekle 1986). Estos datos contextuales son fundamentales para la comprensión de la constitución de las distintas escuelas o movimientos del periodo a través de procedimientos de construcción dialéctica. A continuación, procedemos a sintetizar los puntos principales de sus aportaciones.

La escuela naturalista jonia, compuesta por Tales, Anaximandro y Anaxímenes, fue la iniciadora de un pensamiento racional y natural frente al sobrenatural a través de su postura sobre el *arché* y el hilozoísmo. La naturaleza queda, por tanto, circunscrita en sí misma tanto en materia como en alma, considerada como principio vital. Los pitagóricos, por su parte, enfatizaron la distinción entre *cuerpo* y *alma* a través del carácter inmortal de la segunda, lo que supuso una ruptura con las barreras que separaban a divinidades y humanos. Sin embargo, este segundo elemento, procedente del alma universal, tiene como objetivo la ruptura del ciclo de reencarnación en que se encuentra envuelta, en una línea que recuerda claramente a las posturas platónicas posteriores.

El pitagorismo también se dejó sentir en la isla de Crotona, donde Alcmeón se constituye como uno de los primeros testimonios sobre la defensa de la centralidad del cerebro frente al corazón. Esta postura, aceptada por Platón y rechazada por Aristóteles, es alcanzada a través de un criterio funcional que distingue cualitativamente a los humanos de los animales: el cerebro es el encargado de recopilar y analizar las sensaciones mediante el pensamiento, un proceso que no llevan a cabo el resto de los animales, quienes únicamente padecen lo sensorial.

A través de Heráclito se aúnan alma, materia y cosmos en el *logos*. Los testimonios de Aristóteles y otros doxógrafos asimilaban a este filósofo a la escuela milesia debido a su identificación del *arché* con el fuego, pero esto supone obviar una diferencia fundamental entre ellos: el *logos* posee un carácter trascendente, no físico, y actúa como un principio regulador que solo puede captarse a través del lenguaje, herramienta que utilizan los humanos para captar los elementos de la existencia. De esta manera, el *logos* se presenta de forma externa, sensorialmente, e interna, como la reflexión posterior sobre estos datos sensoriales.

Parménides, por su parte, plantea una teoría de carácter cognitivo-psicológico, que puede resumirse de la siguiente forma: el *ser* es distinguible del *no-ser* únicamente a través de la razón, puesto que solo se puede hablar y pensar sobre lo existente. Esta tesis supone una asimilación entre razón y lenguaje, lo que supone dotar de gran relevancia a lo lingüístico dentro de su sistema de pensamiento. Asimismo, la oposición de este filósofo a Heráclito queda patente, además de en el rechazo de los datos sensoriales, en las características de este ser: carente de origen y final, eterno e inmóvil. El encargado de continuar y sistematizar las propuestas de la escuela eleata, a la que pertenece Parménides, fue Meliso, quien concibió al ser como uno, eterno e incorpóreo, con lo que esta afirmación supone que el único capaz de cumplir estas cualidades es la divinidad, finalizando cualquier tipo de conocimiento.

La reacción a este planteamiento provino de los llamados «eclecticistas pluralistas»: Empédocles y Anaxágoras. El primero caracterizó al ser como una mezcla de los cuatro elementos, mientras que el segundo defendió una materia unitaria compuesta por *chrémata,* pero pluralista al ser divisible hasta el infinito. La teoría del conocimiento de Empédocles situaba en el corazón su centro, puesto que de él parte y a él vuelve la sangre –el medio de transmisión de las sensaciones–, y el procedimiento de aprehensión se produce a través del reconocimiento de lo similar de la mezcla, que está presente tanto en el ser encargado de percibir como en el ser percibido. Anaxágoras, por su parte, distingue la inteligencia como un componente diferenciado de la materia, en cuanto movimiento original y principio rector, por lo que no se acerca al conocimiento a través de lo sensorial, de una forma similar a la teoría parmenídea.

Diógenes de Apolonia retorna a los planteamientos hilozoístas, pero añadiendo a su teoría el encefalocentrismo y las aportaciones sobre la inteligencia de Anaxágoras. Junto con los aspectos físicos y metafísico, Diógenes relaciona el campo de la anatomía, a través de sus descripciones del aparato circulatorio y del cerebro, y su teoría de las sensaciones a través del *arché,* una prueba de la interdisciplinariedad presente en los presocráticos. De hecho, el hipocratismo es otro testimonio de este interés, ya que el sustrato filosófico está presente en gran parte de los tratados de carácter médico que constituyeron el hito de profesionalización de este campo en la antigua Grecia.

El atomismo demuestra un intento de conciliación entre el ser de Parménides y las nociones de cambio y movimiento que este rechazaba. Para ello, Leucipo y Demócrito utilizan los átomos y el vacío como el núcleo de sus planteamientos sobre el alma, el conocimiento e, incluso, su cosmogonía. Demócrito, además, se interesó por el apartado lingüístico, en el que adoptó una postura convencionalista no recogida por Platón en sus diálogos pese a aportar un panorama filosófico y sociocultural bastante completo de su época[135].

En último lugar, se encuentran los sofistas, protagonistas del giro hacia el humanismo, cuyas aportaciones podemos resumir para nuestro trabajo en dos: el

---

135. En su propio contexto se debatía esta misma cuestión:

Aristóxeno en sus *Apuntes históricos* cuenta que Platón quiso quemar los escritos de Demócrito, en bloque, todos cuantos lograra reunir, pero que Amidas y Clinias los pitagóricos le disuadieron, diciendo que no obtendría ningún provecho; pues los libros estaban ya en manos de muchos. Y es verosímil. Pues Platón, que menciona casi a todos los filósofos antiguos en ningún lugar cita a Demócrito, ni siquiera donde debería contradecirle, evidentemente porque sabía que se enfrentaba al mejor de los filósofos (D. L., IV, 40).

subjetivismo de Protágoras y la disociación entre palabra y realidad de Gorgias. La instrumentalización del lenguaje y su enseñanza, de forma opuesta a la indagación en la verdad y el cosmos, supuso el antecedente para la filosofía socrática, pero también para la filosofía de Platón y Aristóteles, como defiende Schiappa (2003: 194):

> I believe that Protagoras' role in the development of Plato's and Aristotle's metaphysics has been underestimated. Protagoras was a pivotal figure in the transition between two stages of metaphysical explanation. In particular, Protagoras was a key figure between what Julius Moravcsik calls stage 2 explanation, in terms of composition or constituency, and stage 3 explanation in terms of entities and their qualities. Protagoras' treatment of the relationship between *logoi* and "things" provided what Gerald Holton has called "thematic preparation" for Plato's and Aristotle's treatment of things and their qualities. Protagoras' two *logoi* in opposition –one weaker and one stronger– parallels Plato's treatment of physical change as the alternation of stronger elements with weaker ones and Aristotle's description of potential qualities becoming actual. The evidence I offered earlier is sufficient to demonstrate that Protagoras' doctrines extended Heraclitean explanation in such a way that it was a small step from Protagoras' *logoi* to the Platonic and Aristotelian "qualities" Protagoras' theorizing did more than provide a target for Plato and Aristotle; it provided conceptual tools Holton's "thematas"–that became part of their philosophies. Certain aspects of Protagoras' relativism were not so much rejected by Plato and Aristotle as they were assimilated.

En cuanto a la constitución de las series textuales, hemos decidido incluir a todos estos autores en las SERIES PREPARATORIAS y agruparlos conforme a criterios temáticos y no cronológicos, aunque sí hemos seguido el mismo orden en que han sido analizados. Esta decisión está fundamentada en la aplicación de las *tradiciones de investigación* de Laudan (1986), puesto que es un marco metodológico que permite un trabajo con fuentes cuya recepción directa no puede ser confirmada debido a la ausencia de datos. Con esto, procedemos a determinar los vectores que se establecen entre estas escuelas y estos filósofos:

1. VECTOR 1: INDIRECTO. La escasa conservación de algunas fuentes clásicas, especialmente presocráticas, hace compleja, cuando no imposible, la determinación de un testimonio o de una cita literal por parte de filósofos posteriores (Mansfeld 2002: 29).
2. VECTOR 2: PARCIAL. A pesar del interés por la cuestión naturalista, la construcción de sus sistemas filosóficos se produce a través de la modificación de las aportaciones de sus antecesores como fuente de sus hipótesis.
3. VECTOR 3: TEÓRICO. La elección de este vector se debe a que las fuentes conservadas no muestran una metodología clara que pueda afirmar otro tipo de retroalimentación. Definimos a continuación las conexiones particulares:

a. PITAGORISMO-ALCMEÓN: la inmortalidad del alma tanto en animales como en humanos defendida por el pitagorismo es continuada por el segundo y el establecimiento de la diferencia entre especies a través del raciocinio.

b. ESCUELA MILESIA-HERÁCLITO: la postura heraclítea sobre el fuego ha sido asimilada al *arché* milesio, pero se trata de una evolución en la que se define un *logos* ordenador del cosmos, presente en las almas y que desemboca en una teoría psicológica sensorial y racional.

c. ESCUELA MILESIA-ESCUELA ELEATA: la cosmogonía parmenídea contraviene al *arché* a través de su caracterización gnoseológica y lingüística del *ser* y *no ser*, lo que, a su vez, conlleva la existencia de una divinidad eterna e incorpórea. Por otra parte, el eleatismo niega lo sensible debido a la inmutabilidad y eternidad, que no pueden captarse sensorialmente.

d. HERÁCLITO-ESCUELA ELEATA: estos filósofos coinciden en el alejamiento del *arché* milesio, pero el primero defiende una teoría del conocimiento basada en un sensualismo procesado posteriormente por la razón y Parménides utiliza solo la razón para distinguir entre *ser* y *no ser*.

e. HERÁCLITO-EMPÉDOCLES: ambos coinciden en la necesidad de una teoría psicológica basada en la sensación y la razón junto con una divinidad que no necesita del primer proceso para alcanzar el conocimiento. No obstante, Empédocles aboga por la teoría de los elementos, o de las raíces, para la generación de los seres.

f. ESCUELA ELEATA-ANAXÁGORAS: ambos teorizan sobre la independencia del conocimiento con respecto a la sensación y la incorporeidad del *logos*.

g. EMPÉDOCLES-ANAXÁGORAS: el primero defiende el cardiocentrismo en lo referente al conocimiento, mientras que el segundo, pese a seguir la teoría de los cuatro elementos de Empédocles, considera que las manos y el cerebro son los órganos que demuestran la inteligencia humana.

h. EMPÉDOCLES-DIÓGENES DE APOLONIA: el monismo de Diógenes rompe con el pluralismo de Empédocles.

i. EMPÉDOCLES-HIPÓCRATES: la teoría humoral del segundo evoca la teoría de los elementos de Empédocles.

j. ALCMEÓN-ANAXÁGORAS: ambos defienden la centralidad del cerebro en el origen de la inteligencia.

k. ESCUELA MILESIA-DIÓGENES DE APOLONIA: el retorno al hilozoísmo por parte del de Apolonia lo conecta con el origen de la filosofía naturalista.

l. ALCMEÓN-DIÓGENES DE APOLONIA: Diógenes defiende que el cerebro es el órgano fundamental del ser humano, como hizo Alcmeón.

m. ESCUELA ELEATA-ATOMISMO: la forma en que son caracterizados tanto los átomos como el vacío se asemejan al alejamiento de los elementos como hizo Parménides a través del *ser* y *no ser*.

n. ALCMEÓN-ATOMISMO y ALCMEÓN-HIPOCRATISMO: en las dos relaciones predomina la localización de la inteligencia en la cabeza.

o. DIÓGENES DE APOLONIA-HIPOCRATISMO: en el *Corpus Hippocraticum* es frecuente la importancia del aire en la fisiología humana, un elemento destacado por Diógenes en sus planteamientos monistas.

Así, este primer bloque de relaciones entre autores presocráticos supuso un agotamiento del tema naturalista y la aparición de los sofistas, que abandonaron estos estudios en favor de otros antropocéntricos y profesionalizaron esta labor. Este alejamiento temático nos conduce a situar a estos filósofos en la SERIE TEXTUAL PREPARATORIA 2, ya que tratan temas diversos pero interesantes para nuestro trabajo, como la preocupación por aspectos relativos al conocimiento y también a lo lingüístico planteados por Protágoras y Gorgias.

A continuación recogemos la representación gráfica de esta serie textual (Figura 7[136]) que actúa, a su vez, como parte de la SERIE PREPARATORIA de la serie textual completa correspondiente al periodo que aborda la totalidad de la Grecia Antigua y que concretaremos posteriormente (Figura 7):

---

136. Dividimos sus aportaciones en tres grandes bloques: biológicas (morado), lingüísticas (naranja) y psicológicas (azul).

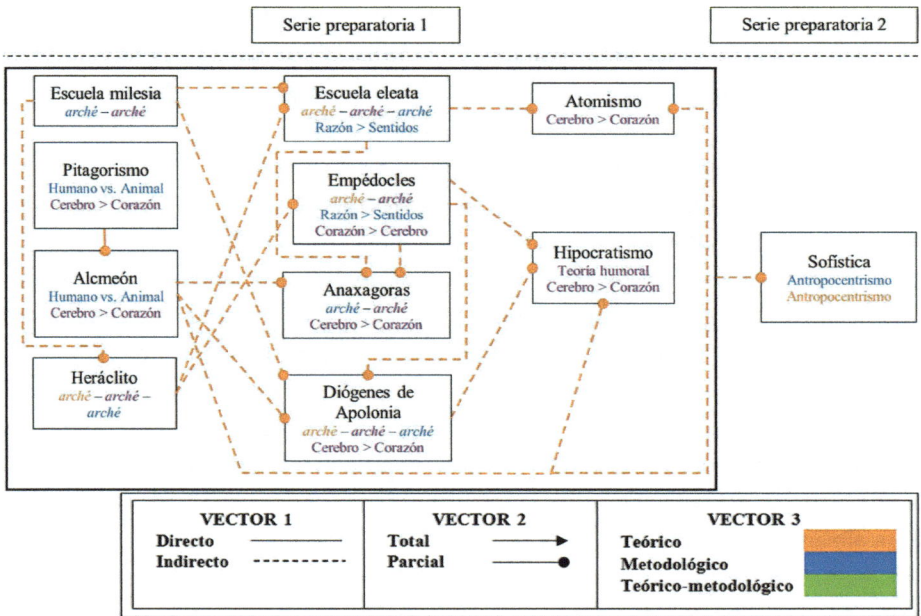

Figura 7. Serie textual del pensamiento presocrático y sofístico (elaboración propia)

La sofística supuso un punto y aparte en la filosofía griega, ya que condicionó el desarrollo de las posturas socráticas recogidas en los diálogos platónicos junto con la síntesis de los pensadores previos y coetáneos, que sirvieron de base para su propio sistema. En esencia, la *teoría de las formas* platónica defiende la existencia del *plano inteligible*, donde reside el verdadero conocimiento alcanzado a través del pensamiento dialéctico, y el *sensible*, compuesto por objetos captados por los sentidos. Sin embargo, este conocimiento no es puramente humano, sino que se trata de una predisposición de carácter divino al consistir en un proceso de reminiscencia, o *anamnesis*, de la información del mundo de las ideas por parte del alma.

Esta teoría del conocimiento está relacionada con su teoría sobre el ser humano, caracterizado a través del *alma*, de carácter inmortal e inteligible, y el *cuerpo*. La primera es el origen del movimiento y centro de control de las pasiones del cuerpo a través del conocimiento (*noûs*), que debido a la prisión del alma en el cuerpo obtiene filtrado sensorialmente y, en consecuencia, obliga a Platón al establecimiento de la *opinión* como tipo de conocimiento no verdadero y dependiente de lo sensible. El apartado corporal es analizado en *Timeo*, diálogo en el que se plantea una teoría cosmogónica de origen divino tanto en lo referente al cosmos como a los seres humanos. En estos últimos el órgano gobernante es el cerebro, encargado de controlar el resto de las partes y en el que se encuentra el alma inmortal asociada a él a través de la médula espinal. En este texto nos encontramos con aportaciones relativas a la metalurgia, la alfarería o la medicina (cf. Vidal-Naquet 1981: 262-287 *apud* Alegre Gorri 1988: 72-73; Capelle 1981: 281-286), lo que demuestra, de nuevo, la importancia de la interdisciplinariedad en este periodo histórico y que también afectó a la reflexión lingüística.

Sobre este tema, Platón ha sido extensamente analizado en torno a la oposición *naturaleza-convención* en los nombres[137]; sin embargo, siguiendo las propuestas de Araos San Martín (cf. 1999) y González Pereira (cf. 2008), consideramos que el *Crátilo* es una adaptación de su teoría lingüística a la de las formas, por lo que la oposición queda resuelta en favor de un convencionalismo que no defiende la identificación *nombre-cosa*, pero sí la esencia comunicativa de las lenguas. Este planteamiento permite integrar el lenguaje en sus teorías ontológica y epistemológica, puesto que da respuesta al proceso de reflexión sobre los objetos y al de adquisición de conocimiento. Asimismo, es posible establecer otra relación, esta de carácter implícito, con sus posturas psicológica y biológica como resultado de la asociación entre el alma, encargada del conocimiento, y el cuerpo, centro de las sensaciones.

Al igual que este, su discípulo Aristóteles recopiló gran parte del conocimiento previo y realizó una labor historiográfica explicitada en su producción, particularmente notable en lo que se refiere a aspectos psicológicos y biológicos. Para el Estagirita, los seres están compuestos por cuerpo y alma, pero, al contrario que su maestro, el cuerpo es fundamental, puesto que es un componente que determina el conocimiento del alma que se ha insertado en él. De este modo, Aristóteles clasifica a los seres vivos en función de las potencias de sus almas y a través de la *sensitiva*, común a animales y humanos, establece su teoría del conocimiento tomando como base la sensación, que en el caso de los humanos se concreta en la potencia *discursiva*, que permite el conocimiento inteligible como fruto del raciocinio a partir de los datos anteriores. La diferencia entre humanos y animales fue la base de sus hipótesis biológicas que produjo cuatro avances principales (cf. Laín Entralgo 1978: 64): 1) inició la anatomía general al diferenciar entre *partes similares* y *disimilares*, 2) fundamentó la anatomía comparada a través de la *analogía* y la *homología*, 3) realizó una caracterización fisiológica de los órganos y 4) estableció el corazón como centro del sistema vascular.

En el apartado lingüístico, Aristóteles muestra una postura convencionalista y, además, realiza importantes avances en este apartado como la caracterización de la oración como suma de sujeto y predicado. Pero si seguimos la interpretación del *Crátilo* que hemos apuntado previamente, podemos encontrar un punto común entre ambos: la función comunicativa inherente al lenguaje. Corredor Lana (1999: 19),

---

137. Esto por lo que respecta a los que lo han abordado desde la lingüística, puesto que hay una extensa lista de investigaciones que han defendido que el lenguaje en este diálogo es un pretexto para referirse a cuestiones epistemológicas, ontológicas, etc.

en esta misma línea, argumenta que los dos filósofos llevaron a cabo aproximaciones distintas a este tema, pero ambas tuvieron como resultado el problema de la intersubjetividad en el proceso de interpretación de la realidad, como recogemos a continuación:

> Ahora bien, esta concepción adolecía, aún en mayor medida de una misma concepción del significado de las expresiones como algo externo al lenguaje mismo: los significados se veían reducidos a entidades extra-lingüísticas, las «ideas» (Platón), o a impresiones intra-psíquicas, las «afecciones del alma» (Aristóteles). Lo que está ausente de la comprensión griega y, con ello, de este paradigma ontológico, es una consideración de la posibilidad de que la comunicación mediante el lenguaje, por su carácter intersubjetivo, sea constitutiva de convenciones para el uso de los signos y, al mismo tiempo, de una interpretación específica del mundo.

Debido a la centralidad que Platón y Aristóteles tuvieron en este periodo y en los posteriores, estos componen la SERIE PARALELA que se nutre de la SERIE PREPARATORIA previa (Figura 8), donde situamos a los presocráticos, a la sofística y a Sócrates, y cuyos vectores de influencia se manifiestan como *directos*, *parciales* y *teóricos*. Los motivos de definición de los dos primeros componentes ya han sido expuestos previamente, por lo que nos centramos en Sócrates, quien fue conocedor de las tesis filosóficas previas y coetáneas y crítico con la sofística, como puede rastrearse en los textos platónicos. De este modo, la SERIE PARALELA manifiesta los siguientes vectores con respecto a la PREPARATORIA, lo que permite definir los vectores como sigue:

1. VECTOR 1: INDIRECTO (PRESOCRÁTICOS-PLATÓN Y ARISTÓTELES) Y DIRECTO (SÓCRATES-PLATÓN). Los análisis historiográficos de Aristóteles y Platón demuestran un vasto conocimiento de la filosofía presocrática, pero, de nuevo, la ausencia de datos nos impide aseverar la recepción directa de las fuentes. En lo que respecta a Sócrates y a Platón, este vector es *directo*, debido a la relación maestro-discípulo existente entre ambos.

2. VECTOR 2: PARCIAL (PRESOCRÁTICOS-PLATÓN Y ARISTÓTELES) Y TOTAL (SÓCRATES-PLATÓN). El proceso de aceptación y rechazo de los pensadores presocráticos demuestra una originalidad que resalta dentro de los pensadores analizados, quizá como consecuencia de un mayor número de fuentes conservadas. La relación entre Sócrates y Platón es *total*, ya que, además de ser partícipe fundamental en sus diálogos, gran parte de sus propias teorías parten de la fundamentación socrática.

3. VECTOR 3: TEÓRICO (PRESOCRÁTICOS Y SOFÍSTICA-SÓCRATES; PRESOCRÁTICOS-PLATÓN Y ARISTÓTELES) Y TEÓRICO-METODOLÓGICO (SÓCRATES-PLATÓN). Mientras que en los demás casos la influencia ejercida entre estos pensadores se enmarca en lo *teórico*, ya sea por seguimiento o por ruptura con respecto a algún postulado, el uso del método dialéctico como vía para alcanzar el

conocimiento utilizado por Platón y proveniente de Sócrates obliga a definir esta última relación como *teórica y metodológica*.

Dentro de la propia SERIE PARALELA podemos definir los vectores como *directo*, *parcial*, debido a la oposición existente entre Platón y Aristóteles con respecto a cuestiones como su teoría del conocimiento, del ser, etc.; y *teórico*, puesto que parte de las tesis aristotélicas proceden de la revisión de las hipótesis de su maestro desde una metodología eminentemente empírica. Las escuelas derivadas de estos dos filósofos, la Academia y el Peripato, conforman la SERIE POSTERIOR 1 y presentan una influencia *directa* en ambos casos por esa misma relación de maestro-discípulos que comentábamos previamente, pero los otros dos vectores han de caracterizarse de forma distinta. En primer lugar, la relación entre Platón y la Academia fue *parcial* y *teórica*, debido al acercamiento de Carnéades al escepticismo. En segundo lugar, el seguimiento de Aristóteles en el Peripato es diverso: Teofrasto sigue fielmente a su maestro y únicamente matiza ciertas cuestiones menores, por lo que su relación es *total* y *teórico-metodológica*; Estratón, por otra parte, se vio influenciado por el atomismo y definió la causa inicial como corpórea, e igualó el raciocinio existente en animales y humanos, caracterizándose los vectores, por tanto, como *parcial* y *teórica*.

En último lugar, situamos en la SERIE POSTERIOR 2 a los pensadores de la Grecia helenística que han reflexionado sobre nuestros temas de interés para este trabajo. Comenzamos con el epicureísmo, cuya teoría sobre el alma refleja un acercamiento al atomismo de Demócrito y Leucipo y una discontinuidad con respecto a las posturas platónicas y aristotélicas, así como una defensa de la postura naturalista dentro del ámbito lingüístico. Así pues, la relación con los presocráticos debe caracterizarse como *indirecta*, por los motivos ya aducidos, *parcial*, puesto que se encargan también de cuestiones éticas y políticas de las que no tenemos constancia en los atomistas, y *teórico-metodológica*, debido a que en lo que a la física respecta se mantienen los fundamentos sobre los átomos y el vacío.

El estoicismo, por su parte, es la escuela que más desarrolla el estudio del lenguaje en relación con la lógica, la física y la ética; pero, al igual que con los presocráticos, sus fuentes son escasas y deben reconstruirse a partir de autores posteriores. Podemos destacar entre sus postulados el corporalismo, que supone una oposición a la indagación suprasensible platónica y la negación de los universales, puesto que la realidad reside en la materialidad. En este sentido, sus planteamientos sobre física son semejantes a los de Anaxágoras, debido a que se plantea un cosmos ordenado e inteligente gracias al *logos*. Este mismo principio es el encargado de articular la materia, que es a partir de la que se producen los cuatro elementos, en la línea de Empédocles, y, como resultado de todo lo anterior, Zenón crea su teoría psicológica en la que el alma está asociada con el fuego. En conclusión, la relación entre presocráticos y estoicos es *indirecta*, *parcial* y *teórica*.

El alma posee un corporeidad y se identifica con un soplo, o *pneûma*, que actúa como centro sensorial y de la facultad de raciocinio y del habla. Por consiguiente, nos encontramos frente a una teoría del conocimiento sensualista, en la que los conceptos se forman a través de la interacción entre el alma y el resto de los seres que componen la realidad a través de alteraciones de carácter activo –si se procesan los datos obtenidos– y pasivo –si no se hace–.

Junto a este proceso de racionalización, la posibilidad de expresar lingüísticamente las impresiones sensoriales permite diferenciar entre humanos y animales. Así, mediante la noción de *logos*, los estoicos plantean una teoría significativa no psicologista mediante los conceptos de *lekta* y *lekton*, resolviendo el problema relativo a la universalidad de la representación del pensamiento, y una división tripartita del signo lingüístico. Es evidente la similitud entre estos planteamientos y los del Estagirita, como evidencia el testimonio de Diógenes Laercio, pero, como recoge Boeri (cf. 1997), esta influencia no está testimoniada, por lo que es *indirecta*, *parcial* y *teórica*.

Con respecto a la relación con Platón, podemos encontrar en los estoicos una postura naturalista que recoge parte de las etimologías utilizadas por Sócrates en el *Crátilo* y la concepción sobre la naturalidad de los sonidos (cf. Long 2005). El vector entre ambos se concreta como *directo*, como evidencia el uso de elementos lingüísticos concretos provenientes de la obra platónica; *parcial*, puesto que, a excepción de esta cuestión, difieren en las cuestiones metafísicas, físicas, etc.; y *teórico*.

Para concluir con este apartado, recogemos en la siguiente figura (Figura 8) las relaciones expuestas previamente:

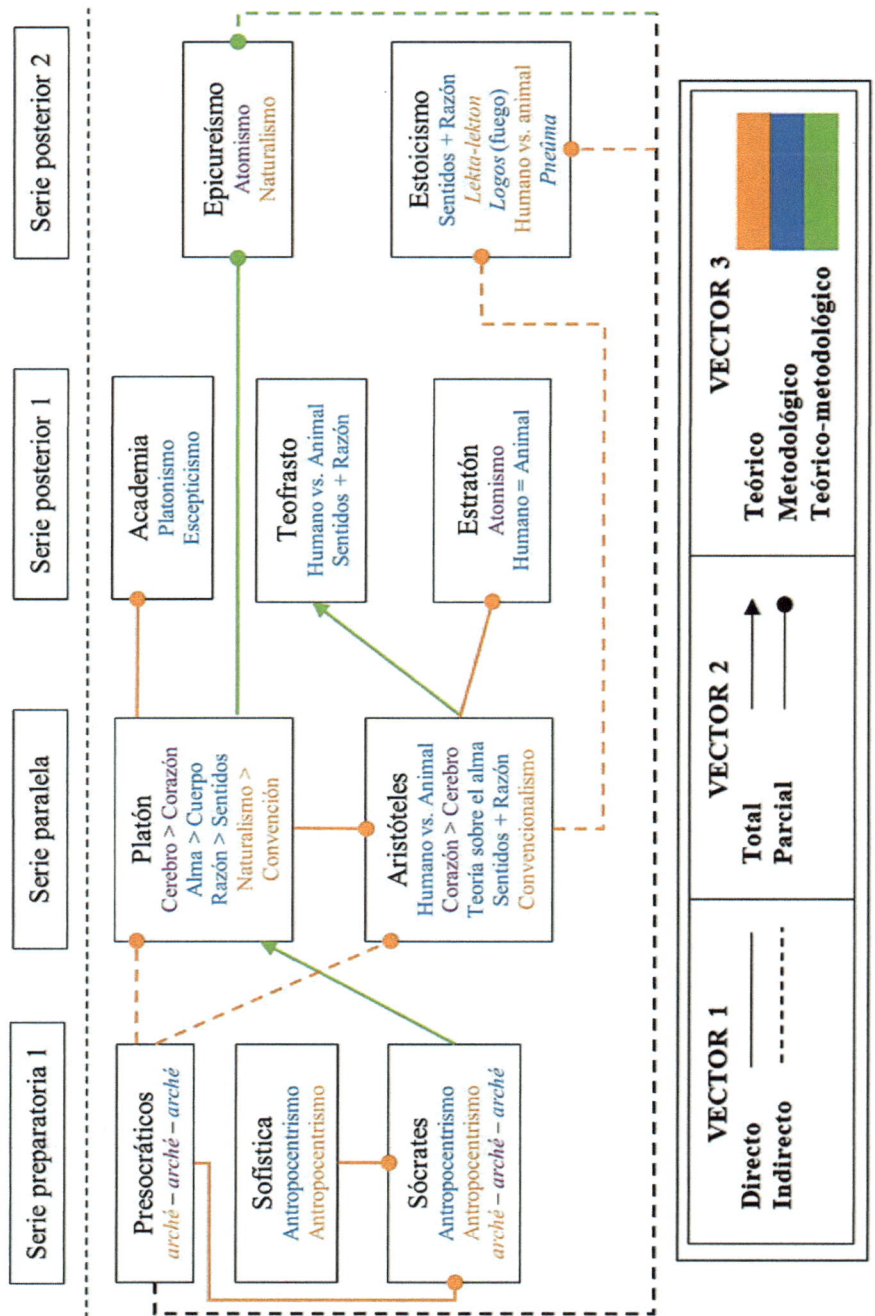

Figura 8. Serie textual del pensamiento griego del siglo V a. C. al siglo I d. C. (elaboración propia)

Capítulo 4
Las fuentes romanas

De forma paralela al desarrollo griego, Roma se conformaba como una civilización que había que tener en cuenta en el Mediterráneo y, posteriormente, en toda Europa; tanto es así que, tras el periodo de convivencia entre ambas, alcanzó el estatus hegemónico tras la primera. No obstante, la cercanía e importancia que tuvieron propició las relaciones entre ambas sociedades, lo que se tradujo en la adopción de los romanos de gran parte de las características griegas.

Habitualmente, se ha considerado que el paso de una a otra consistió en la mera copia. Sin embargo, en las siguientes páginas evidenciaremos que los pensadores romanos llevaron a cabo aportaciones originales y en relación con sus características propias, teniendo en cuenta, eso sí, la tradición previa.

1. Contextualización

Si la Hélade es una de las civilizaciones más relevantes para el desarrollo cultural, intelectual y político, Roma es otra. Su hegemonía durante más de diez siglos supuso un conjunto de hitos de gran relevancia que solo bosquejaremos en este epígrafe, pero que influye de forma particular en cada uno de los autores que analizaremos en los siguientes apartados. Comenzamos, por tanto, con el surgimiento de la república romana, cuyo relato tradicional ha sido caracterizado por la crítica historiográfica como no excesivamente fiable, pero cuyo inicio tuvo lugar tras el derrocamiento de Tarquinio alrededor del 509 a. C. Las campañas de conquista llevadas a cabo al inicio de la república determinaron dos procesos básicos mediante los que entablaron sus relaciones con otras civilizaciones (cf. Martínez-Pinna 2003: 208-209): la institución colonial en el territorio conquistado, que permitía alcanzar un mejor control del territorio y una rápida reacción, y la extensión de la ciudadanía romana para debilitar al enemigo.

La obtención de territorios en la península itálica se prolongó a lo largo del tiempo en varios conflictos, de entre los que destacamos la guerra de Tarento (282-272 a. C.), iniciada tras la conquista de las últimas colonias griegas en el sur de

Italia. Como respuesta, Pirro intentó restaurar el poder helenístico en la zona, pero la alianza entre romanos y cartaginenses lo hizo retirarse. Sin embargo, esta alianza terminó y dio comienzo a las guerras púnicas entre el 264 y el 202 a. C., en las que vencieron los romanos, lo que los convirtió en los dominadores políticos y militares de la época (cf. Gómez de Caso Zuriaga 2003). El avance territorial obtenido en estas guerras produjo la necesidad de nuevas campañas para asegurar el tránsito militar, económico, etc., por lo que a inicios del siglo II a. C. los romanos se ocuparon de controlar las zonas occidental y oriental del Mediterráneo. Si bien ambas guerras se produjeron paralelamente a lo largo del siglo, las características de ambos conflictos fueron distintas: en la vertiente occidental una batalla solía ser decisiva, pero en la oriental se extendía a lo largo del tiempo. Asimismo, la vía diplomática podía producirse en el primer caso, mientras que quedaba relegada en el segundo (cf. Salinas de Frías 2003: 392).

Las guerras en el extranjero no fueron las únicas a las que se tuvo que enfrentar Roma. En este periodo también se produjeron revueltas civiles entre dos grupos aristocráticos: los *populares*, partidarios de reformas políticas y agrarias, que actuaban en ocasiones como portavoces del tribunado de la plebe, y los *optimates*, la facción conservadora de la aristocracia. Sus conflictos condujeron a una serie de hitos claves para el desarrollo de esta civilización (cf. Pina Polo 2003) como son 1) la declaración de los itálicos como ciudadanos romanos (90-88 a.C.), 2) la victoria sobre Mitrídates VI por parte de Mario y el posterior golpe de Estado de Sila (87 a. C.), 3) la estabilización de la capital y de los conflictos hispano, oriental, con los piratas del Mediterráneo y con Espartaco llevada a cabo por Pompeyo y Craso; 4) la disolución de la conjuración de Catilina; 5) la alianza de Pompeyo y César, y su posterior conflicto (49-45 a. C.); y, por último, 6) la dictadura de César.

Tras César se estableció el triunvirato entre Marco Antonio, Cayo Octavio Turino y Lépido, pero la relación entre el primero y Cleopatra desembocó en la guerra con Egipto y en la victoria romana en la batalla de Accio en el 31 a. C., lo que permitió a Octavio obtener los territorios controlados por su oponente en Grecia, Macedonia y Asia Menor y Egipto. Así, Roma alcanza el estatus hegemónico en el Mediterráneo en el que se sucedieron, tras las casi cuatro décadas de gobierno de Octavio del 27 a. C. al 14 d. C., Tiberio, Calígula, Claudio, Nerón, Galba, Otón, Vitelio y Vespasiano.

Con el último comenzó la dinastía de los flavios, que acentuó la latinidad frente a la mentalidad helénica de los julios-claudios (cf. Lomas 2003: 547). Esta dinastía tuvo que hacer frente a un levantamiento galogermánico, a enfrentamientos en Britania y a la guerra contra los judíos (66-73 d. C.). A este lo siguió su hijo Tito, cuyo gobierno fue breve debido a su muerte por enfermedad, y, posteriormente, su hermano Domiciano, quien ostentó el poder hasta finales de siglo, una época en que destacó su interés por el fortalecimiento de la romanización en el Rhin.

El asesinato de Domiciano, tramado por el Senado, dio comienzo a la dinastía de los Antoninos, entre los que destaca Trajano y sus guerras contra los dacios y los partos, cuya protección y organización continuó Antonino. El periodo de paz durante el gobierno de este último no se extendió al de Marco Aurelio, quien desde su toma de poder en el 161 d. C. tuvo que afrontar contiendas contra los partos, con los que finalmente firmó la paz, y contra los marcomanos y cuados en el Danubio. Sin embargo, su hijo y posterior emperador, Cómodo, provocó durante su gobierno una serie de tensiones en el tejido económico, social y político que desembocó en una guerra civil tras su muerte en el 192 d. C.

El resultado fue la entrada al poder de la dinastía de los Severos, quienes favorecieron el absolutismo y cuyos gobiernos estuvieron marcados por los conflictos internos y externos tanto en el frente occidental como en el oriental. Tras ellos, el traspaso de poderes terminó en un periodo de anarquía militar desde el 235 al 285 d. C., que finalizó con la llegada de Diocleciano, quien se vio obligado a fragmentar su poder al igual que sus sucesores. Sin embargo, el hito más relevante se produjo cuando comenzó la fragmentación del imperio en oriental, otorgado a Licinio, y occidental, a Constantino. No obstante, la derrota del segundo unificó el poder en su figura, lo que dio comienzo a una época de reformas legislativas y militares a las que hay que sumar la libertad de culto promulgada en el 313 d. C. en el Edicto de Milán.

La repentina muerte de Constantino en el 337 d. C. produjo un convulso periodo de asesinatos entre sus sucesores hasta que Teodosio se hizo con el poder. Este fue un gran reformador, aunque en esta ocasión en el ámbito religioso hasta convertir al cristianismo en la religión oficial. Tras su fallecimiento, se dividió de nuevo el imperio y surgieron dos componentes desestabilizadores: 1) la entrada de los pueblos bárbaros azotados por los hunos y su asentamiento en el territorio romano, lo que condujo a la posterior invasión de Roma por parte de Alarico en el 410 d. C.; y 2) el alzamiento de Constantino III, autoproclamado emperador y trasladado a la Galia.

Sin embargo, la relación con los visigodos cambió en el momento en que los romanos se aliaron con ellos en el 416 d. C. para derrotar a los alanos y los vándalos en la península ibérica. Los vándalos del sur de Hispania, por su parte, derrotaron a los romanos y pudieron alcanzar África en el 429 d. C., lo que suprimió las antiguas posesiones imperiales en dicho territorio y obligó a firmar un tratado con ellos en el 435 d. C. Todavía quedaba por resolver la amenaza de Atila, quien asoló el continente hasta su muerte en el 453 d. C. Todos estos hitos sucedieron durante el gobierno de Honorio (395-423 d. C.) y Valentiniano III (425-455 d. C.), los últimos emperadores. Después de ellos, únicamente siguió una serie de breves reinados e interregnos que abarcan desde el 455 hasta el 476 d. C., lo que se considera tradicionalmente como el fin del imperio romano de Occidente.

2.   Filosofía durante la República

El relato de las interacciones entre Grecia y Roma ha sido definido habitualmente a través de una dialéctica de confrontamiento en la que los romanos vencieron militarmente a los griegos y fueron derrotados en el apartado cultural. Esta afirmación supone que no existía ningún tipo de base cultural sobre la que la aportación griega actuó, produciéndose así un proceso de mera sustitución, o que los romanos actuaron como meros transmisores; no obstante, como defiende Levi (1969: 12) existen diferencias notables en sus intereses, ya que

> el espíritu romano, esencialmente religioso –en el sentido positivo de la palabra– y práctico, y por eso mismo poco inclinado a la especulación pura, cuando empezó a conocer la filosofía griega se interesó mucho más por las investigaciones en el ámbito de le ética, la política, el estudio de la vida social y de las doctrinas religiosas que por las construcciones teóricas que constituían el fundamento de aquéllas.

Las primeras interacciones entre ambos pueblos se retrotraen al siglo VIII a. C., pero no es hasta mediados del siglo III a. C, como consecuencia de la conquista de la Magna Grecia y Sicilia, y de las guerras macedónicas, cuando entraron las doctrinas religiosas pitagóricas en territorio romano (cf. *ibid.*: 33-34). Inicialmente se produjo un rechazo por estos productos culturales, como denota la expulsión de los filósofos y retores en el 161 a. C., promovida por Catón. De hecho, el censor intentó mantener la *romaneidad* frente a la nueva comitiva griega llegada seis años después del decreto, en los que los griegos hicieron demostraciones públicas de sus conocimientos, como es el caso del académico-escéptico Carnéades y sus discursos (cf. Mas Torres 2006: 32). Por el contrario, la familia de los Escipiones se rodeó de multitud de intelectuales como Panecio, Clitómaco, Blosio de Cumas, Antíoco de Ascalón, Staseas, Posidonio, Diodoto, etc; y fue gracias a su amparo que las escuelas filosóficas griegas se introdujeron en Roma, aunque con un predominio epicúreo, estoico y eclecticista (cf. Levi 1969: 37-53).

Antes de dar paso al análisis, es necesario apuntar, al igual que en el periodo anterior, que la mayoría de los textos han sido conservados de forma fragmentaria y testimonial, lo que complica la labor historiográfica; pero, además, el mayor interés por el ámbito ético conduce a una disminución del apartado más especulativo y, por ende, a una reducción de la interdisciplinariedad.

2.1. Estoicismo medio

La llegada del estoicismo a Roma se produjo, fundamentalmente, gracias a Panecio y Posidonio, quienes actuaron como puente entre el pensamiento griego y romano, y como revitalizadores de la filosofía del Pórtico. El primero formó parte del círculo intelectual de Escipión Emiliano, a quien acompañó en su embajada por Egipto y Asia en el 144 a. C. (cf. Sexto Empírico, *Cuestiones académicas*, II, II, 5), lo que demuestra la importancia de la filosofía en la política de la república romana. Desgraciadamente, sus obras se han perdido y su pensamiento únicamente se puede reconstruir a partir de testimonios[138] de entre los que destacamos el siguiente[139], ya que en él se identifica a la *razón* como una guía que permite al ser humano superar el nivel sensorial y actuar moralmente, pero también la que le permite establecer las comunidades sociales en función de la lengua. Estas ideas se ven reflejadas a continuación:

> Inicialmente todos los tipos de seres vivos han recibido de la naturaleza el cuidar de sí, de su vida y de su cuerpo, y apartarse de lo que les parezca dañino y buscar y obtener lo necesario para vivir, como el alimento, guarida y otras cosas del mismo género. Además, es algo común a todos los seres vivos el impulso de unirse en vistas a la procreación y cierto grado de cuidado de la prole. EN CAMBIO, ENTRE EL HOMBRE Y LA BESTIA LA MAYOR DIFERENCIA CONSISTE EN QUE ESTA, EN TANTO EN CUANTO ES MOVIDA EXCLUSIVAMENTE POR LOS SENTIDOS, SE ADAPTA SOLO A AQUELLO QUE ESTÁ MATERIALMENTE PRESENTE, CON MUY POCA PERCEPCIÓN DEL PASADO Y DEL FUTURO. EL HOMBRE, EN CAMBIO, AL DISPONER DE RAZÓN POR LA QUE DISCIERNE LAS CONSECUENCIAS, PERCIBE LAS CAUSAS DE LAS COSAS Y NO DESCONOCE SUS PRECEDENTES Y SUS, DIGAMOS, INDICIOS, COMPARA LAS SEMEJANZAS Y ASOCIA Y RELACIONA LOS HECHOS PRESENTES CON LOS FUTUROS: PERCIBE FÁCILMENTE EL DESARROLLO DE LA VIDA ENTERA Y SE ADELANTA A APRESTAR LAS COSAS NECESARIAS PARA VIVIRLA.
>
> Y LA MISMA NATURALEZA, POR LA FUERZA DE LA RAZÓN, ASOCIA A UN HOMBRE CON OTRO EN UNA COMUNIDAD DE LENGUA Y DE VIDA Y ESPECIALMENTE CREA UN PECULIAR AMOR HACIA LOS QUE HA PROCREADO Y LO MUEVE A DESEAR QUE HAYA REUNIONES Y ENCUENTROS DE GENTE Y A ASISTIR A ELLOS Y A AFANARSE POR LOS MISMOS MOTIVOS EN OBTENER ABASTECIMIENTO PARA EL BIENESTAR Y EL MANTENIMIENTO NO SOLO PERSONALES, SINO TAMBIÉN DEL CÓNYUGE, DE LOS HIJOS Y DE LOS DEMÁS SERES QUERIDOS A LOS QUE DEBE PROTEGER. Es más, este cuidado suscita sentimientos y los exalta para cumplir con la tarea. Y especialmente es propia del hombre la búsqueda e indagación de la verdad. Por consiguiente, cuando estamos libres de cuidados y de ocupaciones ineludibles, anhelamos ver, escuchar, aprender algo, y consideramos el conocimiento de realidades recónditas o admirables necesario para una vida feliz. De

---

138. Posidonio continúa las nociones sobre el *pneûma* de los estoicos y la mortalidad de las almas, pero se aleja del determinismo (cf. Sexto Empírico, *Cuestiones académicas*, II, XXXIII, 107; Cicerón, *Disputaciones tusculanas*, I, 18, 42 y I, 32, 79). En esos testimonios se aborda la adopción de Posidonio del *pneûma* estoico y la mortalidad de las almas, pero también se demuestra el alejamiento con respecto a la ortodoxia de esta escuela al negar el determinismo.

139. Panecio no es citado expresamente, pero el propio Cicerón apunta lo siguiente sobre su autoría: «por ejemplo, este mismo Panecio al que sigo mucho en estos libros pero sin traducirlo» (*Los deberes*, II, 17, 60) y «Pues bien, Panecio, que es sin disputa quien ha debatido con más detalle sobre los deberes y al que he seguido principalmente, introduciendo algo de mejor» (*ibid.*, III, 2, 7).

aquí se comprende que lo más adecuado a la naturaleza del hombre es lo verdadero, simple y puro. A este afán de percibir la verdad se une cierto impulso de preeminencia, de modo que un ánimo bien conformado por la naturaleza no quiere obedecer a nadie salvo al que instruye y enseña; o también, por la utilidad, al que manda de modo justo y legítimo. De aquí proceden la magnanimidad y el desprecio de los bienes humanos.

Y, CIERTAMENTE, NO ES PEQUEÑA LA INFLUENCIA DE LA NATURALEZA Y DE LA RAZÓN, PORQUE SOLO ESTE SER ANIMADO SIENTE QUÉ ES EL ORDEN, QUÉ LO CONVENIENTE Y CUÁL LA MODERACIÓN EN LAS OBRAS Y EN LAS PALABRAS. Y así, en cuanto a los objetos que se perciben con la vista ningún otro ser vivo percibe la belleza, el encanto y la proporción de las partes. LA NATURALEZA Y LA RAZÓN, TRASLADANDO ESTA SEMEJANZA DE LA VISTA AL ÁNIMO, CONSIDERA QUE CON MUCHO MÁS MOTIVO HAY QUE MANTENER EN LAS INTENCIONES Y EN LAS ACCIONES LA BELLEZA, LA ARMONÍA Y EL ORDEN, Y SE OCUPA DE NO OBRAR EN NADA DE MODO INDECOROSO O BLANDENGUE, Y TAMBIÉN DE NO OBRAR O PENSAR EN NADA LLEVADO POR EL PLACER. De lo dicho se deriva y resulta lo que indagamos, lo honorable; y aunque no haya recibido reconocimiento, sigue siendo honorable; y lo que decimos con verdad, aunque no sea alabado por nadie, es digno de alabanza por naturaleza (Cicerón, *Los deberes*[140], I, 4, 11-14).

Posidonio (*ca.* 135-51 a. C.) sucedió a Panecio, quien fue su maestro en Atenas desde su llegada desde Apamea hasta su posterior asentamiento en Rodas tras viajar por el Mediterráneo en la década de los 90 a. C. (cf. Kidd 1999: tests. 14-26). En esta *polis* desarrolló su influencia en el ámbito político, como prueba su cargo de pritano y embajador de su territorio, pero también en el filosófico, puesto que fue maestro ocasional de Cicerón (cf. *Sobre la naturaleza de los dioses*, I, 6) y es recurrentemente mencionado por Séneca (cf. *Epístolas morales a Lucilio*[141], XIV, 90, 20).

Los rasgos de la filosofía de Posidonio se enmarcan en la tradición estoica desde una perspectiva continuadora, pero con especial énfasis en el carácter unitario que este conocimiento poseía y que comparaba con un animal: «Posidonio juzgaba más conveniente comparar la filosofía con un animal: la física con la sangre y la carne, la lógica con los huesos y tendones, y la ética con el alma» (Sexto Empírico, *Contra los dogmáticos*, VII, 16-19). De estos tres apartados no hay mucha información sobre cuestiones lógicas, desarrolladas por Crisipo (cf. Kidd 1999: 15), o éticas, mientras que en la física se centra en la divinidad y en el alma animal. Su postura consiste en una reformulación de algunos aspectos definidos por sus predecesores, aunque muestra una especial oposición a Crisipo (cf. Kidd 1999: tests. 59, 51, 83, 84, entre otros) y múltiples similitudes con Platón y Aristóteles. Estas últimas quedan reflejadas en las siguientes citas:

---

140. Seguimos la edición de García Pinilla (Cicerón 2004).
141. Seguimos la edición de Roca Melià (Séneca 1989).

"And is there any seat of god except the earth and sea and air …?" [Lucan ix.578]: For what other seat of god is there unless these elements that he says? For Posidonius, the Stoic, says, "God is intelligent pneuma pervading the whole of substance, substance being earth, water, air, heaven" (Scholia in Lucani Bellum Civile, Pars 1, *Commenta Bemensia*, IX.578 *apud* Kidd 1999: frag. 100).

Posidonius said that god is intelligent and fiery *pneuma*, without form, but changing into what he wishes and assimilating to everything (Aetius, *Placita*, 1.7.19 [Stobaeus, *Eclogae*, 1.1.29b = 1.34.26W; *Dox. Gr.* 302.19] *apud* Kidd 1999: frag. 101).

Zenón de Citio, Antípatro en su *Sobre el alma* y Posidonio dicen que el alma es un soplo cálido (*pneúma énthermon*). Pues por éste somos nosotros animados y por él nos movemos. Cleantes, en fin, por otro lado, sostiene que todas las almas persisten hasta la conflagración universal; y Crisipo dice que sólo las de los sabios (D. L., VII, 157).

That there are three faculties of soul with which we desire, are angry and think is agreed by Posidonius and Aristotle. The doctrine of Hippocrates and Plato is that they are separately located, and our mind not only has in it many faculties, but is basically a composite of parts which are different in kind and in their being (Galen, *De Placitis Hippocratis et Platonis*, v.454-5, P- 432.9-15 M, p. 312.29-34 De Lacy *apud* Kidd 1999: frag. 142).

For Plato's set purpose in *Republic* concerning justice and the other virtues, all of which he discusses in what follows, it was sufficient to have shown that there were three faculties of mind distinct in kind. To that extern at least, Posidonius took him up and departed from Chrysippus, and preferred to follow Aristotle and Plato more (Galen, *De Placitis Hippocratis et Platonis*, v.481, pp. 462.12-463.3 M, p. 338.11-16 De Lacy *apud* Kidd 1999: frag. 144).

Yet the soul is divided into parts: into two by Plato, into three by Zeno […], into five by Aristotle and into six by Panaetius […], into seven by Soranus, even eight according to Chrysippus […], and nine according to Apollophanes […]; but the soul is also divided into twelve parts by certain Stoics, and into two more by Posidonius, who, starting from two labels, "governing" (which Stoics […] *hegemonikon*) and "rational" (called by them […] *logikon*), proceeded to cut up the soul into seventeen parts. So a variety of subdivisions arising from a variety of sources divide the soul (Tertullian, *De Anima*, 14.2 *apud* Kidd 1999: frag. 147)[142].

Chrysippus does not think that the emotional aspect of the soul is distinct from the rational, and so deprives irrational animals of emotions, although it is obvious that animals are governed by desire and anger, as Posidonius too establishes in detail and

---

142. Tal y como apunta en nota al pie Kidd (1999: 200), el número de partes del alma no se ajusta a la aritmética.

at length in his discussion of them. He says that all those that are least mobile and are naturally attached like plants to rocks and the like, are governed by desire alone; all other irrational animals use both powers, the desiring and the spirited, whereas man alone uses all three, because he has acquired the rational ruling principle. That and very much else has been stated correctly by Posidonius throughout the whole of his work On Emotions (Galen, *De Placitis Hippocratis et Platonis*, v.476-7, pp. 456.14-457. M, pp. 332.31-334.10 De Lacy *apud* Kidd 1999: frag. 33).

Sin embargo, un aspecto destacable es su interés por las ciencias y su relación con la filosofía, que lo acerca a las posiciones aristotélicas, pero que no será continuado en los años siguientes (cf. Mínguez 1996: 76). El siguiente fragmento de Séneca (*Epístolas morales a Lucilio* XI-XIII, 81, 21-28) refleja esta idea:

> ENSEÑA POSIDONIO QUE SON CUATRO LAS CLASES DE ARTES: EXISTEN LAS VULGARES Y HUMILDES, LAS RECREATIVAS, LAS EDUCATIVAS, LAS LIBERALES. LAS VULGARES SON PROPIAS DE LOS ARTESANOS [...].
> SON RECREATIVAS LAS QUE SE ORDENAN AL DELEITE DE LA VISTA Y DEL OÍDO [...].
> SON EDUCATIVAS Y TIENEN ALGUNA SEMEJANZA CON LAS LIBERALES ESTAS ARTES QUE LOS GRIEGOS LLAMAN «ENCÍCLICAS» Y NUESTROS MAESTROS «LIBERALES». PERO SON ÚNICAMENTE LIBERALES, O MEJOR, PARA DECIRLO CON MÁS PRECISIÓN, LIBRES, LAS QUE SE OCUPAN DE LA VIRTUD.
> «A la manera –suele argüirse– como existen las partes de la filosofía: una natural, otra moral y otra lógica, así también esta multitud de artes liberales reclama su puesto en la filosofía. Cuando el filósofo aborda las cuestiones relativas a la naturaleza, se apoya en los datos de la geometría, luego esta forma parte de la filosofía a la que secunda».
> MUCHAS COSAS NOS AYUDAN, Y NO POR ELLO FORMAN PARTE DE NOSOTROS; MÁS AÚN, SI CONSTITUYESEN UNA PARTE, NO NOS AYUDARÍAN. El alimento supone una ayuda para el cuerpo, con todo no es parte de él. Algún servicio nos proporciona la geometría; es necesaria a la filosofía, lo mismo que para ella lo es el artesano, pero ni ése forma parte de la geometría, como tampoco ésta de la filosofía.
> ADEMÁS, UNA Y OTRA PERSIGUEN DETERMINADOS OBJETIVOS; DE HECHO EL SABIO INDAGA Y CONOCE LAS CAUSAS DE LOS FENÓMENOS NATURALES CUYO NÚMERO Y MEDIDA TRATA DE CALCULAR EL GEÓMETRA. El sabio descubre de qué forma subsisten los cuerpos celestes, cuál sea su impulso, cuál su naturaleza; el matemático analiza su curso y su retorno y ciertos desplazamientos por los que descienden y se elevan, ofreciendo a veces la apariencia de estar fijos, siendo así que a los cuerpos celestes no les es posible detenerse.
> El sabio conocerá la causa que hace que se reflejen las imágenes en el espejo; el geómetra podrá precisarte a cuánta distancia de la imagen debe encontrarse el cuerpo y qué hechura de un espejo reflejará determinadas imágenes. El filósofo demostrará que el sol es grande; su tamaño, el matemático, que actúa con una cierta práctica y experiencia: mas para progresar debe elevarse a determinados principios; AHORA BIEN, NO ES UN ARTE AUTÓNOMO AQUEL CUYO FUNDAMENTO ES PRESTADO.
> LA FILOSOFÍA NADA PIDE A OTRO; LEVANTA DESDE SUS CIMIENTOS TODA LA OBRA; la matemática, por así decirlo, es una «enfiteuta», edifica en lingüística ajena; recibe los elementos primordiales gracias a los cuales puede alcanzar cotas más importantes. Si se

encaminase por sí misma hacia la verdad, si pudiese captar la, naturaleza del mundo entero, proclamaría por mi parte que ella sería muy útil a nuestra alma, que se ennoblece con el estudio del mundo celeste y obtiene algún beneficio de lo alto. Una sola cosa perfecciona al espíritu, la inmutable ciencia del bien y del mal, y ningún otro arte investiga sobre el bien y el mal.

Su interés por el apartado científico fue amplio, tal y como reflejan los testimonios compilados y traducidos por Kidd (cf. 1999) y que clasificamos a continuación (Tabla 10):

Tabla 10. Testimonios y fragmentos de temática científica de Posidonio (elaboración propia)

	Parte I Testimonios	Parte II Fragmentos con título de obra reconocido	Parte III Fragmentos no asignados a libros
Astronomía	Tests. 73-74		
Geografía	Tests. 75-79		Frags. 241-251
Geografía matemática		Frag. 45	Frags. 200-213
Geología, minerología			Frags. 234-240
Historia	Test. 80	Frags. 51-81	Frags. 252-284
Historia de la filosofía			Frags. 285-291
Mareas, hidrología			Frags. 214-229
Matemáticas		Frags. 46-48 y 50	Frags. 195-199
Sismología			Frags. 230-233

2.2. Marco Tulio Cicerón

Cicerón (106-43 a. C.) es una de las figuras imprescindibles para el desarrollo político e intelectual en la civilización romana, ya que, gracias a su labor, junto con la de otros pensadores se introdujeron las corriente filosóficas procedentes de la Hélade, tanto las mayoritarias –epicureísmo, estoicismo y academicismo– como las menos extendidas. Su interés por la filosofía lo hizo acercarse al epicureísmo –fue discípulo de Fedro, pero terminó por rechazarlo por su dogmatismo y desinterés por la política (cf. Campos Ruiz 1958), al peripatetismo –a través de las enseñanzas de Filón de Larisa–, al estoicismo –por parte de Diodoto y Posidonio– y al academicismo –mediante Antíoco– (cf. García Valverde 2007: 122). No obstante, como consecuencia de su participación en la política romana[143], su producción filosófica se desarrolló mayoritariamente entre el 45 y 44 a. C., debido a una serie de vicisitudes personales y al alejamiento de este campo.

Con respecto a sus tesis, su formación en las distintas escuelas filosóficas se demuestra en un acercamiento ecléctico: sigue el estoicismo en lo que a la ética respecta y el academicismo en la lógica, particularmente en la gnoseología. Asimismo, han sido múltiples las afirmaciones sobre la ausencia de originalidad del pensador, al igual que ocurre con el periodo; sin embargo, continuamos la postura de Levi (cf. 1969: 111-112), quien defiende que, además de lo expuesto, dotó a Roma de un lenguaje filosófico del que carecía y de una serie de testimonios de gran relevancia para la historiografía posterior.

La primera de las obras que analizaremos es *La invención de la retórica*[144], en la que se establece una relación entre civilización y lenguaje. Este segundo elemento constituye la base de la organización y la moralidad que rigen las interacciones sociales (cf. I, 2-3), que son diferentes a las que tienen lugar entre animales (cf. I, 4), retomando un tema común ya desde Aristóteles.

Por otra parte, en *Cuestiones académicas* –compuesta por *Académica priora* y *posteriora*–, su estructura dialógica conecta con la obra platónica[145] y se aborda la disputa entre académicos y estoicos en torno a la teoría del conocimiento. Concretamente y ya desde el primer libro, es posible extraer aportaciones relevantes para nuestra investigación, como la relación entre cuerpo y alma, en la que, tras una extensa revisión de las posturas de los filósofos previos, Cicerón concede al segundo elemento una posición superior por su carácter ingénito y por ciertas características como la memoria, en relación con la *anamnesis* platónica (cf. *Cuestiones académicas*, I, 53-59).

En cuanto a su teoría del conocimiento propiamente dicha, Cicerón pone en duda el asentimiento como proceso dependiente de la percepción, la cual no puede distinguir entre representaciones verdaderas y falsas. De este modo, el pensador romano (cf. *ibid.*, II, 97-98) aboga por el probabilismo de Carnéades en oposición a la dialéctica y divide las representaciones en *catalépticas* –las que no tienen una propiedad intrínseca– y *no catalépticas* –las falsas–, y en *probables* y *no probables*. De entre estas, Cicerón considera que únicamente nos podemos basar en las

---

143. Fue cuestor, pretor y cónsul, también participó activamente contra la conjuración de Catilina (63 a. C.). Además, ostentó el cargo de líder del Senado tras el asesinato de César (44 a. C.) hasta que Marco Antonio, con el permiso del otro triunviro, Octavio, permitió el asesinato del afamado orador.

144. Seguimos la edición de Núñez (Cicerón 1997).

145. Las relaciones entre ambos pensadores superan la elección del género textual: «compuso el *De Republica* y las *Leyes* a su ejemplo, y trató de traducir el *Timeo* y el *Protágoras*» (Campos Ruiz 1958: 417).

probables, puesto que no es posible distinguir entre las representaciones verdaderas y las falsas (cf. *ibid.*, II, 99-104).

El antidogmatismo ciceroniano se hace extensible dentro de este mismo diálogo al ámbito de la física (cf. *ibid.*, II, 118-128), de la ética (cf. *ibid.*, II, 129-141) y de la lógica (cf. *ibid.*, II, 142-146). En lo relativo al primero de estos apartados, destaca la reflexión que Cicerón plantea en torno al cuerpo y al alma, los problemas que la medicina se encontraba en la época en el ámbito fisiológico[146] y sobre la multiplicidad de teorías al respecto de las propiedades del alma e, incluso, llega a plantearse su mera existencia (cf. *ibid.* II, 118-125).

Este mismo tema fue tratado en *Disputaciones tusculanas*, obra en la que encontramos una recopilación de posturas al respecto de la naturaleza, localización y procedencia del alma y su relación con el cuerpo (cf. *ibid.*, I, 17-25); así como una labor similar sobre su naturaleza y el viaje de regreso hacia su lugar de origen (cf. *ibid.*, I, 36-52). En lo que concierne a la propia teoría ciceroniana, destacamos tres cuestiones:

1. El alma es el principio de todo movimiento y, por consiguiente, inmortal, en clara línea con lo defendido por Sócrates y Platón (cf. *ibid.*, I, 53-55).
2. El alma, situada en el cerebro, obtiene las siguientes características por su parentesco con la divinidad: memoria, inventiva e imaginación (cf. *ibid.*, I, 56-71). El pensador romano identifica a Aristóteles como el primero en introducir esta «quintaesencia».
3. La muerte no es más que la separación del alma del cuerpo y, por consiguiente, la pérdida de la sensibilidad (cf. *ibid.*, I, 82).

Las aflicciones del alma, es decir, de la mente, también son objeto de la reflexión de Cicerón (cf. *ibid.*, III, 7-11) y, en particular la reflexión sobre la *insania*. Dentro de ella, este autor distingue entre *amentia* –ausencia de razón– y *dementia* –pérdida de razón–, lo que convierte a la sabiduría en «la salud del alma, mientras que la ignorancia es, por decirlo así, una falta de salud» (*ibid.*, III, 10). No obstante, no todas las enfermedades del alma afectan al raciocinio, una cuestión que Cicerón resuelve tomando como base la teoría humoral hipocrática, como puede verse en el siguiente fragmento:

---

146. En palabras de Cicerón (*Cuestiones académicas*, II, 122):

No conocemos nuestros cuerpos, ignoramos cuáles son las posiciones de sus partes, qué poder tiene cada una de ellas; y así, los médicos mismos, a quienes interesaba conocerlos, los abrieron para que se vieran; y, sin embargo, los empíricos dicen que no por ello son más conocidos los cuerpos, porque puede ocurrir que, abiertos y puestos al descubierto, se alteren.

> En realidad nosotros ese tipo de locura (*insania*), que unido a la necedad abarca un significado más amplio, lo diferenciamos del frenesí (*furor*). Los griegos desearían hacer la misma distinción, pero su pobreza léxica no les ayuda a lo que nosotros llamamos frenesí ellos lo llaman *melancholía*, como si en realidad el desorden de la mente dependiera sólo de la bilis negra y no, como en muchos casos, de un acceso violento de cólera, o temor o dolor (*ibid.*, III, 11).

De hecho, la razón es el componente fundamental a través del que establecer la separación entre humanos y animales, siendo los primeros partícipes de él y, por consiguiente, más cercanos a la divinidad[147]. En palabras del autor:

> Y, del mismo modo que la naturaleza ha dotado a las distintas especies de animales de una característica específica, que cada una conserva como algo propio y de la que no se separa, así también al hombre le ha dotado de algo muy superior, aunque el término superior debe aplicarse a las cosas que admiten una comparación, mientras que el alma humana, al emanar de la mente divina, no puede compararse con ningún otro ser que no sea la divinidad misma, si es lícito hablar así. Por consiguiente, si aquélla [el alma humana] ha sido cultivada y la agudeza de su visión ha sido tratada con tal cuidado que le impide ser cegada por los errores, se convierte en una inteligencia [mente], es decir, en una racionalidad absoluta, que es en lo que consiste su perfección (*Disputaciones tusculanas* V, 13).

Por último, queda pendiente desarrollar la relación entre el alma y el cuerpo, que se explicita en la crítica al academicismo, epicureísmo y estoicismo recogida en su obra *Del supremo bien y del supremo mal*[148] (IV, 36):

> Pues, aceptándose universalmente que todo el deber y la función de la sabiduría consisten en perfeccionar al hombre, unos (para que no pienses que hablo sólo contra los estoicos) aducen teorías que ponen al supremo bien en la categoría de lo que está fuera de nuestro alcance, como si se tratara de algún ser inanimado; otros, por el contrario, como si el hombre no tuviera cuerpo, sólo se preocupan del alma, a pesar de que el alma misma no es un no sé qué inconsistente (pues esto no puedo entenderlo), sino que está incluida en cierto género de cuerpo, de suerte que ni siquiera ella se contenta con la virtud sola, sino que busca la carencia de dolor [...]. En efecto, la doctrina de todos estos que desprecian muchas cosas al elegir algo a lo que adherirse está como mutilada; por el contrario, la doctrina completa y plena es la de quienes, al tratar el supremo bien del hombre, no dejaron desprovista de defensa ninguna parte del alma ni del cuerpo.

---

147. Como apunta Escobar (cf. Cicerón 1999: 37-38), la postura teológica de Cicerón puede rastrearse en personajes literarios presentes en sus obras divulgativas *De natura deorum, De divinatione* y *De fato*.

148. Seguimos la edición de Herrero Llorente (Cicerón 1987).

2.3. Marco Terencio Varrón

La erudición de Varrón (116-27 a. C.) no se corresponde con la conservación de su obra, mayoritariamente perdida a excepción del *De re rustica* y cinco libros del *De lingua latina*, que abordaba tanto los campos científicos como los sociales y humanos, así como los distintos géneros literarios[149]. Su biografía (cf. Traglia 1974: 33-35; Oroz Reta 1974: 500-504) es indisociable de la vida política, como demuestra, por ejemplo, su amistad con Cicerón durante su exilio en Atenas como consecuencia de la dictadura de Sila (82-79 a. C.), donde estudió con Antíoco de Ascalón –formación a la que hay que sumar la de Lucio Accio en su adolescencia y la de Lucio Elio Estilón Preconino en la veintena–. También estuvo implicado en labores militares bajo las órdenes de Pompeyo hasta la formación del Triunvirato, que marcó el final de sus funciones públicas durante la década del 60 al 50 a. C. Este alejamiento de la figura de Pompeyo le permitió sobrevivir a la purga realizada por César, quien incluso le encomendó la tarea de dirigir la biblioteca pública de Roma. Por último, tras el asesinato del gobernante, también se salvó de un proceso similar llevado a cabo por Antonio durante el 42 a. C., quien también le permitió continuar sus investigaciones hasta su muerte.

La labor de conservación, difusión y generación de conocimientos del romano son fundamentales para la conexión de esta civilización con la Hélade, como demuestran las referencias presentes en *De lingua latina* y *Disciplinas*, una enciclopedia que abordaba temas como la aritmética, la arquitectura, la astrología, la dialéctica, la geometría, la gramática, la medicina y la música, ambas citadas de forma recurrente en su contexto y en los posteriores siglos (cf. Álvarez Campos 1957). Asimismo, su postura al respecto de la dicotomía *analogía-anomalía*, que desarrollaremos a continuación, supera el ámbito lingüístico y alcanza el ámbito médico en lo que ha sido considerado como un posible antecedente de la descripción de las bacterias (cf. Finkielman 2007).

Sus influencias lingüísticas provienen fundamentalmente de la filosofía estoica, concretamente de Cleantes, quien fue su maestro (cf. *La lengua latina*[150], V, 7 y 9), y Crisipo. En los fragmentos siguientes puede verse que Varrón toma de este último la distinción entre la mera emisión de sonido y la expresión de un significante,

---

149. Sus obras son las siguientes:

> *Saturae Menipeae libri CL*; / *Imagines o Hebdomades libri XV*; / *Antiquitatum reriim diuinarum libri XVI*; / *Antiquitatum rerum humanarum libri XXV*; / *Rerum rusticarum libri III*; / *De lingua Latina libri XXV*; / *Disciplinarum libri IX*; / *Logistoricon libri LXXVI*; / *De gente populi Romani libri IV*; / *De uita populi Romani libri IV*; / *De antiquitate litterarum libri II*, al menos; *De forma philosophiae libri III*; / *De originibus scaenicis libri III*; / *De scaenicis actionibus libri III*; / *Quaestiones Plautinae libri V*; / *De comoediis Plautinis libri II*, al menos; / *De iure ciuili libri XV*; etc.» (Oroz Reta 1974: 498-499).

150. Seguimos la edición de Hernández Miguel (Varrón 1998a).

lo que conlleva un proceso psicológico –primera cita–, su percepción de la postura anomalista –segunda– y de la analógica –tercera–:

> El hablar (*loqui*) recibió su denominación por el lugar (*locus*), porque, quien se dice que ya habla por primera vez, dice tanto los nombres comunes como las restantes palabras antes de poder decirlas cada una en su propio lugar (*locus*). Crisipo dice que éste no habla (*loqui*), sino que hace como que habla: por tanto, piensa él, de la misma manera que la representación de un hombre no es el hombre, así en los cuervos, en las cornejas y en los niños que comienzan inicialmente a decir palabras, no hay palabras, porque no hablan (*loquantur*). Así pues, habla (*loquitur*) el que, siendo consciente de ello, pone cada palabra en su propio lugar, y se ha expresado (*prolocutus*) en el momento en que, hablando (*loquendo*). Ha sacado fuera lo que tenía en su pensamiento (*La lengua* latina, V, 56).

> Notable es el error de los que prefieren enseñar lo que no saben a aprender lo que ignoran. Y en él estuvo Crates, conocido gramático quien, apoyado en Crisipo, hombre muy agudo que dejó tres libros *Perì anomalías*, se opuso a la analogía y a Aristarco, pero de manera que, como muestran sus escritos, parece que no vio claramente la intención de ninguno de los dos; porque no sólo Crisipo, cuando escribe de la desigualdad de la lengua, tiene como propósito mostrar que cosas semejantes han sido designadas con palabras desemejantes y cosas desemejantes con vocablos semejantes, lo que es verdad, sino que también Aristarco, cuando escribe de la igualdad de la misma, manda seguir cierta semejanza de las palabras en su modificación mientras lo permita el uso común (*La lengua latina*[151], IX, 1).

> Si el caso recto plural tiene por casualidad un aspecto formal alterado, lo que sucede raramente, lo corregiremos antes de comenzar desde ahí. Es preciso tomar de los oblicuos los aspectos formales que no son ambiguos, sean del singular sean del plural, por los que pueda verse bien de qué suerte debe ser aquella palabra. Pues a veces una cosa se ve por otra y a la inversa, como escribe Crisipo, del modo que el padre se ve por el hijo y el hijo por el padre, y del modo que en las bóvedas no depende menos la parte derecha de la izquierda que la izquierda de la derecha. Razón por la cual a veces pueden recuperarse tanto los casos oblicuos por los rectos como los rectos por los oblicuos, tanto los del plural por los del singular como los del singular por los del plural (*La lengua latina*, X, 59).

Así pues, la cuestión sobre el analogismo y el anomalismo, a la que dedica una extensa exposición en los libros IX y VIII, respectivamente, provendría de una interpretación incorrecta llevada a cabo por Crates de Malos de las tesis de Crisipo y Aristarco. En este sentido, Hernández Miguel (cf. Varrón 1998a: §5),

---

151. Seguimos la edición de Hernández Miguel (Varrón 1998b).

considera que en lugar de posturas opuestas se trata de perspectivas diversas: la analogía tenía como pretensión inicial en la escuela alejandrina subsanar errores en textos arcaicos y la anomalía daba cuenta de la realidad múltiple. Por tanto, la aplicación de la anomalía por parte de Crisipo es consecuencia de la multiplicidad de formas asignadas a un significado, es decir, la imposición de nombres; mientras que Aristarco se centró en la caracterización de las posibles analogías en el paradigma. La postura de Varrón pretende terminar con ese carácter opositivo procedente de Crates mediante la *declinatio naturalis*, analogía, y la *declinatio voluntaria*, anomalía.

2.4. Tito Lucrecio Caro

Los datos sobre Lucrecio son escasos, fragmentarios y conflictivos, resultado de los testimonios contradictorios de Donato, san Jerónimo y Cicerón, de los que podemos extraer tres coincidencias: 1) nació a inicios del siglo I a. C., 2) murió con una edad comprendida entre los cuarenta y los cincuenta años y 3) sufrió algún tipo de trastorno mental. A pesar de esto, sí que está clara su relación con uno de los pensadores más importantes de su contexto: Cicerón, encargado de editar el *De rerum natura*[152], su único poema conservado.

Esta obra, compuesta por alrededor de 7400 hexámetros y dividida en seis libros –los dos primeros sobre los átomos, los dos siguientes sobre el hombre y los últimos sobre el mundo y los fenómenos naturales–, comienza con una reinterpretación de las teorías de Leucipo y Demócrito[153], mediadas por Epicuro[154], quienes defendieron la existencia del *ser* y el *no ser* como opuestos, o sea, los *átomos* y el *vacío*. La siguiente cita recopila su postura:

> Mas, ahora, volviendo a la exposición del tema propuesto diré: todo ser, por tanto, como es por sí mismo, consta de dos componentes, a saber, la materia corpórea y el vacío en el que ésta se sitúa y se mueve en diversas direcciones. En efecto, la existencia de la materia la atestigua la sensación común a todos, pues si no tiene validez antes que nada la confianza bien fundada que en ella depositamos, careceremos, en las cuestiones oscuras, de base en que apoyarnos para poder confirmar un aserto con nuestro razonamiento.

---

152. Seguimos la edición de Roca Meliá (Lucrecio Caro 1990).

153. El filósofo refuta explícitamente a Heráclito, Empédocles y Anaxágoras (cf. *De rerum natura*, I, 635-920).

154. *Vid.* Mas Torres (2018) para un desarrollo cohesionado de las teorías de Epicuro y Lucrecio.

Asimismo, si no existiera el lugar y espacio que llamamos vacío, tampoco podrían los cuerpos colocarse en parte alguna ni moverse, en direcciones opuestas, hacia un lugar; lo que ya poco antes hemos evidenciado.

No existe, además de éstos, nada que puedas señalar diferente de la materia y distinto del vacío, que pueda ser reconocido como una tercera naturaleza en el número de los componentes en sí mismo. En efecto, todo lo que existe deberá ser algo en sí mismo, y si admite contacto, aunque ligero e insignificante, con una contribución grande o pequeña, a la postre, con tal que así sea, vendrá a incrementar el número de los cuerpos y se añadirá a su conjunto; pero si no admite contacto, porque en ninguna parte puede evitar que un cuerpo al pasar la atraviese, ésa será precisamente lo que llamamos el libre vacío.

Además, todo ser que existe por sí mismo o llevará a cabo una acción, o deberá sufrirla cuando otros actúan sobre él, o será tal que en él pueden existir y producirse los seres; ahora bien, ninguna cosa puede ser activa o pasiva, carente de cuerpo, ni tampoco proporcionar lugar de no ser el libre vacío. Luego, aparte del vacío y del cuerpo, en el número de los seres no puede subsistir una tercera realidad que pueda caer bajo el dominio de nuestros sentidos o que alguien pueda captarla con el raciocinio de la mente (*De rerum natura*, I, 420-445).

Las cualidades de los átomos son comunes a los cuatro autores: 1) son invisibles (cf. *ibid.*, I, 265-330), 2) son sólidos y eternos (cf. *ibid.*, I, 480-550), 3) son indivisibles e inmutables (cf. *ibid.*, I, 550-595) y son no divisibles hasta el infinito (cf. *ibid.*, I, 600-635). Por otra parte, como consecuencia de su eternidad e inmutabilidad, los elementos primeros vagan por el vacío chocando y combinándose con otros (cf. *ibid.*, II, 80-140). Es gracias a su combinación, unida con su diversidad en forma, magnitud y peso (cf. *ibid.*, II, 330-580; 660-730)[155], que tienen lugar un número infinito de mundos (cf. *ibid.*, II, 990-1085).

Asimismo, ya en el tercer libro, Lucrecio relaciona su teoría sobre los átomos con la psicología y la biología y, más concretamente, con lo que atañe al hombre y al espíritu, o mente, que aparece caracterizado de forma corporeizada, como se observa en las siguientes citas:

Primeramente, AFIRMO QUE A MENUDO LLAMAMOS MENTE DONDE SE ENCUENTRA LA RAZÓN QUE GOBIERNA LA VIDA, CONSTITUYE UNA PARTE DEL HOMBRE NO MENOS QUE LA MANO, EL PIE Y LOS OJOS SON PARTES DE TODO EL SER VIVO (*De rerum natura*, III, 95-100).

AHORA AFIRMO QUE EL ESPÍRITU Y EL ALMA ESTÁN UNIDOS ENTRE SÍ Y QUE FORMAN POR SÍ MISMOS UNA SOLA NATURALEZA, PERO QUE LA RAZÓN ES POR ASÍ DECIR LA CABEZA QUE DOMINA TODO EL CUERPO, LA QUE NOSOTROS LLAMAMOS ESPÍRITU Y MENTE Y QUE PERMANECE SITUADA EN MEDIO DEL

---

155. A pesar de establecer un número ilimitado de átomos de cada tipo, esta variación es limitada, al contrario que en Demócrito.

PECHO. En efecto, aquí se exaltan el pavor y el miedo, en torno a este lugar nos sonríe la alegría; aquí, por tanto, radica la mente y el espíritu. La parte restante del alma diseminada por todo el cuerpo obedece y se mueve a las órdenes y según el movimiento de la mente. Esta sólo razona por sí misma, ésta goza para sí, cuando ninguna cosa conmueve ni al alma, ni al cuerpo (*De rerum natura*, III, 140-147).

ESTE MISMO RACIOCINIO NOS ENSEÑA QUE LA NATURALEZA DEL ALMA Y DEL ESPÍRITU ES CORPÓREA. En efecto, cuando percibimos que empuja a los miembros, que arrebata al cuerpo del sueño, que demuda al rostro, que rige y gobierna al hombre entero –y vemos que de estos actos ninguno puede realizarse sin contacto, ni el contacto sin el cuerpo–, ¿no habrá que reconocer que el espíritu y el alma constan de naturaleza corpórea? Además, percibes igualmente que el espíritu comparte en nosotros las funciones el cuerpo y juntamente sufre con el cuerpo (*De rerum natura*, III, 160-170).

MAS, AHORA, PUESTO QUE LA NATURALEZA DEL ESPÍRITU SE HA REVELADO ESPECIALMENTE MÓVIL, ES NECESARIO QUE ESTÉ FORMADA DE ÁTOMOS EXTREMADAMENTE PEQUEÑOS, LISOS Y REDONDOS [...].
POR LO TANTO, ES NECESARIO QUE EL ALMA CONSTE DE PEQUEÑÍSIMAS SEMILLAS, COHESIONADAS A TRAVÉS DE LAS VENAS, DE LAS ENTRAÑAS Y DE LOS NERVIOS, PUESTO QUE, CUANDO TODA ELLA HA SALIDO DE TODO EL CUERPO, SIN EMBARGO, EL CONTORNO MÁS EXTERIOR DE LOS MIEMBROS PERMANECE INCÓLUME Y NO FALTA NADA DE PESO (*De rerum natura*, III, 205-220).

La importancia del espíritu no conlleva una degradación de la materia, puesto que el primero no puede existir sin el segundo, lo que supone una oposición a las posturas platónicas, tal y como puede verse en las siguientes citas:

Así, pues, esta naturaleza del alma está contenida por todo el cuerpo y ella misma es la custodia del cuerpo y la causa de su salud, pues ambos están adheridos mutuamente por raíces comunes y es evidente que no pueden separar violentamente sin que perezcan [...].
Con principios así entrelazados desde su primer origen se hacen mutuamente partícipes de la vida que poseen por naturaleza y es evidente que la potencia del cuerpo y la del espíritu, cada una sin la ayuda de la otra, no pueden sentir, sino que mediante los movimientos comunes entre ellas se aviva en ambas la sensibilidad, estimulada en nosotros a través de las vísceras. Además, ni el cuerpo es jamás engendrado por sí mismo, ni crece, ni se le ve que subsista después de la muerte [...].
ASÍ, DESDE LA PRIMERA EDAD, EN SU CONTACTO MUTUO, EL CUERPO Y EL ALMA APRENDEN A EJERCITAR LOS MOVIMIENTOS VITALES, CUANDO TODAVÍA SE HALLAN ESCONDIDOS EN LOS MIEMBROS Y EL VIENTRE MATERNOS, DE TAL SUERTE QUE NO SE PUEDE REALIZAR LA SEPARACIÓN SIN SU EXTERMINIO Y PERDICIÓN; AHORA PUEDES VER, DADO QUE LA CAUSA DE SU SUPERVIVENCIA VA UNIDA, QUE TAMBIÉN ESTÁ UNIDA SU NATURALEZA (*ibid.*, II, 325-350).

Así, pues, una vez más, hay que pensar que las almas ni están exentas de nacer, ni desligadas de la ley de morir. Porque ni se puede pensar que hayan podido adherirse con tanta fuerza a nuestros cuerpos, si han penetrado desde fuera –pero que sucede todo lo contrario lo muestra la evidencia de los hechos (*ibid.*, III, 670-690).

Su teoría del conocimiento, desarrollada en el cuarto libro, está basada en los *simulacros*, que son emanaciones de los átomos de los objetos captados por la sensibilidad de los sentidos (cf. *ibid.*, IV, 50-55). Este sensualismo está apoyado por la razón y sitúa cualquier posible fallo del primero no en el órgano[156], sino en el objeto (cf. *ibid.* IV, 470-520).

En lo referente a lo lingüístico, Lucrecio defiende que el origen del lenguaje no puede tener un carácter convencionalista en origen, puesto que la dotación de nombres no pudo ser individual debido a la imposibilidad de convencer a sus congéneres carentes de lenguaje para acordar los significados[157]:

> Por lo tanto, pensar que entonces alguien asignó nombres a las cosas y que los demás hombres han aprendido de él las primeras palabras es una locura. En verdad, ¿por qué éste podría señalar todas las cosas por sus nombres y emitir los diversos sonidos del lenguaje y tendríamos que suponer que en el mismo tiempo los demás no han podido hacer lo mismo? Aparte de que si los otros no se han servido en su comunicación del lenguaje, ¿cómo se le ha inculcado a él la noción de su utilidad y cómo a él, en primer lugar, se le ha otorgado la facultad de conocer y apreciar en su ánimo lo que pretendía hacer? Asimismo, uno solo no podía forzar a muchos y, vencida su resistencia, someterlos de suerte que se decidieran a aprender a fondo los hombres de las cosas. Tampoco resulta fácil en modo alguno enseñar y convencer a los sordos de lo que deben hacer, porque ni permitirían, ni soportarían en absoluto que sonidos de voces desconocidas aturdan, por más tiempo y en vano, sus oídos (*ibid.*, V, 1040-1055).

Este rechazo del convencionalismo está acompañado de una explicación de la variación lingüística como resultado de una experiencia distinta con respecto a la realidad captada a través de un procesamiento de los datos sensoriales. Así, como defienden Atherton (cf. 2005) y Reinhardt (cf. 2008), el paso de la relación natural a la convencional tiene lugar en el uso comunicativo, lo que está fuera del interés de este pensador, como puede verse en la siguiente cita:

> Finalmente, las especies aladas, los pájaros variopintos, los gavilanes, las aves quebrantahuesos y los somormujos, cuando buscan en las olas saladas del mar la nutrición y la vida, lanzan gritos muy diferentes a los de otras ocasiones, cuando pugnan por subsistir en lucha con la presa. Y algunos transforman con el cambio del tiempo sus cantos

---

156. Solo son cuatro los sentidos que trabajan con los simulacros: la vista, el oído, el olfato y el gusto, ya que el tacto obtiene sus datos a partir del contacto directo con el objeto (cf. *ibid.*, IV, 835-850).
157. Albornoz (cf. 2006) defiende que este apartado es una respuesta al *Crátilo* platónico.

de rauco son, como la estirpe longeva de las cornejas y las bandadas de cuervos cuando, según dicen, anuncian el agua de la lluvia e invocan, de vez en cuando, los vientos y las tempestades. Luego, si diversas sensaciones fuerzan a los animales, mudos como son, a emitir voces diversas, ¡cuánto más razonable es pensar que los hombres primitivos hayan podido designar objetos diferentes con voces distintas! (*ibid.*, V, 1080-1090).

No obstante, el momento, el modo o el motivo a través del que se alcanzó el control de las vocalizaciones por parte de los humanos ha sido explicado por Lucrecio. De este modo, Mas Torres (cf. 2018: 173) recoge como posibles interpretaciones de esta ausencia de explicación un carácter puramente polémico como sería la oposición al «dador de nombres racional y único» de los estoicos o la defensa de una diferenciación entre las voces ya simbólicas de los primeros hombres frente a los sonidos animales.

3. Filosofía durante el Imperio

La instauración del Imperio supuso un inicial rechazo del desarrollo de la filosofía, una actitud que finalizó con el gobierno de Adriano, quien impulsó la enseñanza pública de la filosofía; el de Antonio Pío, encargado de extender esta política, y su culminación con la decisión de Marco Aurelio de disponer de docentes públicos pagados por el Estado en Atenas, pertenecientes al estoicismo, el epicureísmo, el platonismo y el peripatetismo (cf. Levi 1969: 129).

Este fructífero periodo, sin embargo, finalizó con la prohibición por parte de Justiniano de la enseñanza de la filosofía en esta misma ciudad. El neoplatonismo, corriente imperante y, en consecuencia, más afectada, se desarrolló en otros lugares y de forma más cercana a las tesis cristianas procedentes de las aportaciones de Jámblico en Alejandría. Además, es conveniente apuntar que es de esta etapa de la que más fragmentos se conservan y que, a su vez, sirven como fundamento para muchas de las posturas desarrolladas en la Edad Media.

3.1. Estoicismo imperial

En este epígrafe, al contrario de lo que ocurría con las otras fases del estoicismo, desarrollaremos un amplio conjunto de textos compuestos por múltiples autores. El primero de ellos es Lucio Anneo Séneca (4 a. C.–65 d. C.), cuya biografía está marcada por su traslado a Roma, donde fue educado durante su infancia por diversos maestros –Soción de Alejandría, Sextio el Joven, Atalo, Papirio Fabiano y el estoico Demetrio– y donde ostentó puestos de importancia política –fue nombrado

cuestor y entró a formar parte del Senado– hasta que retomó su vocación filosófica tras la muerte de su padre en el 39 d. C. También sufrió el exilio por parte del
emperador Claudio, lo que retrasó su regreso hasta el 49 d. C., momento en el que
fue nombrado pretor y en el que se le encargó la educación de Nerón, emperador
que le concedió un consulado. No obstante, las constantes disputas políticas de la
época terminaron por condenarlo a muerte (cf. Levi 1969: 144-147).

Con respecto a su pensamiento, Séneca abordó diversos temas y géneros que
analizaremos en función de su contenido. Concretamente, nos centraremos en las
siguientes obras: *Diálogos*[158], *Epístolas morales a Lucilio*[159] y *Cuestiones naturales*[160].
Esta última demuestra una intención de carácter científico, no común en la tradición latina pero sí en la griega, de la que toma sus principales fuentes: Aristóteles y
Posidonio. Sin embargo, el fin que pretende alcanzar con su obra, al contrario que
el Estagirita, es relacionar este conocimiento con la utilidad práctica –moral–, ale-
jándola de la pura especulación, como puede verse en esta cita:

> Tanta distancia media, Lucilio mi mejor amigo, entre la filosofía y el resto de las
> ciencias[161], cuanta creo que media, dentro de la filosofía en sí, entre la parte que atañe
> a los hombres y la que atañe a los dioses. Ésta es más profunda y requiere más esfuerzo;
> se ha lanzado muy lejos, no se ha contentado con la visión, sospechó que existía algo
> de mayor envergadura y más bello que la naturaleza podía haber colocado fuera del al-
> cance de nuestra mirada. En fin, media entre las dos la misma distancia que entre dios y
> el hombre. La una enseña qué debe suceder en la tierra, la otra qué sucede en el cielo.
> La una disipa nuestros errores y nos aproxima la luz con que analizar las ambigüeda-
> des de la vida; la otra se sitúa muy por encima de la oscuridad en que nos debatimos
> y conduce a los arrancados de las tinieblas al lugar de donde procede la luz (*Cuestio-
> nes naturales*, I, Pref., 1).

De forma general, Séneca está interesado primordialmente en la moral, pero
continúa la tradición estoica sobre la división en física –que se interesa por los seres corpóreos e incorpóreos–, ética –que se ocupa del alma–, y lógica –dividida en
dialéctica y retórica– (cf. *Epístolas morales a Lucilio*, XIV, 89, 9-17). Esta división es

---

158. Seguimos la edición de Mariné Isidro (Séneca 2008).

159. Seguimos las ediciones de Roca Meliá (Séneca 1986 y 1989).

160. Seguimos las ediciones de Codoñer Merino (Séneca 1979a y 1979b).

161. Séneca defiende la superioridad de la filosofía frente a las demás disciplinas como, por ejemplo, la gramática, la geografía, la música y las matemáticas (cf. *Epístolas morales a Lucilio*, XI-XIII, 88). Recogemos a continuación una reflexión sobre el análisis gramatical:

> Estoy hablando de los estudios liberales: ¡cuánta doctrina superflua contienen los filósofos; cuanta des-
> provista de utilidad! También ellos se ocuparon de las distinciones de sílabas y de las propiedades de las pre-
> posiciones y conjunciones, y rivalizaron con los gramáticos, con los geómetras; todo cuanto de inútil había en
> el arte de éstos lo trasladaron al suyo. Así resultó que sabían hablar más cuidadosamente que vivir (*ibid.*, 42).

netamente teórica como se demuestra desde su distinción entre *lo que es* y *lo que no es* –común a platónicos y peripatéticos[162]–, que, a su vez, se dividen en *seres corpóreos*, *animados* o *inanimados*, e *incorpóreos*. Los animados se clasifican en función de su alma, que es inmortal (cf. *ibid.*, VI, 57, 8-9), y de las funciones que pueden desempeñar. Así, la divinidad se encuentra en primer lugar (cf. *ibid.*, VI, 58, 17); después, el ser humano, poseedor de un alma racional y, por tanto, en el puesto más alto de entre los seres generados por la divinidad; y después los animales y las plantas, que únicamente presentan un *principio vital* que se manifiesta en las funciones de alimentación y crecimiento (cf. *ibid.*, VI, 58, 8-16).

La divinidad, elemento central de su teoría sobre la naturaleza, vertebra el universo como principio constituyente y regulador del universo carente de materia (cf. *Cuestiones naturales*, I, Pref. 13-15), sin participación directa en la generación o en el desarrollo de los eventos (cf. *ibid.*, II, 32, 3-4) y únicamente accesible de forma racional (cf. *ibid.*, VII, 30, 3-6). Esta racionalidad emana de la propia divinidad, como Séneca expone en el siguiente fragmento:

> Pienso que estarás de acuerdo conmigo en que los bienes externos los adquirimos para el cuerpo, que el cuerpo lo cuidamos en obsequio del alma, que EN EL ALMA HAY PARTES SUBALTERNAS POR MEDIO DE LAS CUALES NOS MOVEMOS Y ALIMENTAMOS, Y QUE ÉSTAS; NOS HAN SIDO OTORGADAS POR CAUSA DEL COMPONENTE PRINCIPAL. ESTE COMPONENTE PRINCIPAL CONTIENE UN ELEMENTO IRRACIONAL Y OTRO RACIONAL, AQUÉL SE SUBORDINA A ÉSTE, QUE ES EL ÚNICO EN NO SOMETERSE A OTRO, SINO QUE TODO LO SOMETE A SÍ. PORQUE TAMBIÉN LA RAZÓN DIVINA DIRIGE TODAS LAS COSAS, SIN ESTAR ELLA SOMETIDA A NINGUNA, Y NUESTRA RAZÓN HUMANA TIENE LA MISMA ENTIDAD PUESTO QUE PROCEDE DE AQUÉLLA (*Epístolas morales a Lucilio*, XIV, 92, 1).

El alma, por tanto, está compuesta por una parte *irracional* y otra *racional*, lo que puede vincularse con la postura de Platón y Posidonio (cf. Levi 1969: 175). La segunda de ellas sirve como elemento diferenciador con el resto de las especies animales al no poder actuar estas conforme a la moral, es decir, de acuerdo con la divinidad (cf. *Epístolas morales a Lucilio*, IX, 78, 10; XI-XIII, 85, 8-9; XX, 124, 23). En las anteriores citas queda patente el interés de este pensador en torno a esta distinción, pero, además, Séneca establece en las siguientes un cierto paralelismo entre los animales y los humanos durante la infancia en cuanto a ausencia de autoconocimiento y en términos éticos:

> La objeción sería verdadera si yo dijera que los animales entienden la definición del concepto «constitución» y no su propia constitución. La naturaleza se entiende con

---

162. Al realizar el repaso de las teorías platónicas y peripatéticas, Séneca desarrolla seis *modos de ser* del primero en la epístola 58 y el desarrollo de las cuatro causas aristotélicas –más una quinta platónica– en contraposición a la causa divina única estoica en la epístola 65 (cf. Reydams-Schils 2016: 21-22).

más facilidad que se explica. Así el niño ignora qué es una constitución, pero conoce su constitución; desconoce qué es un animal, pero siente que lo es.

Por otra parte conoce su constitución de forma ruda, genérica y oscura. Igualmente nosotros tenemos conciencia de poseer un alma, pero qué es el alma, dónde reside, qué cualidades tiene y de dónde procede lo ignoramos. Como nosotros tenemos el sentimiento de nuestra alma, aunque ignoremos su naturaleza y su sede, así todos los animales tienen el sentimiento de su constitución. En verdad, es necesario que sientan aquel principio por el que sienten los demás seres; es necesario que tengan conciencia de aquel principio al que obedecen y que los rige.

Cada uno de nosotros comprendemos que existe algo que mueve nuestros impulsos, pero ignoramos qué cosa es. Y sabemos que tenemos nuestros instintos: cuales son y de dónde provienen lo ignoramos. Así, también, los niños y los animales tienen conciencia de su principio rector, pero no suficientemente clara, ni tangible (*Epístolas morales a Lucilio*, XX, 121, 11-13).

Esta preponderancia del alma racional frente a la irracional y al cuerpo permean también su postura gnoseológica, donde defiende la perspectiva cataléptica estoica en la que el proceso sensorial produce datos que la mente puede procesar (cf. *Sobre la vida feliz*[163], 8, 3-6). No obstante, es en su estudio sobre el cuerpo donde encontramos un mayor desarrollo de cuestiones interdisciplinares, concretamente a través de la medicina y de la figura de Hipócrates. De entre todos los componentes de la teoría hipocrática, este filósofo centra su interés por la sangre y el aire, elemento correspondiente al *pneûma*, como puede verse en el siguiente fragmento:

Escucha qué es lo que éstos dicen: nuestro cuerpo está regado por sangre y aire que discurren por canales que les son propios. Tenemos para la respiración unos conductos bastante estrechos por los que no hace más que pasar, otros más abiertos a los que va a parar y desde donde se distribuye a las distintas partes. Del mismo modo, el cuerpo entero de las tierras es permeable al agua que desempeña el papel de la sangre, y el viento, al que no es posible dar otro nombre que el de respiración Estos dos elementos en unos lugares corren, en otros se detienen. Y del mismo modo que en nuestro cuerpo, mientras la salud es buena, el movimiento de las venas mantiene un ritmo imperturbable y, cuando sobreviene un accidente, las palpitaciones son más rápidas y los suspiros y jadeos son síntoma de agotamiento y cansancio, así también la tierra, mientras su situación es la normal, se mantiene sin alterarse; cuando hay un fallo, entonces la conmoción es como la de un cuerpo enfermo: al recibir el impacto, el aire que fluía con toda no. Pero no como acaban de decir aquellos que encuentran adecuada la comparación de la tierra con un ser vivo; si no fuera como digo, la tierra, lo mismo que un ser vivo, acusaría el impacto en su totalidad. En efecto, en nosotros la

---

163. Seguimos la edición Mariné Isidro (Séneca 2008).

fiebre no activa menos unas partes que otras, sino que discurre por todas con uniformidad pareja (*Cuestiones naturales*, VI, 14, 1-2).

Tras Séneca, Epicteto (*ca*. 50-130 d. C.) fue uno de los encargados de continuar con las tesis de la Stoa. Su origen frigio y su probable condición de esclavo de nacimiento no le impidió acudir a las lecciones de Musonio[164], factor al que hay que añadir la expulsión de los filósofos por parte de Domiciano en el 93 d. C., lo que lo condujo a asentarse en Nicópolis, donde fundó su escuela. Esta institución fue fundamental para la transmisión de su obra, ya que, siguiendo el modelo de Sócrates[165], no dejó nada escrito (cf. Reale y Antiseri 1991: 273; y la introducción de Ortiz García en Epicteto 1993: 13). En consecuencia, su discípulo Arriano fue el encargado de compilar las *Diatribas*, o *Disertaciones* –que constaban de ocho libros de los que únicamente nos han llegado cuatro–, así como el *Enquiridión*, o *Manual*, compuesto por las máximas éticas más significativas.

En lo que respecta a su filosofía, la mayor parte del contenido de las *Disertaciones por Arriano*[166] está dedicada a la moral, lo que Ortiz García en su introducción a Epicteto (1993: 28) considera una «una colección de sugerencias prácticas de comportamiento acordes con los principios estoicos [...] y tendentes a ofrecer a sus discípulos un camino adecuado para alcanzar la felicidad personal». Sin embargo, es posible rescatar fragmentos que abordan temas relevantes para nuestro estudio. Comenzamos con los relativos a la teoría estoica del conocimiento basada en las representaciones sobre la realidad y opuesta a las posturas académicas y epicúreas (cf. *Disertaciones*, I, 27, 1; I, 28, 1-2).

Más concretamente y de forma relacionada con los siguientes fragmentos, ordenados según su aparición en la obra, Epicteto plantea la distinción entre humanos y animales, entendidos los primeros como parte de la divinidad y los segundos como su creación (V). En segunda instancia, esta distinción se debe a la presencia de racionalidad en los humanos frente a la ausencia en los animales (I). Y, por último, la relación existente entre las dos proposiciones anteriores: el ser humano, al poseer razón, se diferencia de los animales gracias a la posibilidad de realizar juicios al respecto de las representaciones (II, III y IV). Las citas son las siguientes:

(I) Pero en realidad no lo hacemos, sino que dado que en nuestro origen se mezclan estas dos cosas –de un lado, el cuerpo, común con los animales, y de otro la razón

---

164. En las introducción a la obra de Epicteto (1993: §1) puede encontrarse una exposición biográfica del filósofo y de su maestro.

165. Junto con él, Diógenes de Sinope fue su otro ideal filosófico, a quien dedica, a la vez que a los cínicos, el capítulo III, 22 de sus *Disertaciones*.

166. Seguimos la edición de Ortiz García (Epicteto 1993).

y el pensamiento, comunes con los dioses–, unos se inclinan hacia aquel parentesco desdichado y mortal, y sólo unos pocos hacia el parentesco divino y bienaventurado (*Disertaciones*, I, 3, 3).

(II) Entonces, ¿qué? ¿Sólo en nosotros se producen esas cosas? Muchas sólo en nosotros, aquellas que necesitaba especialmente el animal racional; pero hallarás que otras muchas las tenemos en común con los animales. ¿Es que también ellos comprenden lo que sucede? De ninguna manera: una cosa es el uso y otra la comprensión. La divinidad necesitaba que ellos usasen de las representaciones y que nosotros comprendiéramos ese uso» (*Disertaciones*, I, 6, 12-13).

(III) Toda arte y facultad es especulativa sobre ciertos asuntos de importancia. Cuando ella es semejante a las cosas sobre las que teoriza, por fuerza ha de ser especulativa de sí misma. Cuando no es homogénea, no puede contemplarse a sí misma […].
Por esto la mayor y primera tarea del filósofo es poner a prueba las representaciones y juzgarlas y no aceptar ninguna sin haberla puesto a prueba (*Disertaciones*, I, 20, 1-4 y 7).

(IV) La divinidad es útil; pero también el bien es útil. Es verosímil, por tanto, que donde se encuentre la esencia de la divinidad, allí también se encuentre la del bien. Entonces, ¿cuál es la esencia de la divinidad? ¿La carne? ¡De ninguna manera! ¿Un campo? ¡De ninguna manera! ¿La fama? ¡De ninguna manera! La mente, la ciencia, el pensamiento correcto. Así que, sencillamente, busca ahí la esencia del bien. Porque, ¿verdad que no la buscas en una planta? No. ¿Verdad que tampoco es un ser racional? No. Entonces, si has de buscarla en el ser racional, ¿por qué sigues buscando todavía en otra parte más que en la diferencia con los seres irracionales? Las plantas ni siquiera son capaces de servirse de las representaciones; por eso dices que el bien no está en ellas. Entonces, el bien requiere el uso de las representaciones. ¿Sólo eso? Pues si sólo es eso, di que el bien y la felicidad y la desdicha están también en los demás seres vivos. Pero, en realidad, no lo dices y haces bien. Pues si, en efecto, la mayor parte de las veces disponen del uso de las representaciones, no disponen, sin embargo, de la comprensión del uso de las representaciones. Y es normal. Son de nacimiento servidores de otros, no primordiales ellos mismos (*Disertaciones*, II, 8, 1-6).

(V) Entonces, ¿qué? ¿No son también ellos [los otros seres] obra de la divinidad? Lo son, pero no primordiales ni partes de la divinidad. Mientras que tú eres primordial, tú eres una chispa divina; tienes en ti mismo una parte de ella (*Disertaciones*, II, 8, 10-11).

En definitiva, la postura antropocéntrica de Epicteto se refrenda con la importancia del componente mental en el que se encuentran las facultades definitorias de la especie, entre ellas, la facultad lingüística como proceso cognoscitivo, que puede considerar una facultad discursiva innata determinada a través de la experiencia, como apunta Ortiz García (cf. Epicteto 1993: 23).

El siguiente filósofo considerado estoico fue Marco Aurelio (121-180 d. C.), quien mantuvo una estrecha relación con Adriano, lo que propició que alcanzara puestos de cuestor y cónsul durante el decenio del 140 d. C. y, posteriormente, su nombramiento como emperador en el 161 d. C. A pesar de tratarse de un periodo convulso, Marco Aurelio siempre estuvo interesado por la educación y el helenismo como demuestran sus *Meditaciones*[167], obra escrita en griego y cuya fecha de producción puede datarse entre 168/169 y 180 d. C. durante su campaña contra las tribus germanas (cf. Mas Torres 2006: 45). El contenido de esta obra es eminentemente ético, pero se inserta dentro del sistema tripartito e interrelacionado estoico, lo que nos permite acercarla a nuestros intereses.

El ámbito físico está compuesto, según el pensador, por tres elementos interdependientes y jerarquizados (cf. Reale y Antiseri 1991: 277; Levi 1969: 195-203): 1) la divinidad, creadora de la materia animada e inanimada, e inteligencia o *logos*; 2) la naturaleza, entendida como la unión entre el mundo y el *logos*, pero controlada o determinada por este último; y 3) los seres animados, que participan en una escala descendente de la razón divina, que lideran los hombres y a los que suceden los animales. Los siguientes fragmentos demuestran la estructura de este sistema y las dependencias existentes:

> Yo, al contrario, tras haber contemplado la naturaleza del bien y ver que es algo bello, y la del mal y ver que es algo vergonzoso, y la naturaleza del que yerra y ver que es de MI LINAJE, NO POR LA MISMA SANGRE O SIMIENTE, SINO POR SER PARTÍCIPE DE LA INTELIGENCIA Y FRACCIÓN DIVINA, tampoco puedo sufrir perjuicio por parte de alguno de ellos, porque nadie me cubrirá de vergüenza; tampoco puedo encolerizarme con el que es de mi linaje ni odiarlo (*Meditaciones*, II, 1).

> Porque, ¿con qué te irritas? ¿Con la maldad de los hombres? RECONSIDERA EL DICTAMEN DE QUE LOS ANIMALES RACIONALES HAN SURGIDO UNOS POR OTROS, que soportarse es parte de la justicia, que los hombres yerran sin querer, que muchos por sentir enemistad, sospecha, odio, rivalidad han sufrido tormento, se han hecho cenizas; ceja en tu irritación (*Meditaciones*, IV, 6).

> Surgiste como parte subordinada. Desaparecerás uniéndote al que te engendró, es más, serás devuelto a su razón seminal por el cambio (*Meditaciones*, IV, 14).

> La inteligencia del universo es comunitaria. Así por ejemplo ha hecho lo inferior a causa de lo superior e hizo concordar lo superior entre sí. Puedes ver cómo subordinó, coordinó, distribuyó según su valía a cada uno y reunió en concordia mutua a los seres superiores (*Meditaciones*, V, 30).

---

167. Seguimos la edición de Cortés Gabaudán y Rodríguez Gervás (Marco Aurelio 2007).

No pasees tu mirada por los principios rectores ajenos, al contrario, dirígela recta allí donde te guía la naturaleza, la del todo a través de lo que te sucede y la tuya a través de tus deberes. Es deber de cada uno lo que está en línea con su constitución. Están constituidos los restantes seres en función de los racionales (en cualquier circunstancia los débiles lo están en función de los fuertes) y los racionales lo están unos en función de otros. En la constitución del hombre el deber preponderante es el bien común; el segundo es no ceder ante las pasiones corporales, porque es propio del movimiento racional e inteligente marcar sus confines y no dejarse vencer por el movimiento sensorial o impulsivo; estos dos movimientos son propios de animales, pero frente a ellos quiere ser preponderante y no resultar inferior el inteligente, que con justicia es por naturaleza quien los utiliza. El tercer deber para la constitución racional es no precipitarse ni dejarse engañar. Que el principio rector agarrado a estos principios progrese recto y tenga lo que le es propio (*Meditaciones*, VII, 55).

El que es injusto es impío porque LA NATURALEZA DEL TODO HA CREADO LOS ANIMALES RACIONALES UNOS POR OTROS, DE FORMA QUE SE BENEFICIEN MUTUAMENTE SEGÚN SU VALÍA Y NO SE PERJUDIQUEN EN MANERA ALGUNA; el que infringe esa decisión es impío con toda claridad contra la más respetable de las divinidades (*Meditaciones*, IX, 1).

En primer lugar, cuál es mi actitud con ellos dado que hemos nacido unos por otros y que yo por otra razón he llegado a una situación de prominencia sobre ellos, como un camero en el rebaño o un toro en la manada. Acércate desde arriba con el principio de que si no somos átomos es la naturaleza quien gobierna todo. Si es así, los inferiores son a causa de los superiores y éstos unos por otros (*Meditaciones*, XI, 18).

La divinidad ve todos los principios rectores desnudos de sus recipientes materiales, de sus cortezas y de sus desechos. Pues con su propia inteligencia, sólo con ella, alcanza a las inteligencias, sólo a ellas, que han fluido y desaguado desde ella hasta formar esos principios rectores (*Meditaciones*, XII, 2).

De entre estos seres, los humanos son los que ostentan la segunda posición tras la divinidad debido al alma racional (*noûs*), puesto que comparten con el resto de las especies animales tanto el cuerpo (*soma*) como el alma (*psyché*). Sus caracterizaciones quedan recogidas a continuación:

Aquello que soy son pequeñas carnes, pequeño hálito y el principio rector. Deja los libros de lado. No te distraigas más. No es posible. Al contrario, como si te estuvieras muriendo, desprecia tus carnes que son sangre sucia, huesillos y la urdimbre que forman nervios capilares y arterias. Mira también tu hálito cómo es: es viento, ni siquiera siempre igual. A cada momento lo vomitamos y de nuevo nos lo tragamos. Lo tercero es tu principio rector. Reflexiona así. Eres viejo, no permitas que sea esclavo, ni que sea manejado como una marioneta por el impulso antisocial, tampoco te irrites con el destino presente ni te encojas ante el futuro (*Meditaciones*, II, 2).

Cuerpo, alma, inteligencia. Las sensaciones son del cuerpo, los impulsos del alma, las convicciones de la inteligencia. Recibir impresiones representadoras es propio también de las bestias. Que lo manejen a uno como marioneta los impulsos es propio también de fieras, putos, Fálaris y Nerón. Que la inteligencia sea rectora para deberes sólo aparentes es propio también de los que no creen en los dioses, abandonan su patria y hacen cualquier cosa, una vez que cierran las puertas de la calle (*Meditaciones*, III, 16).

La razón y el arte de la racionalidad son capacidades que se bastan a sí mismas y a lo realizado a su medida. Brotan de un principio que les es propio y hacen camino en dirección a la finalidad preestablecida, por ello tales acciones se denominan comportamientos rectos, por querer significar la rectitud del camino (*Meditaciones*, V, 14).

Entre los animales irracionales se divide un alma única, entre los racionales se reparte un alma única pensante. De la misma forma que una sola tierra es para todos los terrestres, vemos con una sola luz y respiramos un solo aire todos cuantos pueden ver y son animados (*Meditaciones*, IX, 8).

Su teoría del conocimiento, que cierra el pensamiento estoico, está basada en la *katalepsis*, donde el proceso de adquisición tiene lugar como resultado de la aprehensión sensorial del objeto que se inscribe en el alma (cf. *Meditaciones*, V, 16 y 26; VIII, 41). Derivado de lo anterior, Marco Aurelio divide su lógica basada en la sensación en la *dialéctica*, que permite distinguir lo verdadero de lo falso, y la *retórica*, en la que se inserta tanto el lenguaje como el razonamiento. Entre estas últimas se establece una dependencia, ya que, como indica Rodríguez Gervás en su introducción a la obra (Marco Aurelio 2007: 44), «conocer lo verdadero de lo falso; es la cualidad intrínseca que el sabio debe poseer para poder discernir las palabras, los hechos y las relaciones», lo que permite investigar «tanto las cosas significadas (significados) como las cosas que significan (significantes)».

El último de los filósofos estoicos que analizaremos es Hierocles –que ha sido menos atendido en las historias de la filosofía–. Se desconocen datos biográficos y es habitualmente confundido con su homónimo platónico de comienzos del siglo v a. C., una cuestión resuelta gracias a la edición de su tratado a comienzos del siglo XIX (cf. Ramelli 2009: xix-xxi). Sin embargo, este pensador plantea una reflexión relevante sobre la embriología, en contra de lo que puede deducirse del título de su obra:

Thus, the seed that drops into the uterus at the right moment and at the same time is received by a healthy womb no longer stays inert as it was until then but rather, now set in motion, begins its proper activities and, drawing to itself the matter of the body that bears it, forms the embryo in accord with certain arrangements that cannot be trangressed, until it arrives at the limit and has rendered the creature ready for birth. However, during all this time –I mean that which goes from conception to birth– it remains as a nature, that is a *pneuma* (breath), transformed from the status of a seed and proceeding from the beginning to the end in a preestablished order. Now, in the first phases of this period of time the "nature" is a kind of particularly dense *pneuma* and far removed from soul; following this, however, and once it has nearly arrived at birth, it thins out, buffeted as it is by continuous doings, and, in respect to quantity, it is soul. Thus, once it arrives at the exit it is adapted to the environment, so that, toughened, so to speak, by this, it changes into soul. For, just as the *pneuma* that is in stones bursts into flame as a result of a blow, because of its disposition to this alteration, in the same way, too, the nature of the embryo, when it has become mature, is not slow to change to soul, when it comes out into the surrounding environment. For this reason, everything that comes out of the uterus is immediately an animal, even if, at times, it should lack the appropriate proportions, as is fabled to occur with the offspring of bears and other cases of the sort (*Elements of Ethics*[168], I, 1a, 5-30).

En este extenso fragmento quedan recogidas varias ideas (cf. Deniz Machín 2012; Zamora Calvo 2015: 53-58): 1) el embrión tiene como única función el crecimiento –lo que lo categoriza junto a las plantas–, pero cuando se encuentra próximo al nacimiento, el hálito se transforma hasta convertirse en alma, asimilándolo a los animales; 2) este proceso tiene su origen en el corazón, órgano del que surgen el resto de las partes del cuerpo y, por consiguiente, en relación con el *pneûma*; y 3) las potencias psíquicas se desarrollan hasta alcanzar el alma animal en el embrión, puesto que se encuentran en la semilla.

De este modo, la diferencia entre animales y no animales radica en el *impulso* y en la *percepción*, ya que el primero indica la existencia de una capacidad superior a la vegetativa y la segunda la autopercepción de las partes que componen a los animales, en la línea de lo postulado por Crisipo (cf. D. L., VIII, 85). En otras palabras, gracias a la percepción, un animal es capaz de dar cuenta de la existencia de su cuerpo y del alma –también corpórea– (cf. *Elements of Ethics*, III, 56-IV, 3), de la mezcla entre cuerpo y alma (cf. *ibid.*, IV, 3-22), de que el alma posee una facultad perceptiva (cf. *ibid.*, IV, 22-27) y de que ambos elementos participan en procesos tensivos, que aluden a su carácter cohesivo (cf. *ibid.*, IV, 27-38). En resumen:

> Since, then, an animal is no other kind of thing than a composite of body and soul, and both of these are touchable, able to deliver blows and subject to pressure, and since furthermore they are mixed by wholes, and one of them is a perceptive faculty, and this itself too moves in the way that we have shown, it is clear that an animal must continuously perceive itself. For the soul extends outward with an expansion and strikes all the parts of the body, since it is also mixed with all of them, and when it strikes them it is struck back in turn. For the body too offers resistance, just like the

---

168. Seguimos la edición de Ramelli (Hierocles 2009).

soul: and the affect ends up being simultaneously characterized by pressure and coun-terpressure. And, tilting inward from the outermost parts, the affect is borne in toward the hegemonic faculty in the chest, so that there is apprehension of all the parts, both of the body and of the soul: and this is equivalent to the animal perceiving itself (*Elements of Ethics*, IV, 39-54).

3.2. Escepticismo

El origen del escepticismo, como hemos apuntado previamente (*vid.* capítulo 1, §3), puede localizarse en Grecia y, particularmente, en la figura de Pirrón de Élide, que posteriormente derivó en el escepticismo académico probabilista. No obstante, su influencia se fue diluyendo hasta que resurgió gracias a figuras como Enesidemo de Cnosos, Menódoto de Nicomedia y Sexto Empírico, como apuntan Gallego Cao y Muñoz Diego en su introducción a este último (1993: 22-28). El primero de los mencionados llevó a cabo una reconstrucción del escepticismo pirrónico en la epistemología, cuya tesis era la siguiente: la imposibilidad de sustraer el componente sensorial o racional del fenómeno en sí, lo que impide la comprobación de la verdad o falsedad y, en consecuencia, deriva en una necesaria suspensión del juicio (cf. Román Alcalá 1996).

Esta idea fue concretada a través de una serie de argumentos, o *tropos*, concretamente diez (cf. Sexto Empírico, *Esbozos pirrónicos*[169], I, XIV), de los que nos interesan para nuestra investigación los siguientes:

1. *Según la diversidad de los animales*: las diferencias en la engendración de los animales, sus órganos sensoriales, sus constituciones y, por último, la presencia o ausencia de la razón. Dentro de este último apartado, Sexto Empírico considera que la habitual distinción entre humanos y animales conforme a la *facultad de expresión* es inexistente, debido a que la capacidad comunicativa con sus congéneres demuestra una cierta uniformidad en su producción en relación con la situación en que tiene lugar.
2. *Según la diferencia entre los seres humanos*: existen diferencias fisonómicas entre los seres humanos y, por consiguiente, en sus almas, ya que el primer elemento es una representación del segundo, lo que obliga a defender la ausencia de uniformidad en la razón.
3. *Según las circunstancias*: los factores de edad, estados mentales y emocionales dan lugar a representaciones diversas, por lo que no puede establecerse un criterio ajeno a ellas.

---

169. Seguimos la edición de Gallego Cao y Muñoz Diego (Sexto Empírico 1993).

A pesar de las escasas noticias biográficas que tenemos de este filósofo, Gallego Cao y Muñoz Diego (cf. Sexto Empírico 1993: 22-24) consideran que fue el director de la escuela escéptica en la etapa final del gobierno de Trajano, entre el 110 y el 140 d. C., en un periodo dominado por el estoicismo de Séneca, Epicteto y Marco Aurelio. Su aportación más relevante fue la sistematización de las tesis de su escuela, como demuestra el ataque al dogmatismo recogido en *Esbozos pirrónicos* (cf. I, IV, 8; I, VIII, 16-17). No obstante, también consideró necesario establecer los límites entre el escepticismo y el resto de las escuelas filosóficas con las que ha sido asociada como la filosofía heraclítea, el atomismo democriteano, la escuela cirenaica, el protagorismo, el academicismo y el estoicismo (cf. *ibid.*, I, XXIX-XXXIII). De forma similar, y como consecuencia del desarrollo de una corriente empírica en la medicina, que coincidía con la profesión de Sexto, diferenció el escepticismo de esta postura médica antihipocrática (cf. *ibid.*, I, XXXIV).

Mientras que en su obra *Contra los dogmáticos* realiza un repaso de las aportaciones sobre física, lógica y ética de los pensadores previos –que han sido referenciadas como testimonios en los epígrafes previos–, en *Contra los profesores*[170], este pensador tiene como premisa la imposibilidad de la enseñanza por la inefectividad de cualquier método que parta de lo sensible o la dialéctica. La siguiente cita demuestra esta afirmación y alude al debate entre la significación natural o convencional:

> Pues bien, la enseñanza tiene lugar o bien por evidencia sensible o bien por medio del lenguaje. Pero de estos dos medios la evidencia sensible lo es de objetos susceptibles de ser mostrados, y lo que es susceptible de ser mostrado es manifiesto, y lo manifiesto, en tanto que tal, es perceptible para todos por igual, y lo que es para todos por igual perceptible no es enseñable; por tanto aquello que se muestra por evidencia sensible no es enseñable. En cuanto al lenguaje, o significa algo o no significa nada. Y si no significa nada tampoco enseña nada; si significa algo, lo hará o por naturaleza o por convención. Pero no significa algo por naturaleza, pues no todos entienden a todos: los griegos a los bárbaros, los bárbaros a los griegos, ni los griegos a los griegos o los bárbaros a los bárbaros. Y si significa algo por convención, es evidente que quienes han previamente aprehendido los objetos a los que las palabras hacen referencia, aprehenderán también dichas palabras, pero no es que estas palabras les enseñen cosas que ignoraban, sino que es como si volvieran la vista a lo que ya sabían; pero quienes aspiren a instruirse en cosas que ignoran no podrán conseguirlo (*Contra los profesores*, I, IV, 36-38).

Asimismo, esta obra critica las artes libres latinas: la gramática (libro I), la retórica (libro II), la geometría y la aritmética (libros III y IV), la astrología (libro V) y la música (libro VI). De entre las anteriores, su postura con respecto a lo gramatical puede entenderse en dos sentidos: como enseñanza de «los elementos y sus

---

170. Seguimos la edición de Bergua Cavero (Sexto Empírico 1997).

combinaciones […] un arte de escribir y leer» o como el «descubrimiento y naturaleza» de las letras (*ibid.*, I, 49). El médico-filósofo considera que la primera es de gran utilidad y que puede ser cura del olvido al constituir un elemento imprescindible para la memoria (cf. *ibid.*, I, 52), pero el estudio de la lengua no presenta ningún beneficio, ya que al tratarse de un objeto de carácter infinito no es cognoscible empíricamente. El siguiente fragmento es una muestra de esto:

> Pues, como decíamos en otra ocasión, ninguna disciplina metódica puede establecerse acerca de algo ilimitado, es más, es precisamente la disciplina metódica la que tiene por efecto una limitación, ya que la ciencia es el lazo que liga las cosas indefinidas. Pero los significantes y las cosas significadas son ilimitados; por lo tanto el arte gramática no se ocupa de los significantes y significados. Es más, las palabras sufren todo tipo de cambios, los han sufrido en el pasado y los sufrirán en el futuro, pues el tiempo es un amante del cambio y ello no sólo respecto a plantas y animales sino también a las palabras. Pero si es imposible encontrar conocimiento en el hombre acerca de un infinito en reposo, no digamos ya acerca de uno cambiante (*Contra los profesores*, I, II, 81-83).

Se deriva de lo anterior la postura interdisciplinar que Sexto Empírico aduce al relacionar la productividad de la facultad lingüística, la complejidad que le confiere la introducción de la variable tiempo, y su unión con el resto de las facultades cognitivas.

Por último, el rechazo al estudio teórico de la gramática no impide al autor ahondar en la oposición naturaleza-convención que adelantábamos previamente y que resuelve en favor de la segunda (cf. *ibid.* I, VI, 145) ni tampoco reflexionar sobre la identificación del lenguaje con el apartado físico o psíquico, como se recoge a continuación:

> Y ahora, puesto que ya hemos visto con ayuda de ejemplos la exactitud de los gramáticos en estas cuestiones, antes de cambiar de asunto vamos con lo otro, quiero decir con el problema de a qué llaman ellos «lenguaje» y «partes del lenguaje», Pues o llaman «lenguaje» a la propia corporeidad física de la voz o al significado incorpóreo, distinto de aquélla, Pero no dirán que es la voz, pues cuando ésta es emitida todos la oyen, griegos y bárbaros, pueblo llano y gente cultivada, pero el lenguaje y sus partes sólo lo entienden los griegos y los que conocen la materia en cuestión, Por tanto la voz no es lo mismo que el lenguaje y sus partes, Y desde luego tampoco lo es el significado incorpóreo, pues ¿cómo va a haber todavía otra cosa incorpórea de este tipo además del cuerpo y el vacío, después que ha habido entre los filósofos una disputa enorme e interminable al respecto? En efecto, si ese algo se mueve es un cuerpo, y si está quieto y admite los cuerpos que vienen contra él sin ofrecer resistencia será vacío (pues lo propio del vacío es el no ofrecer resistencia), pero si está quieto y ofrece resistencia a los cuerpos que vienen contra él, entonces es un cuerpo, pues lo propio del cuerpo es el ofrecer resistencia, Por otra parte el que dice que existe un significado incorpóreo, o lo dice limitándose a la mera afirmación o aportando demostración. Ahora bien, si se limita a afirmarlo se le podrán

parar los pies con una contraafirmación; y si aporta una demostración, dado que ésta tiene que proceder por medio de premisas incuestionables y las premisas son «significados» , no será digno de crédito al adelantarse a tomar por reconocido aquello que es objeto de la investigación, Por esta razón, si el lenguaje no es la voz ni tampoco el significado incorpóreo por ella transmitido, y no es posible concebir nada aparte de aquéllos, queda decir que el lenguaje no es nada (*Contra los profesores*, I, VI, 155-156).

3.3. Peripatéticos

La pérdida de relevancia del aristotelismo tras la muerte del Estagirita y de Teofrasto se extendió hasta la edición de las obras por parte de Andrónico de Rodas[171]. Sin embargo, la recuperación de esta corriente fue llevada a cabo por Alejandro de Afrodisias –de cuya biografía solo se sabe que ocupó una cátedra de filosofía en Atenas durante los gobiernos de Septimio Severo y Antonino Caracalla, entre el 198 y el 209 d. C.–, quien pretendió separar las aportaciones de Aristóteles de las posturas sincretistas de su entorno, ya que su intención no fue hacer germinar un nuevo pensamiento a partir de estos textos, sino defender su prevalencia frente a las tesis del resto de escuelas (cf. Abbagnano 1994: 201).

Este filósofo ha sido tradicionalmente considerado como el exégeta por excelencia de Aristóteles[172], una labor de la que conservamos una parte y de la que destaca su comentario a la teoría psicológica de este filósofo, para lo que utilizaremos su *Acerca del intelecto*[173]. En él distingue tres tipos de intelecto: un *intelecto material* –que tiene la potencialidad de conocer los seres sensibles e inteligibles[174]–, un *intelecto en hábito* –que consiste en la realización de las posibilidades del anterior[175]–,

---

171. *Vid*. Reale y Antiseri (1991: 285-286) para un repaso de la transmisión y conservación de los textos de Aristóteles hasta Andrónico.

172. La multiplicidad de comentadores de las obras de Aristóteles tiene como resultado diversas aportaciones, como ya evidenció Fernández Garrido (cf. 1996) al respecto del *De Interpretatione*.

173. Seguimos la traducción del texto de Alejandro de Afrodisias (2011) realizada por García Valverde.

174. El filósofo lo expresa como sigue:

de hecho, el intelecto que aún no está pensando, pero que es capaz de llegar a estarlo, es material, y tal facultad del alma es el intelecto material, el cual, si bien en la actualidad no es ninguna de las cosas existan intelecciones acerca de todo cuanto existe. Pues lo que está destinado a ser receptivo de todas las cosas no debe ser en acto por su propia naturaleza ninguna de ellas. y eso porque la intrusión de su propia forma en la recepción de las cosas que se encuentran fuera podría impedir los actos intelectivos sobre ellas (Alejandro de Afrodisias, *Acerca del intelecto*, 106, 24-30).

175. Este intelecto queda caracterizado en la siguiente cita:

Otro intelecto es aquel que ya piensa, que tiene el hábito de pensar y que está en grado de tomar posesión, por su propia capacidad, de las formas de los objetos inteligibles, el cual es análogo a los artesanos que poseen el hábito y son capaces de realizar por sí solos los productos relativos a ese arte. El intelecto primero, de y, por último, un *intelecto agente* –que es el que permite pasar del primero al segundo[176]–. El provenir «desde fuera» de este tercer intelecto ha sido objeto de diversas posturas tanto a favor como en contra a lo largo de la historia (cf. Copleston 1986: 289; Guthrie 1993: 337; Boeri 2009; entre otros).

Asimismo, encontramos en su *Acerca del alma*[177] diferentes aclaraciones a la teoría de la sensibilidad aristotélica, pero continúa con la postura cardiocéntrica del Estagirita, situando en este órgano el centro del alma y la facultad sensitiva:

> Esta afección [la sensación] se produce en el cuerpo que primeramente posee el alma sensitiva a través de ciertos órganos de naturaleza diversa a los objetos sensibles a los cuales ellos están subordinados, pues tienen la capacidad de ser afectados por ellos; y estos órganos, cuando son afectados, transmiten la afección a aquel cuerpo. Éste tiene como sede la zona del corazón, donde está también en su conjunto lo hegemónico del alma (*Acerca del alma*, 39, 19-23).

No obstante, como es evidente, no encontramos aportaciones lingüísticas particularmente relevantes. Esto no exime de la necesidad de, al menos, anotar su importancia para la filosofía de la época y posterior, eminentemente durante la Edad Media, en la que el conocimiento del aristotelismo será de gran importancia para la filosofía árabe, que actúa como engarce para su retorno a las civilizaciones europeas (cf. Keβler 2011: 10-11).

3.4. Neoplatonismo

La corriente neoplatónica se nutre de dos grandes líneas de pensamiento: el platonismo medio y el neopitagorismo, que sintetizaremos para proporcionar el contexto intelectual de aparición de esta escuela. Debemos tener en cuenta que la llegada de Sila a Atenas provocó el éxodo del platonismo en la *polis* hasta su

---

hecho, no era como estos hombres, sino que era más bien como aquellos que son capaces de adquirir un arte y llegar a ser artesanos. y este intelecto es el intelecto material una vez que ha adquirido el hábito y también el pensar y el ser activo. Tal intelecto está presente en aquellos que han alcanzado una mayor perfección y piensan. Éste es, entonces, el segundo intelecto (*ibid.*, 107, 20-28).

176. En último lugar, el intelecto agente es

[u]n tercer intelecto, además de los dos mencionados, es el intelecto agente por medio del cual el intelecto material deviene en hábito, y este intelecto agente es análogo –como dice Aristóteles– a la luz. Pues como la luz resulta para los colores que son potencialmente visibles la causa de que lleguen a ser visibles en acto, así también este tercer intelecto hace del intelecto potencial y material intelecto en acto por el hecho de producir en éste un hábito que lo hace pensar. ese intelecto es aquello que por su propia naturaleza es inteligible y es tal en acto: pues esto es productivo del pensar y lleva al intelecto material al acto. Por consiguiente, eso es en sí mismo intelecto, pues la forma inmaterial, que es la única que por su propia naturaleza es inteligible, es intelecto (*ibid.*, 107, 29-108, 3).

177. Seguimos la edición de García Valverde (Alejandro de Afrodisias 2013).

renacimiento en Alejandría en la segunda mitad del siglo I a. C. gracias a Eudoro (cf. Reale y Antiseri 1991: 289). A partir de él, el platonismo medio alcanzó a dos autores: Plutarco de Queronea (*ca*. 46-120 d. C.) y Aulo Gelio.

La producción del primero es notable y en ella destaca *Vidas paralelas*, compuesta a través de comparaciones biográficas de figuras griegas y romanas, y sus *Moralia*, en los que demuestra su conocimiento filosófico adquirido a través de Amonio en Atenas. De nuevo, el interés eminentemente ético de este texto no reduce la importancia que este filósofo adquiere como testimonio de su contexto intelectual. En *Contra Colotes*[178], Plutarco responde a este discípulo de Epicuro, quien, previamente en su obra perdida *Sobre la imposibilidad de vivir según las doctrinas de los otros filósofos*, había mostrado su desacuerdo con las doctrinas de Demócrito, Parménides, Empédocles, Sócrates, Meliso, Platón, Estilpón, los cirenáicos y Arcesilao. En *Las contradicciones de los estoicos, Los estoicos dicen más disparates que los poetas* y *Sobre las nociones comunes, contra los estoicos*[179] Epicuro criticó al estoicismo a causa de la defensa de estos al respecto de la no participación en el raciocinio por parte de los animales, lo que deriva en consideraciones morales en su tratamiento, como puede verse en *Sobre la inteligencia de los animales* y *Los animales racionales*[180]. Por último, Plutarco se ocupó de la filosofía platónica y, más concretamente, comentó el *Timeo –Sobre la generación del alma en el Timeo*[181]– utilizado como punto de partida para este resurgimiento del platonismo.

Junto con todo lo anterior, Plutarco abordó en *Cuestiones sobre la naturaleza*[182] de forma enciclopédica cuestiones biológicas, zoológicas, etc. Justamente esta perspectiva permite conectar este texto con *Noches áticas*[183] de Aulo Gelio, quien considera su obra una serie de «notas minuciosas y sutiles sobre gramática, dialéctica o, incluso, geometría; […] también […] sobre el derecho augural y pontifical» (*ibid*. Proemio, 13). Esta compilación demuestra el interés del autor por transmitir anécdotas y hechos que considera destacables, para lo que se vale de fuentes como Pitágoras, Platón, Aristóteles, Erasístrato, Hipócrates, Crisipo, Plutarco y Varrón, lo que lo convierte en una fuente básica para el mundo romano.

---

178. Seguimos la edición de Martos Montiel (Plutarco de Queronea 2004a).

179. Seguimos para las tres obras la edición de Durán López y Caballero Sánchez (Plutarco de Queronea 2004b).

180. Seguimos para ambas obras la edición de Ramón Palerm y Bergua Cavero (Plutarco de Queronea 2002).

181. Seguimos la edición de Durán López y Caballero Sánchez (Plutarco de Queronea 2004b).

182. Seguimos la edición de Ramón Palerm y Bergua Cavero (Plutarco de Queronea 2002).

183. Seguimos las ediciones de Marcos Casquero y Domínguez García (Aulo Gelio 2006a, para los diez primeros libros; y Aulo Gelio 2006b, para los diez siguientes).

Si bien el pensador dedicó parte de su obra a la biología –particularmente a los órganos sensoriales y a los sentidos (cf. *ibid*. 5, 16; 6, 6; 19, 2), y a la medicina, donde se vale principalmente de Erasístrato (cf. *Noches áticas*, 16, 3 y 17, 11) e Hipócrates (cf. *ibid*., 3, 16)–, se centró en el apartado gramatical y, dentro de él, en los usos correctos e incorrectos, comentarios a algunos autores, etimologías, etc. Entre los temas que hemos tratado en los capítulos y epígrafes previos, nos encontramos con el debate entre analogía y anomalía (cf. *ibid*., 2, 25) y naturaleza frente a convención[184]. Este último aparece planteado de forma similar como lo hizo Sócrates al respecto de la relación entre semántica y sonidos, lo que nos conduce al *Crátilo* y a las formulaciones estoicas, como aparece en esta cita:

> En sus *Comentarios gramaticales* P. Nigidio [Fígulo] enseña que los nombres y las palabras no se acuñaron de manera arbitraria, sino en virtud de un impulso y razón natural, cuestión ésta harto abordada en las discusiones filosóficas. Los filósofos suelen plantearse si los nombres han surgido por naturaleza [φύσις] o convención [θέσις]. Nigidio aporta muchos argumentos para demostrar por qué las palabras pueden considerarse naturales más que arbitrarias. De todos ellos extracto éste por parecerme ingenioso y divertido: «Cuando decimos *vos* [vosotros], empleamos una articulación bucal acorde con el objeto indicado por la propia palabra y, sin damos cuenta, movemos hacia afuera los labios y lanzamos el aire y la voz hacia adelante, hacia aquellos con quienes estamos hablando. En cambio, cuando decimos *nos* [nosotros], no lo pronunciamos con un chorro de aire abundante e intenso ni con los labios extendidos hacia el exterior, sino que parece que reprimimos el aire y los labios hacia dentro de nosotros. Lo mismo sucede cuando decimos *tu* [tú] y *ego* [yo], *tibi* [para ti] y *mihi* [para mí]. Porque, del mismo modo que, cuando asentimos y negamos, ese movimiento de la cabeza y de los ojos está acorde con la naturaleza de la cosa significada, así también a estas voces las acompaña una especie de gesto natural de la boca y del aire. En las palabras griegas se aprecia también el mismo fenómeno que en las nuestras» (*Noches áticas*, 10, 4).

La segunda corriente, junto con los *Oráculos caldeos* de Justiniano, en influir en el neoplatonismo es el neopitagorismo, que podemos identificar en la figura de Numenio de Apamea (cf. Dillon 1996: 392-396). Este pensador desarrolló tesis similares a las que posteriormente plantearon figuras como Calcidio, Proclo y Eusebio de Cesarea (cf. Müller 2011) en relación con la asociación entre el devenir y lo sensible, y el ser con lo no material, que le sirve como sustento (cf. Reale y Antiseri 1991: 294). De hecho, formula la doctrina platónica en términos cristianos e identifica al filósofo con Moisés:

---

184. Aulo Gelio (cf. *Noches áticas*, 5, 15) critica el debate sobre la corporeidad o incorporeidad de la voz al no encontrar en él ningún beneficio práctico.

Más adelante dice

Por consiguiente si el ser es absolutamente y por doquier eterno e inamovible y de ningún modo y en ningún lugar sale de sí, al contrario, permanece idéntico y se mantiene igualmente fijo, él es, sin duda, lo que puede ser «comprendido por la inteligencia auxiliada por el razonamiento». Pero si el cuerpo fluye y es llevado por el cambio directamente, se escapa furtivamente y no es. Por esto, ¿no sería una aberración colosal que no fuese indefinido, captado por la sola opinión y, como dice Platón: «lo que nace y muere, pero jamás es lo que realmente es»?

Numenio, por lo tanto, dice estas cosas al interpretar y poner en claro a un tiempo las doctrinas de Platón y las mucho más antiguas de Moisés. Es razonable por lo tanto, atribuirle aquella frase por la que se hizo famoso y se le recuerda:

«¿Qué, pues, es Platón, sino un Moisés que habla la lengua ática?» (Eusebio, *Preparación evangélica* 11, 10, 12-14 *apud* Numenio de Apamena, *De Bono*[185], lib. II, pp. 241-242).

Con estos antecedentes surge el neoplatonismo, desarrollado gracias a la labor de Plotino (203/204-270 d. C.), cuyos datos biográficos y textos se transmitieron gracias a la labor de Porfirio (233-310 d. C.). Su interés por la filosofía surgió a partir de los veintisiete años, cuando viajó a Alejandría para formarse bajo la tutela de Amonio Saccas, para, posteriormente, trasladarse a Roma, donde comenzó sus enseñanzas y conoció a su discípulo (cf. *Vida de Plotino*[186], 3 y 4). La edición de Plotino no consistió en la ordenación cronológica de los textos de Porfirio, sino que siguió los modelos de Apolodoro, el ateniense, y de Andrónico, el peripatético, y los ordenó temáticamente en *Enéadas*[187] (cf. *ibid.*, 24).

Como indica su nombre, esta corriente tiene como fin la reinterpretación de la obra platónica, al igual que realizó Alejandro de Afrodisias con Aristóteles, de quien fue coetáneo. No obstante, Plotino compuso un sistema en el que se entremezclaban tesis de los dos pensadores mencionados junto con las de los estoicos, platónicos medios y neopitagóricos, como apunta Igal (cf. Plotino 1982: 26), además de aportaciones presocráticas. Las diferencias generales entre el platonismo y el neoplatonismo se vertebran en torno a las *tres hipóstasis divinas* que recogemos en la siguiente tabla (Tabla 11):

---

185. Seguimos la edición de García Bazán (Numenio de Apamea 1991).

186. Seguimos la edición de Igal incluida en la obra de Plotino (1982).

187. Seguimos las ediciones de Igal para la citación de las *Enéadas* (Plotino 1982, para las dos primeras; Plotino 1985, para las dos siguientes; y Plotino 1998, para las últimas).

Tabla 11. Relaciones entre el pensamiento de Platón y Plotino
(García Gual e Imaz 1986: 189)

Platón	Plotino
Distingue entre el Uno y el Bien. Del Bien habla en la República y del Uno en el Parménides (aunque probablemente los está identificando). Las Ideas dependen jerárquicamente del Bien. El Uno-Bien estaría en la cúspide más allá de las Ideas y sería la causa de éstas.	Identificación del Uno y el Bien. Del Uno-Bien procede la Inteligencia. Y las Ideas serán el fruto de la contemplación de la Inteligencia vertida hacia el Uno.
Introduce un tercer elemento: además del mundo sensible y del inteligible está el Demiurgo, artesano que «crea» el mundo sensible al contemplar las Esencias (formas a imagen de aquél).	En Plotino, el Demiurgo pertenece al mundo de la Inteligencia.
El Alma cósmica es lo primero que crea el Demiurgo.	El Alma como tercera Hipóstasis procede del Nous de la Inteligencia, y vemos en ella dos aspectos, interpretándolos como superior o inferior.
Clara distinción entre el mundo inteligible y el sensible, bajo el que subyace el espacio o receptáculo del devenir.	La materia en Plotino tiene una interpretación distinta a la que le atribuye Platón: no será ni espacio ni receptáculo.

A grandes rasgos, Plotino defiende que el mundo sensible es una copia del mundo inteligible, pero ahonda en las nociones de *Uno* y *Bien* para establecer una procesión que parte desde *él y abarca a todos los seres, por lo que la unidad genera lo múltiple (cf. Enéada*, III, 8, 10, 1-19). Esta jerarquización conecta con las facultad de los mismos seres en la línea aristotélica: el primero, la Inteligencia, pretende a través del *intelecto intuitivo* retornar al Uno-Bien, mientras que el resto se caracteriza por sus capacidades *racional, sensitiva* y *vegetativa*.

Así, desde la Inteligencia emana el Alma cósmica, relacionada con los otros niveles del alma descritos y, por consiguiente, capaz de interactuar con lo inteligible y lo sensible (cf. *Enéada* V, 1, 7, 44-47). El siguiente fragmento atestigua el funcionamiento del Alma cósmica y su origen:

> Ahora bien, esta Inteligencia, siendo semejante a aquél, se comporta de modo semejante: volcó abundantemente su potencia –y ésta es también un trasunto de ella– al igual que la anterior a ella volcó la suya, y esta actividad derivada de la Esencia (de la Inteligencia) es actividad del Alma, convertida en Alma mientras permanecía la Inteligencia. Porque también la Inteligencia se originó mientras permanecía el anterior a ella.

El Alma, en cambio, no crea permaneciendo, sino que engendra una imagen tras ponerse en movimiento. Así que mirando al principio aquel del que provino [la Inteligencia], se llena; mas avanzando hacia un movimiento diferente y aun contrario engendra como imagen de sí misma la Sensación y la Naturaleza que vegeta en las plantas. (Pero nada está desasido ni desconectado de su antecedente). Y por eso aun el Alma superior da la impresión de extenderse hasta las plantas. Es que en cierto modo se extiende hasta ellas, porque de ella es que está en las plantas; sin embargo, no toda ella está en las plantas, sino que, penetrando en las plantas, está así porque prosiguió bajando hasta allá creando con su avance y su interés por inferior una nueva hipóstasis. Porque también el Alma anterior a ésta, la que está suspendida de la Inteligencia, deja que la Inteligencia permanezca en sí misma (*Enéada*, V, 2, 1, 14-30).

Sin embargo, la participación del alma cósmica en la creación del resto de los seres no supone su fragmentación, sino que, según Plotino, la diversidad es un reflejo de la unidad (cf. *Enéada*, V, I, 2, 27-42). Así, el alma tiene una función generativa cuyo último paso es la generación de la *materia* gracias a la facultad vegetativa, que se diferencia de ella al considerarse inerte (cf. *Enéada*, III, 4, 1). De hecho, la existencia de la materia es fundamental para la existencia del universo (cf. *Enéada*, I, 8, 7, 1-7), pero siempre desde la dualidad bien-mal en la que este elemento aparece identificado indefectiblemente con el segundo (cf. *Enéada*, I, 8, 7, 16-23). Este cosmos viviente y en relación con la divinidad, presente en todos los seres que lo componen y habitan, así como la sintonía y dependencia entre ellos, es una muestra de su deuda con el platonismo (cf. *Enéada*, IV, 4, 32). En consecuencia, el alma y la materia constituyen el cosmos, de forma similar al *Timeo* platónico, pero dota a ambos elementos de eternidad como consecuencia de establecerse una relación entre original y copia en los planos inteligible y sensible, respectivamente:

Efectivamente, imita a su modelo en todo punto, puesto que posee vida y rango de esencia, como copia que es, y como originaria de allá, posee rango de belleza. Posee, además, la eternidad de aquél, como imagen suya que es (de lo contrario, tan pronto poseerá el carácter de imagen como dejará de poseerlo), ya que no se trata de una imagen producida por el arte. Ahora bien, toda imagen que es imagen por naturaleza subsiste mientras subsista el modelo. Y por eso no tienen razón los que, mientras perdura el mundo inteligible, destruyen y generan el mundo sensible cual si fuera obra del designio deliberado de su Hacedor en un momento dado. Sea cual fuere el modo como se conciba esta creación, no quieren comprender ni saben que, mientras aquél siga resplandeciendo, nunca jamás cesarán las demás cosas, sino que, desde que aquél existe, también éstas existen, y siempre existieron y existirán. Estos términos tenemos que utilizarlos forzados por el deseo de expresar su eternidad (*Enéada*, V, 8, 12, 15-26).

Este breve caracterización del sistema plotiniano nos permite adentrarnos en las cuestiones humanas y lingüísticas, interés de este libro. El primer paso es la definición que lleva a cabo del alma humana, en la que aúna las concepciones platónicas y aristotélicas a través del *alma indivisa*, asociada con lo intelectivo, y la *mortal*, con lo sensitivo y vegetativo. La siguiente cita resume esta idea:

> Y lo de que toda alma se cuida de lo inanimado se aplica principalmente a ésta; las otras lo hacen de otro modo. Y recorre todo el cielo revistiéndose ora de una forma, ora de otra, sea de una forma sensitiva, sea de una racional, sea de la vegetativa misma. Porque es la parte predominante del alma la que produce la forma adecuada a sí misma, mientras que las otras están inactivas. Es que se mantienen fuera. Ahora bien, en el hombre, las partes inferiores no predominan, pero coexisten. Mas tampoco la parte superior predomina siempre, pues también esas otras ocupan cierta zona. Por eso los hombres funcionan también como sensitivos, pues también hay en ellos órganos sensoriales; y, en muchos aspectos, funcionan como plantas, pues hay en ellos un cuerpo que crece y engendra. Así que todas las partes coactúan, pero, por razón de la parte superior, la forma global es hombre (*Enéada*, III, 4, 2, 1-11).

Así, Plotino plantea una distinción entre el *hombre verdadero*, compuesto por el alma indivisa y la dividida, y el *otro hombre*, que es la unión de la imagen del alma con un cuerpo determinado. La siguiente tabla (Tabla 12) recoge las propuestas de los tres filósofos:

Tabla 12. Correspondencias antropológicas
entre Plotino, Platón y Aristóteles (Igal 1976: 28)

	PLOTINO	PLATÓN	ARISTÓTELES
El hombre verdadero	*Ápice de la inteligencia*	–	–
	Inteligencia pura	Esencia indivisa	Entendimiento activo
	Inteligencia discursiva		Entendimiento pasivo
	Facultad sensitiva	Esencia divisible	Facultad sensitiva
	Facultad vegetativa		Facultad vegetativa
El otro hombre	*Imagen del alma: irascible apetitiva*	Otra especie de alma: irascible, apetitiva, pasible	–
	Cuerpo caracterizado	–	Cuerpo caracterizado

La inclusión de la *inteligencia discursiva* como un nivel intermedio se debe a que tiene lugar una minoración de la autosuficiencia de la inteligencia. Asimismo, únicamente la posee el ser humano, por lo que es el único que presenta la capacidad lingüística, entendida como una deficiencia con respecto a los seres superiores. Las siguientes citas refrendan estas ideas, de entre las que destaca la superioridad de los ideogramas frente a la escritura alfabética, debido a su similitud con el modo en que se captan los componentes del mundo inteligible a consecuencia de su alejamiento de la inteligencia mencionada:

(I)– ¿Se sirve el alma del raciocinio antes de venir (acá) y de nuevo, a su vez, después de salir (de aquí)?

– No, EL RACIOCINIO SE HACE PRESENTE EN EL ALMA EN ESTE MUNDO, CUANDO SE HALLA YA DESCONCERTADA, LLENA DE PREOCUPACIONES Y MÁS DEBILITADA. TENER NECESIDAD DEL RACIOCINIO EQUIVALE A UN AMINORAMIENTO DE LA INTELIGENCIA EN PUNTO A AUTOSUFICIENCIA. PASA COMO EN LAS ARTES: EL RACIOCINIO ES PARA LOS ARTESANOS QUE SE HALLAN DESCONCERTADOS; EN CAMBIO, CUANDO NO HAY DIFICULTAD, EL ARTE DOMINA Y CREA (*Enéada* IV, 3, 18, 1-7).

(II) POR ESO LA RAZÓN NO DEBE QUEDARSE FUERA, SINO QUE DEBE AUNARSE CON EL ALMA DEL ESTUDIOSO HASTA QUE LA HALLE ÍNTIMAMENTE AUNADA. Ahora bien, el alma, aun después de haberse aunado íntimamente y haberse dispuesto, no obstante enuncia dicha razón echando mano de ella –ya que no la poseía primariamente– y estudiándola; y, en virtud de ese manejo, como que se hace distinta de ella, y, pensándola discursivamente, la mira como quien es distinta del objeto que mira. Y, sin embargo, también el alma era razón y una especie de inteligencia, sólo que inteligencia heteropercipiente. Es que no está repleta, sino falta de lo anterior a ella. No obstante, aun el alma ve sosegadamente lo que enuncia. Porque lo que ya ha enunciado rectamente, no lo vuelve a enunciar; mas lo que enuncia, lo enuncia a causa de su propia deficiencia a fin de examinar su propia deficiencia a fin de examinarlo, tratando de comprender lo que posee (*Enéada*, III, 8, 6, 20-30).

(III) – Pues porque siguen siendo capaces de salir de apuros mediante la reflexión cuando surja una situación crítica, podría responder alguno. El raciocinio hay que entenderlo tal como ha sido descrito, porque si uno entiende por raciocinio esa disposición que, dimanando perennemente de la Inteligencia, está presente en las almas y que es una actividad estable y una especie de reflejo (de la Inteligencia), cabe decir que las almas se sirven del raciocinio aun en el mundo de allá.

Tampoco hay que pensar, creo yo, que se sirvan del lenguaje mientras están en el mundo inteligible, si lo están del todo. Pero, aunque tengan cuerpo, si están en el cielo, allá no habrá lugar a ninguna de las cosas sobre las que conversan aquí abajo debido a necesidades o titubeos; y como realizan cada cosa ordenadamente y conforme a la naturaleza, tampoco habrá lugar a que manden ni a que aconsejen, sino que comprenderán intuitivamente lo que quieren unas de otras, pues es un hecho que aun aquí nos es posible adivinarles por los ojos muchas cosas aun a los que están callados. Ahora bien, allá todo el cuerpo es puro, cada uno es como un ojo y no hay nada escondido ni fingido, sino que, antes que uno hable a otro, el otro comprende a simple vista.

Pasando a los démones y a las almas que residen en el aire, no es extraño que se sirvan del lenguaje, pues son vivientes de este tipo (*Enéada*, V, 3, 18, 5-25).

(IV) No hay que pensar, por lo tanto, que en lo que los dioses y aquellos seres superbeatíficos ven allá sean proposiciones, sino que cada unos de nuestros enunciados son allá efigies bellas, como ya imaginaba alguien que se daban en el alma del varón sabio, pero no efigies pintadas, sino reales. Y por eso los sabios de antaño afirmaban que también las Ideas son Seres reales, o sea, Sustancias.

Y PARÉCEME A MÍ QUE AUN LOS SABIOS EGIPCIOS, PERCATÁNDOSE DE ELLO SEA EN VIRTUD DE UNA CIENCIA EXACTA, SEA EN VIRTUD DE UNA CIENCIA CONNATURAL, EN LAS COSAS QUE QUERÍAN EXPRESAR CON SABIDURÍA NO SE VALÍAN DE CARACTERES ALFABÉTICOS, QUE DISCURREN POR PALABRAS Y FRASES, NI DE SIGNOS REPRESENTATIVOS DE SONIDOS Y ENUNCIADOS DE JUICIOS, SINO QUE TRAZANDO IDEOGRAMAS Y GRABANDO EN LOS TEMPLOS UN SOLO IDEOGRAMA PARA CADA OBJETO, PATENTIZABAN DE ESE MODO EL CARÁCTER NO DISCURSIVO DE AQUEL IDEOGRAMA, DANDO A ENTENDER QUE CADA IDEOGRAMA ERA UNA CIENCIA Y UNA SABIDURÍA, UNA ENTIDAD SUSTANTIVA Y GLOBAL, Y NO UN PROCESO DISCURSIVO NI DELIBERATIVO. A PARTIR DE ESA SABIDURÍA, QUE ERA GLOBAL, SE INVENTÓ UNA IMAGEN EXPLICITADA YA EN UN MEDIO DISTINTO Y QUE EXPRESA DISCURSIVAMENTE LA COSA Y LAS CAUSAS POR LAS QUE ES COMO ES, DE TAL MANERA QUE, SIENDO EL PRODUCTO TAN BELLO COMO ES, UNO QUE SEPA ADMIRARSE DIRÍA QUE SE ADMIRABA DE AQUELLA SABIDURÍA, CÓMO SIN CONOCER LAS CAUSAS DE LA ESENCIA, POR LAS QUE ES COMO ES, LAS EXPRESA EN LOS PRODUCTOS REALIZADOS EN CONFORMIDAD CON ELLA. SÍGUESE QUE LO QUE ES BELLO TAL COMO ES, ESTO ES, LO QUE POR LA INVESTIGACIÓN A DURAS PENAS O EN MODO ALGUNO APARECERÍA QUE DEBE SER COMO ES, PARA QUE ALGUIEN PUEDA AVERIGUARLO, DEBE SER TAL COMO ES ANTERIORMENTE A LA INVESTIGACIÓN Y AL RACIOCINIO (*Enéada* V, 8, 5, 20-25; 6).

(V) Si, pues, ni siquiera es posible pensar algo sin el uno, o sin el dos, o sin algún número, ¿cómo puede dejar de existir aquello sin lo que no es posible pensar o decir algo? Porque decir que no existe lo que, si no existe, ni siquiera puedes pensar o decir una cosa cualquiera, no es posible, antes bien lo que se precisa en cada caso, para la formación de todo pensamiento o lenguaje debe existir previamente al lenguaje y al pensamiento, porque así es como puede ser utilizado para la formación de los mismos. Pero si se requiere, además, para la existencia de cada sustancia –pues no hay ser alguno que no sea uno– existirá previamente a la sustancia y será generador de la sustancia (*Enéada*, VI, 6, 13, 45-50).

Una vez más, el *Timeo* es una fuente fundamental para Plotino, de la que se vale para la localización de las partes del alma en el cuerpo, pero con dos divergencias que Igal (cf. Plotino 1982: 90-91) defiende que proceden de las tesis galénicas: la localización de la potencia en todo el cuerpo y el inicio de la actividad en el órgano (fragmentos I y II), y la separación del raciocinio del cerebro (fragmentos II y III). Estos son los fragmentos en que se recogen estas cuestiones:

(I) Pues bien, si la facultad sensitiva ha de sentir a través de todo el cuerpo, síguese que toda ella llega a dividirse, porque, como está en toda parte, bien puede decirse que está dividida. Pero como aparece entera en toda parte, no se puede decir que esté dividida totalmente, sino que se hace divisible en los cuerpos. Y si alguno dijera que tampoco está dividida en los otros sentidos, sino sólo en el tacto, hay que responderle que, como el participante es un cuerpo, la facultad sensitiva se divide forzosamente al modo dicho aun en los otros sentidos, sólo que menos que en el tacto.

Asimismo, la facultad vegetativa del alma y la incrementativa deben dividirse del mismo modo. Y si el apetito reside en el hígado y otra cosa –la cólera– en el corazón, la misma doctrina es también aplicable a éstos. Pero tal vez éstos no los toma (Platón) en la mezcla aquella, sino que tal vez éstos provienen de otro modo, es decir, de alguno de los ingredientes de la mezcla.

    – ¿Y LA RAZÓN DISCURSIVA Y LA INTELIGENCIA?

    – ESTAS YA NO SE COMUNICAN AL CUERPO, PUES SU FUNCIÓN NO SE REALIZA A TRAVÉS DE UN ÓRGANO DEL CUERPO, EL CUERPO SERÍA UN ESTORBO SI ALGUIEN SE VALIESE DE ÉL EN SUS INVESTIGACIONES.

La conclusión es que lo «indivisible» y lo «divisible» son dos cosas distintas y no están fusionadas como una sola, sino como un todo constituido por dos partes, netamente separadas la una y la otra por su potencia. Sin embargo, si es verdad que aun la parte que «se hace divisible en los cuerpos» recibe de la potencia superior la indivisibilidad, síguese que esa misma parte puede ser indivisible a la vez que divisible, una especie de fusión de sí misma con la potencia que le ha venido de arriba.

ES CONVENIENTE ESTUDIAR ATENTAMENTE SI ÉSTAS Y LAS RESTANTES QUE LLAMAMOS PARTES DEL ALMA ESTÁ LOCALIZADAS, O SI ÉSTAS NO ESTÁN LOCALIZADAS EN ABSOLUTO PERO LAS RESTANTES SÍ, Y DÓNDE, O SI NINGUNA LO ESTÁ EN ABSOLUTO. Porque si no acotamos algún lugar para cada una de las partes del alma, entonces, al no ubicar ninguna en ninguna parte, al no situarla dentro del cuerpo antes que fuera, convertiremos el cuerpo en un ser inanimado y mal podremos explicar cómo deben realizarse las funciones que se realizan mediante los órganos corporales. Y si asignamos un lugar a algunas pero no a otras, dará la impresión de que a las segundas no las situamos dentro de nosotros y que, en consecuencia, no toda nuestra alma está en nosotros (*Enéada*, IV, 3, 19, 10-45 y 20, 10).

(II) QUIERO DECIR DEL SIGUIENTE MODO: AUNQUE EL CUERPO ANIMADO ESTÁ ILUMINADO POR EL ALMA, UNA PARTE DEL CUERPO PARTICIPA DE UN MODO Y OTRA DE OTRO. Y COMO, EN CONFORMIDAD CON LA APTITUD DEL ÓRGANO PARA EL DESEMPEÑO DE SU FUNCIÓN, EL ALMA LE ASIGNA LA POTENCIA ADECUADA PARA DICHA FUNCIÓN, PRECISAMENTE POR ESO SE DICE QUE EL ALMA QUE ESTÁ EN LOS OJOS ES LA POTENCIA VISIVA Y LA QUE ESTÁ EN LOS OÍDOS, LA AUDITIVA, Y QUE ES GUSTATIVA EN LA LENGUA Y OLFATIVA EN LAS NARICES; EL TACTO, EN CAMBIO, SE DICE QUE ESTÁ PRESENTE EN TODO EL CUERPO PORQUE TODO EL CUERPO LE SIRVE AL ALMA DE ÓRGANO PARA ESA PERCEPCIÓN. Ahora bien, como los órganos del tacto están en el punto lo de arranque de los nervios, que es precisamente el que posee también la potencia motriz del animal pues ahí es donde la tal potencia se ha comunicado a sí misma, y como, por otra parte, los nervios arrancan del cerebro, por eso trasladaron ahí y colocaron ahí el principio de la sensación y del impulso y de todo el animal, en general, dando por sentado que, obviamente, donde esté el punto de arranque del órgano, allí está presente la potencia que se ha de valer del mismo. Pero es preferible decir que lo que está allí es el principio de la actividad de la potencia, ya que, allí de donde había de partir el movimiento del instrumento, es donde debía tener como su punto de apoyo aquella potencia del artesano que corresponde al instrumento. Mejor dicho, no es la potencia –pues la potencia es omnipresente–, sino el principio de la actividad el que está allí donde está el punto de arranque del órgano.

Ahora bien, la potencia de la sensación y del impulso, propia como es de un alma sensitiva e imaginativa, tiene por encima de sí a la razón; y como ésta es una naturaleza que linda por abajo con aquello sobre lo que está montada, por eso fue colocada por los antiguos en la cima de todo animal, es decir, sobre la cabeza, dándosenos a entender que no está en el cerebro, sino en esa potencia sensitiva que había instalada en el cerebro en el sentido explicado arriba. En efecto, una de esas dos potencias debía comunicarse al cuerpo, es decir, a la parte del cuerpo más receptiva de su actividad; pero la otra, no teniendo comunicación alguna con el cuerpo, debía comunicarse plenamente a aquélla, que era una clase de alma y propia de un alma capaz de realizar las percepciones derivadas de la razón. Porque la potencia sensitiva es judicativa en cierto modo, y la imaginativa es cuasiintelectiva, y e1 impulso y el deseo son consiguientes a la imaginación y a la razón. LA POTENCIA RACIONAL ESTÁ, PUES, EN AQUÉLLA NO COMO EN UN LUGAR, SINO PORQUE LA POTENCIA QUE ESTÁ EN EL CEREBRO PARTICIPA DE LA RAZÓN. CON ESTO QUEDA EXPLICADO EN QUÉ SENTIDO SE DICE «ALLÍ» EN EL CASO DE LA POTENCIA SENSITIVA (*Enéada*, IV, 3, 23, 1-35).

(III) Ahora bien, hay dos clases de inteligencia: la que raciocina y la que posibilita el raciocinio. PUES BIEN, ESTA INTELIGENCIA RACIOCINANTE DEL ALMA, QUE NO NECESITA PARA SU RACIOCINIO DE NINGÚN ÓRGANO CORPORAL, SINO QUE EJERCITA SU PROPIA ACTIVIDAD EN UNA REGIÓN PURA, PARA PODER RACIOCINAR PURAMENTE, SIENDO TRANSCENDENTE Y NO MEZCLADA CON CUERPO, NO ERRARÍAMOS COLOCÁNDOLA EN EL UMBRAL DE LA REGIÓN INTELIGIBLE. Porque no hay que buscar sitio alguno donde colocada, sino que hay que desplazada de todo lugar (*Enéada*, V, 1, 19, 12-19).

La identificación del componente corporal como prisión y origen del mal supone un alejamiento de las posturas interdisciplinares tanto en su teoría como en los siglos venideros, donde estos planteamientos se convierten en un pilar para la deriva trascendental que alcanza el pensamiento. Así, esta corriente neoplatónica se desarrollará en otras escuelas (cf. Copleston 1986: 419-436): 1) en la escuela siria, creada por Jámblico, discípulo de Porfirio; 2) en la de Pérgamo, fundada por Edesio, discípulo de Jámblico; 3) en la de Atenas, donde destaca Proclo; 4) en la de Alejandría, cercana al cristianismo; y 5) en las traducciones al latín de algunos de estos pensadores y su entrada en el currículo educativo medieval.

De entre todos los anteriores, nos ocupamos del comentario al *Crátilo* por parte de Proclo, de cuyo texto únicamente se conservan los escolios de sus alumnos, si bien es cierto que no es el único que se ocupa de este diálogo, sino que se retrotrae al platonismo medio y a las lecturas de él por parte de estoicos y peripatéticos, lo que produjo una interpretación en la que se eliminaba la ironía socrática (cf. van den Berg 2008: §2). De este modo, todo dialecto debe contar en su formación con el estudio de la corrección de los nombres (cf. *Lecturas del Crátilo de Platón*, II-VIII), puesto que es lo que le permite alcanzar el estudio de las realidades eternas y las divinidades (cf. *ibid.*, III). Este proceso corresponde al alma, lo que inserta sus tesis en el plano psicológico, como vemos a continuación:

> El objeto del Crátilo es mostrar la actividad fecunda de las almas en los últimos seres y la potencia asimiladora que muestran, una vez que la han obtenido en esencia, a través de la corrección de los nombres. Pero ya que la actividad // dividida de las almas se desvía con frecuencia de sus propios fines, como sin duda también se desvía su naturaleza particular, tienen verosímilmente su lugar también los nombres indeterminados y derivados fortuita y espontáneamente, y no todos son vástagos de la ciencia intelectiva ni tienden al parentesco con las cosas (*Lecturas del* Crátilo *de Platón*, I).

El debate entre naturalismo y convencionalismo no debe plantearse en términos opositivos, sino que, según Proclo, existe una gradación entre ellos y se organiza desde los nombres prototípicos por naturaleza de los dioses, incognoscibles, hasta los referidos a los sensibles, subdivididos en los que participan en las Formas y los que no, tales como los nombres propios. Estas ideas quedan recogidas en los siguientes fragmentos:

> [...] y en tercer lugar Sócrates, quien haciendo una diferenciación mostró que de ellos unos son por naturaleza y otros por convención, como surgidos al azar. En efecto, los relacionados con las cosas eternas participan más de lo que es por naturaleza, y los relacionados con las cosas perecederas participan más de lo que es por azar. // Pues el que llama Atanasio a su propio hijo evidencia el error de los nombres a este respecto. E incluso teniendo también los nombres forma y materia, según la forma participan más de lo que es por naturaleza, y según la materia, más de lo que es por convención. Y dirigiéndose a Hermógenes separa los nombres sólidamente fundados // en los dioses, como Mirina y los semejantes, de los fundados en las almas, como Badea; ante Crátilo, en cambio, acepta la referencia de los nombres a las cosas, y muestra que también lo azaroso es frecuente en los nombres, y, a la vez, que no todas las cosas se mueven (*Lecturas del* Crátilo *de Platón*, X).

> Que incluso los nombres en los que domina lo que es por naturaleza participan de lo que es por convención, y los que son por convención participan también de lo que es por naturaleza; y por eso todos los nombres son por naturaleza y todos por convención, y no unos por naturaleza y otros por convención (*Lecturas del* Crátilo *de Platón*, XII).

> Que las cosas eternas obtienen su denominación a partir de las potencias o actividades, mientras que las engendradas la obtienen a partir del uso y de la comunicación (*Lecturas del* Crátilo *de Platón*, XIX).

Que de los nombres, unos están establecidos // en las cosas eternas, otros en las corruptibles. De los establecidos en las eternas, unos son obra de hombres, otros, de causas más divinas. De los impuestos por una causa más divina que humana, unos son impuestos por los propios dioses, otros, por démones. De los impuestos por hombres, unos son impuestos con ciencia, y otros, sin ciencia. De los impuestos // en las cosas corruptibles, unos son impuestos con arte, otros, sin arte. De los impuestos sin arte ni pensamiento alguno, unos son impuestos según una causa divina incognoscible, cual es la fortuna, como el nombre de Ores es, otros, sin tal causa. De los nombres impuestos sin causa, unos son impuestos según esperanza, // otros, según recuerdo, otros, de ninguno de los dos modos. De los nombres impuestos con arte, unos son impuestos en las cosas presentes, otros, en las pasadas, otros, en las futuras. En las cosas presentes, por ejemplo, el nombre de Aristocles ha sido cambiado por el de Platón; en las cosas pasadas, // por ejemplo, el nombre de Antíloco fue cambiado por el de Filopátor por exponerse en favor del padre, y en las cosas futuras, por ejemplo, si alguien, sabiendo de antemano por la astrología que su propio hijo iba a resultar ilustre, llamara a ése Pericles.

Pero hay también un género mixto de nombres, que deriva de la fortuna y // del arte, y ése es doble. En efecto, uno se da cuando alguien conoce el significado del nombre, pero ignora la naturaleza de la cosa. Pues Jantipo sabía que ese nombre, [Pericles], significa [extraordinaria fama], pero no sabía que su propio hijo Pericles iba a ser famosísimo, para // poder llamarlo de ese modo. Y el otro se da cuando uno ignora el significado del nombre, pero conoce la esencia de la cosa, por ejemplo, el que ha cambiado el nombre de Teseo por el de Heracles. Pues sabía que Teseo es semejante a Heracles, pero ignoraba que el nombre de Heracles // se adapta sólo al de Heracles, porque Hera es para él causa de tan grandes luchas y de la fama posteriormente lograda a causa de esas luchas (*Lecturas del* Crátilo *de Platón*, CXXIII).

Pese a la intención neoplatónica de conciliar a Platón y Aristóteles, el alumno encargado de recopilar los escolios posiblemente realizó una interpretación incorrecta de *Sobre la interpretación*, incluso tras haber sido estudiado por Amonio (cf. Ruiz Yamuza 1984). De este modo, se estipula la existencia de un nominador que, tomando como modelo las formas platónicas, establece los nombres, y cuya labor únicamente puede ser conocida por el dialéctico. En último lugar, Proclo diferencia entre el plano físico como una manifestación de carácter oral frente a la capacidad de descubrimiento proveniente de los procesos del alma, en relación con la postura aristotélica. Todo esto puede observarse en el siguiente texto:

Que, al decir Aristóteles (*De int.*, 4,17a 1-2) que el discurso es significativo, pero no como instrumento, // sino por convención (pues no es nada extraño, afirma, que, siendo la voz por naturaleza, como movimiento corporal, los nombres sean por convención, // como la danza), Proclo replica así: el nombre no es resultado de los órganos naturales. Pues todo nombre, en cuanto nombre, es significativo de alguna cosa, porque no es lo mismo nombre y voz. De modo que los órganos naturales, // como la lengua, la tráquea, el pulmón y órganos semejantes producen la voz; y éstos también colaboran en la realización del nombre por medio de la materia, pero sobre todo lo realiza el pensamiento del nominador, pensamiento que adapta adecuadamente la materia a la forma y al modelo. Y del nombre, una vez impuesto, se sirve el dialéctico. Pues todo // instrumento tiene un usuario y un productor, y todo lo que utiliza posee también la causa eficiente, y todo lo que tiene la causa eficiente, ayuda a alguien en su actividad, en el supuesto de que no sea algo autogenerado y autoconstituido. Por tanto, si el nombre es tal, uno es su productor y otro se sirve de él una vez generado, // y de uno es la obra y de otro el instrumento. Y ni es por naturaleza, puesto que es resultado de la naturaleza, ni es instrumento, puesto que de él se sirve cierta potencia natural; ahora bien, lo que lo produce y lo que lo utiliza es el arte. Pero, ya que lo que lo produce, lo hace mirando a las cosas, y lo que lo utiliza, lo hace mediante la diferenciación de las // cosas, por eso se dice que es por naturaleza, como resultado y como instrumento. Y en efecto, como imagen es resultado de las cosas y las anuncia por medio de los pensamientos. Así, con razón, el nombre ha sido llamado «instrumento didascálico» (*Cra.* 388b 13), pero poco después será llamado // también producto del legislador (*Cra.* 388e1-2). Y esto es posible por causa del dialéctico, pues el revelar las cosas es un fin y un bien. Por eso Sócrates dice (*Cra.* 388a8) que es más bien un instrumento, celebrándolo sobremanera. Ciertamente es éste un instrumento intermediario entre el que enseña y el que aprende; y sin duda no // era una sola la actividad del activo y del pasivo, como dice Aristóteles (*Phys.* III 3, 202a13-202b22), sino que son tres como mínimo los movimientos, el del activo, el del pasivo y el del instrumento que está entre ambos (*Lecturas del Crátilo de Platón*, XLIX).

El neoplatonismo se desarrolló durante varios siglos, concretamente hasta el edicto de Justiniano que prohibía la enseñanza de la filosofía en el 529 d. C., lo que supuso la clausura de la Academia en Atenas. De este modo, la filosofía no cristiana comienza su declive con una última figura que sirve de nexo con la Edad Media y con postulados neoplatónicos: Anicio Manlio Severino Boecio (*ca.* 480-525 d. C.).

4.   La medicina romana: Celso, Plinio y Galeno

Tal y como ha quedado patente en los epígrafes previos, la ciencia más desarrollada por los autores analizados y en la que obtenemos un mayor número de fragmentos y testimonios para nuestra investigación es la medicina, que en el caso de Roma se desarrolló de forma notable gracias a los profesionales provenientes de Grecia. Esta interacción condujo a múltiples trasvases –recogidos de forma contemporánea por Galeno en su *Sobre las escuelas*[188]– y que Laín Entralgo (cf. 1978: 63-64 y 98-103) agrupa en cuatro grupos:

---

188. Seguimos la edición de Martínez Manzano (Galeno 2002).

1. La *escuela metódica* –Temisón de Laodicea, Tesalo de Tralles, Sorano de Efeso y Celio Aureliano–, influida por Asclepíades de Bitinia[189], consideraba que la salud se compone fundamentalmente del movimiento de átomos a través de cauces determinados y, en el sentido contrario, la enfermedad consiste en su alteración.

2. El enciclopedismo y la farmacología –Aulo Cornelio Celso, Plinio el Viejo y Escribonio Largo– se encargaron de recopilar información tanto sobre la ciencia natural como de la propia medicina.

3. La *escuela neumática* –Ateneo de Atalia–, que retomó las tesis homónimas de Hipócrates y de los estoicos, defendió que toda enfermedad es consecuencia de una alteración de las cuatro cualidades fundamentales en el cuerpo.

4. La *escuela ecléctica* –Agatino de Lacedemonia, Heródoto, Arquígenes de Apamea, Antilo, Rufo de Efeso y Areteo de Capadocia– derivó del neumatismo y de la conjugación de aportaciones de otras múltiples escuelas.

El conocimiento enciclopédico de esta época tiene una gran relevancia, como prueba el *De medicina*[190] de Aulo Cornelio Celso (*ca.* 25 a. C.-50 d. C.). El primero de los ocho libros que componen esta obra comienza con una defensa de la medicina griega y con un repaso de las distintas escuelas, pero también aboga por introducir este campo dentro de la filosofía y recoge a algunos de los pensadores más representativos. Esta información queda condensada en la siguiente cita:

> At first the science of healing was held to be part of philosophy, so that treatment of disease and contemplation of the nature of things began through the same authorities; clearly because healing was needed especially by those whose bodily strength had been weakened by restless thinking and night-watching. Hence we find that many who professed philosophy became expert in medicine, the most celebrated being Pythagoras, Empedocles and Democritus. But it was, as some believe, a pupil of the last, Hippocrates of Cos, a man first and foremost worthy to be remembered, notable both for professional skill and for eloquence, who separated this branch of learning from the study of philosophy. After him Diocles of Carystus, next Praxagoras and Chrysippus, then Herophilus and Erasistratus, so practised this art that they made advances even towards various methods of treatment (*De Medicina*, I, 6-7).

---

189. Laín Entralgo (cf. 1978: 63) considera que fue «[i]ntelectualmente influido por Epicuro, el peripatético Estratón y el escéptico Enesidemo, Asclepíades fue un resuelto antihipocrático, y aunque con bastante menor genialidad que Herófilo y Erasístrato, también se propuso el empeño de edificar una medicina "nueva"».

190. Seguimos la edición en inglés de Spencer (Celso 1971).

La postura de Celso se sitúa entre la corriente empírica y la neumática, ya que considera que su labor debe ser racional y a partir de los datos empíricos, aunque reniega de las vivisecciones realizadas en Alejandría (cf. *De Medicina*, I, 41). Como defiende Conde Parrado (cf. 2003: 219), su orientación práctica en la nosología lo conduce a una breve descripción anatómica y, ocasionalmente, fisiológica. No encontramos en Celso aportaciones relevantes para nuestra investigación, pero es destacable su importancia para la medicina renacentista, tras su desaparición durante la Edad Media, así como en su propia época, como demuestran las citas de Plinio el Viejo y Quintiliano.

Gayo Plinio Secundo (27-79 d. C.), o Plinio el Viejo, ostentó cargos militares y administrativos en la sociedad romana y, además, escribió múltiples obras de índole militar, gramatical e histórica que no han sido conservadas. Destaca, no obstante, su *Historia natural*[191], compuesta por treinta y siete libros cuya presentación temática aparece en el primero de ellos: cosmos (2), geografía (3-6), antropología (7), reino animal (8-11), reino vegetal (12-19), farmacopea vegetal (20-27), farmacopea animal (28-32) y reino animal (33-37). Es conveniente apuntar que, pese a estar incluido en un apartado dedicado a la medicina, este autor manifestó un rechazo explícito por dicho campo y sus representantes debido a la búsqueda del beneficio a partir de la vida y la muerte (cf. *Historia natural*, VIII, 15-17).

Adentrándonos en su contenido, Plinio se caracteriza por colocar en el centro de la naturaleza al ser humano, por lo que todo lo que sucede en ella está relacionado con nuestra especie (cf. *Historia natural*, II, 63). Sin embargo, en el libro séptimo dedicado a la naturaleza humana, no encontramos aportaciones relevantes para nuestro objeto, al contrario de lo que ocurre en el decimoprimero, donde establece las diferencias entre humanos y animales a través de la descripción anatómica y fisiológica de los órganos. Las siguientes dos citas aluden al cerebro y al corazón, en línea con el debate tradicional ya existente desde el periodo griego:

> Tienen cerebro todos los animales que tienen sangre, incluso los animales marinos que hemos llamado moluscos, aunque carezcan de sangre, como el pulpo. Pero el del hombre es proporcionalmente el más grande. Es la más húmeda y fría de todas las vísceras, y está cubierta en su parte superior e inferior por dos membranas, la ruptura de cualquiera de las cuales produce la muerte. Por lo demás, es más grande el del hombre que el de la mujer. En todos los seres carece de sangre y de venas, en algunos también de grasa. Los expertos sostienen que es distinto de la médula, ya que se endurece al cocer. Todos los seres tienen en medio del cerebro unos huesecillos pequeños. EL DEL HOMBRE ES EL ÚNICO QUE PALPITA DURANTE LA INFANCIA Y NO SE ROBUSTECE HASTA QUE EL NIÑO NO

---

191. Seguimos la edición de Fontán, Arribas Hernández, Barrio Sanz, García Arribas, Hernández Miguel, Manzanero Cano, Sancho y Moure Casas (Plinio 1995).

EMPIEZA A HABLAR. Esta es la víscera situada en lugar más alto. Está cubierta por la bóveda craneal y carece de carne, sangre o desechos. En ella tienen los sentidos su ciudadela, hacia aquí se dirige y aquí desemboca toda la multitud de las venas desde el corazón; es la cumbre más elevada, donde reside el gobierno de la mente. En cambio en todos los animales se inclina hacia adelante, pues también los sentidos se proyectan por delante de nosotros. De él nace el sueño, de ahí el movimiento de la cabeza. Los animales que no tienen cerebro no duermen (*Historia natural*, XI, XLIX, 133-135).

El corazón se encuentra en medio del pecho en todos los animales salvo en el hombre, que lo tienen bajo el pezón izquierdo, terminado en una punta cónica y levantado hacia adelante. Sólo el de los peces mira hacia a la boca. Dicen que es lo primero que se forma en los embriones dentro del útero, después lo hace el cerebro y en último lugar los ojos, que en cambio son los primeros en morir, mientras que el corazón es lo último. Es la principal fuente de calor. Palpita de forma constante y se mueve dentro del animal como si de otro animal se tratase. Está cubierto por un envoltorio membranoso blando y resistente, y protegido por el muro de las costillas y el pecho, para que pueda producir la principal causa y origen de la vida. Su interior proporciona la sede principal al espíritu y a la sangre, una cueva sinuosa, que en los animales grandes es triple, y en los demás doble. Allí reside la mente. Desde esta fuente discurren dos grandes venas, hacia delante y hacia la espalda, que dispersándose en una serie de ramificaciones llevan a otras venas menores la sangre vivificadora a todos los miembros. Ésta es la única víscera que no se consume a causa de las enfermedades ni prolonga los sufrimientos de la vida, y que si resulta herida produce la muerte instantánea. Aun cuando el resto del organismo esté ya corrompido, la vitalidad persiste en el corazón (*Historia natural*, XI, LXIX, 181-182).

Podemos extraer tres ideas de los fragmentos anteriores: 1) Plinio defiende una postura cardiocentrista en la que el corazón no solo es el primer órgano en formarse, sino también donde reside la mente –al igual que Aristóteles–; 2) el cerebro es el órgano encargado del control de la mente y de los sentidos, en relación con la dependencia opositiva interorgánica planteada por el Estagirita; y 3) existe una diferencia cuantitativa entre el cerebro humano y el del resto de especies, pero también cualitativa, ya que supone un cambio morfológico debido a la adquisición del habla. Esta última cuestión tiene una importancia capital para nuestra investigación, ya que la adaptación física del cerebro mediante el endurecimiento se establece como consecuencia de la adquisición de la función lingüística, lo que puede anotarse como un antecedente con respecto a las tesis sobre la plasticidad neuronal y al periodo crítico de aprendizaje de Lenneberg.

El tercer y último autor que compone este epígrafe es Galeno (129/130-210/216), cuya formación se desarrolló en múltiples lugares: desde su Pérgamo natal hasta Roma, pasando por Esmirna, Corinto y Alejandría. Residió en la capital del imperio entre el 162 y 164, y desde el 168-169 hasta su muerte, años en los que ostentó el cargo de médico oficial de la corte de Marco Aurelio y Cómodo, un puesto que abandonó con la llegada de Septimio Severo para dedicarse a tareas intelectuales, como recoge López Salvá en su introducción al médico (cf. Galeno 2002: 1-12).

El propio Galeno se encargó de recopilar los textos que componían sus obras en *Sobre mis libros*[192], donde dedica sus dos primeros capítulos a su organización temática: anatómicos (III), terapéuticos (IV), relativos al pronóstico (V), relacionados con Hipócrates (VI), con Erasístrato (VII), con Asclepíades de Bitinia (VIII), con los médicos empíricos (IX) y metódicos (X); lógicos (XI), éticos (XII), relacionados con Platón (XIII), Aristóteles y peripatéticos (XIV), estoicos (XV) y epicúreos (XVI); y, en último lugar, los retóricos y filológicos (XVII).

Entre sus escritos más lejanos a la medicina, este pensador dedica un breve tratado a la dialéctica en el que define las tres vías de conocimiento[193] y expone la diversidad de silogismos analizados por autores previos, particularmente por Crisipo[194]:

> Todos los hombres conocemos de entre las cosas que se manifiestan, unas por sensación, otras por la sola intelección; éstas ciertamente sin demostración. Y las no conocidas ni por sensación ni por intelección, mediante demostración. Y fuerza es que el hallazgo de las conocidas por demostración sea a partir de las antes conocidas. A la verdad, no así simplemente de cualesquiera, sino a partir de las que son afines a la que ha de ser demostrada; ya que a partir de una noción afín persuadiremos a quien habrá de ser constreñido a conceder este argumento en cada una de las cosas que se cuestionan (*Iniciación a la dialéctica*[195], I, 1-2).

Este interés por las vías de conocimiento está condicionado por su aplicación en el ámbito médico y, más concretamente, por los datos obtenidos a través de las disecciones. De forma general, Galeno sigue la teoría humoral hipocrática y aristotélica, procedente de Empédocles, las aportaciones anatómicas de Herófilo y Erasístrato sobre el cerebro y el sistema circulatorio, y la teoría del alma del *Timeo* platónico. Una aproximación extensa tanto a su descripción del cuerpo humano y sus partes como a su fisiología puede encontrarse en *Del uso de las partes*[196]: 1) el hígado es el centro de la vida vegetativa, origen de las venas y lugar donde se crea el *pneûma* natural; 2) el corazón es el órgano donde radican la vida volitiva y las arterias y donde se genera el *pneûma* vital; y 3), por último, el cerebro es el origen de

---

192. Seguimos la edición de Martínez Manzano (Galeno 2002).

193. Leith (cf. 2014) enfatiza que las fuentes peripatéticas e hipocráticas sirven para criticar las teorías de los atomistas en relación con la vía de conocimiento basada en la sensación.

194. Gill (cf. 2007) relaciona los rasgos comunes entre Galeno y los estoicos, además de establecer que los motivos de las críticas del médico están basados en aspectos psicológicos.

195. Seguimos la edición de Ramírez Trejo (Galeno 1982).

196. Seguimos la edición de López Salvá (Galeno 2010).

la racionalidad, de los nervios y del *pneûma* psíquico. No obstante, cada una de las anteriores partes se conecta con las demás gracias a la labor del demiurgo (cf. *Del uso de las partes*, IV, 13, 310), dando como resultado una armonía funcional equiparable a la existente en la naturaleza (cf. *ibid.*, XVII, 1, 358-359).

En relación con nuestros intereses, la distinción entre humanos y animales establecida por Galeno corresponde con la premisa aristotélica de que la función de cada parte del cuerpo es dependiente del alma, que, a su vez, varía entre los distintos seres. Es particularmente relevante cómo utiliza la descripción de la mano como el elemento que marca el límite entre las especies, debido a una muestra de la inteligencia, ya que «toda alma tiene por su esencia ciertas facultades pero sin los instrumentos no tiene recursos para hacer lo que por naturaleza le es dado hacer» (*ibid.*, I, 3).

Pasamos en este punto al tórax, donde se encuentran tanto los pulmones como el corazón. A los primeros se les asocian dos funciones: la primera, el enfriamiento del calor procedente del corazón y la segunda, la fonación[197]. La siguiente cita recoge estas ideas:

> Por eso toda esa especie es muda, pues los peces carecen de pulmón, uno de los órganos necesarios para la formación de la voz. En todos los animales que inspiran el aire y lo exhalan de nuevo por la boca, el pulmón, que es un órgano respiratorio a la vez que de fonación, les llena la cavidad del tórax. El origen de su movimiento está en el tórax, como he demostrado en mis reflexiones *Sobre la respiración*, y también he dicho en las *De la voz*[198] hasta qué punto contribuye a la producción de ésta [...].
>
> El uso de la respiración, demostré, se produce en los animales a causa del corazón, que necesita de alguna manera la sustancia del aire y además quiere ser refrigerado, debido a su ardiente calor. La inspiración, al suministrarle una cualidad fría, lo refrigera y también la exhalación, al expulsar el aire ardiente y abrasador que hay en él (*Del uso de las partes*, VI, 2, 411-412).

El corazón, por otro lado, tiene como funciones primordiales la generación del *pneûma* en el ventrículo izquierdo y de las funciones nutritivas a través de la sangre en el derecho (cf. *ibid.*, VI, 7, 436). En lo relativo a su cercanía al aristotelismo, Galeno rechaza que este órgano sea el centro de los sentidos, para lo que se vale de los datos obtenidos en las disecciones, donde se evidencia su relación con el cerebro y la función de enfriamiento que lleva a cabo este órgano (cf. *ibid.*, VIII, 3). De este modo, Galeno dota al cerebro de la capacidad de raciocinio, asociada con los nervios, encargados de producir la sensación, como manifiesta en estos fragmentos:

---

197. Junto con lo anterior, se ocupa de la tráquea y la laringe, así como de su función fonadora, en el libro VII, y de la faringe en el siguiente libro.

198. Este tratado no se ha conservado, pero se intuye su interés para nuestra investigación.

Así, el que sabe que la facultad del raciocinio tiene su sede en el encéfalo, sabrá también que los delirios, las frenitis, los letargos, las locuras y las melancolías se producen cuando el encéfalo está afectado en primera instancia o por simpatía (*Del uso de las partes*, XVII, 2, 363).

En la cabeza hay cuatro órganos sensoriales: los ojos, las orejas, la nariz y la lengua. Todos tienen el principio sensorial en el encéfalo y, aunque por eso parece que son iguales, son, sin embargo, específicamente diferentes en las facultades sensoriales mismas y en los cuerpos a través de los que les llegan las percepciones (*Del uso de las partes*, VIII, 6, 640).

Todos los nervios del cuerpo que se ramifican por debajo de la cabeza nacen o del cerebelo o de la médula espinal, por lo que el ventrículo del cerebelo debía ser de un tamaño considerable y recibir el *pneûma* psíquico elaborado previamente en los ventrículos anteriores, y consecuentemente era necesario que desde ellos se formara un conducto al ventrículo del cerebelo (*Del uso de las partes*, VIII, 11, 655).

En el último, Galeno menciona el *pneûma psíquico* y considera que es el elemento diferenciador, cualitativa y no cuantitativamente, entre humanos y animales (cf. *ibid.*, VIII, 13, 674). De hecho, en este mismo texto se interesa por el apartado lingüístico y sitúa el origen y producción de esta capacidad en el cerebro, como emana del siguiente fragmento:

La voz, dado que es la obra más importante del alma, puesto que comunica los pensamientos de la razón, debía, ciertamente, crearse mediante órganos que recibieran los nervios del encéfalo (*Del uso de las partes*, XVI, 3, 277).

Las disquisiciones de Galeno sobre el alma son escasas, ya que considera que no son productivas para el tratamiento de las enfermedades (cf. García Ballester 1996: 706). Por tanto, y en línea con estos planteamientos fisiológicos, este pensador defiende que únicamente es inmortal el alma racional, mientras que las irracionales, es decir, la concupiscible e irascible, asociadas al hígado y al corazón, respectivamente, son mortales (cf. *Las facultades del alma siguen los temperamentos del cuerpo*[199], 3). No obstante, el cuerpo es el encargado de alterar las facultades del alma, en la línea de lo planteado en el *Timeo* platónico (cf. *ibid.*, 6), por Aristóteles (cf. *ibid.*, 7) e, incluso, en los factores ecológicos hipocráticos (cf. *ibid.*, 8-9)[200]. La

---

199. Seguimos la edición de Zaragoza Gras (Galeno 2003).

200. Las fuentes galénicas son reinterpretadas, no solo repetidas, como demuestra la integración de los planteamientos psicológicos de Platón con su propia profesión (cf. Hankinson 1991: 197-233).

diferencia inicial establecida entre animales y humanos se ve reforzada mediante la adición de las divinidades en estos fragmentos:

> No está claro que los seres vivos llamados irracionales no participen en absoluto de la capacidad de raciocinio, ya que posiblemente aunque no tomen parte en la facultad concerniente a la voz y que se denomina también «verbal», al menos todos participan, en mayor o menor medida, de la facultad que se encuentra en el alma y que llaman «interior» (*Exhortación a la medicina*, 1).

> La raza humana, hijos míos, tiene rasgos en común con los dioses y con los animales irracionales, con los primeros su carácter racional, con los segundos su carácter mortal. Por tanto, es aconsejable tomar conciencia de este rasgo que tenemos en común con los seres superiores y poner cuidado en la educación, porque si la ponemos en práctica con éxito obtendremos el mayor de los bienes, y si fracasamos al menos no experimentaremos la vergüenza de ser inferiores a los animales por condición (*Exhortación a la medicina*, 9).

Obviamente, Galeno se ocupó también de las enfermedades, particularmente en *Sobre la localización de las enfermedades*[201], de entre las que nos centraremos en las que afectan al cerebro, ya que como hemos analizado y encontramos de nuevo en esta obra (cf. *ibid.*, I, 2, 19-20) es donde se localiza el alma dirigente. Su postura con respecto a las enfermedades es que «nunca se afecta una función sin que la parte esté afectada también» (*ibid.*, I, 2, 29).

De nuevo, el médico muestra gran interés por el componente lingüístico y, en particular, por la voz, como demuestra su alusión a aquellas patologías que afectan a la emisión del aire (cf. *ibid.*, I, 6, 49-50) o a las cuerdas vocales (cf. *ibid.*, I, 6, 53). A las enfermedades físicas hay que añadir las psíquicas, que están relacionadas con un componente corporal (cf. *ibid.*, I, 7, 66-68), y, particularmente interesantes para nosotros, son aquellas que afectan al raciocinio y a la percepción –localizadas en el cerebro y su correlato fisiológico: la mente–, como son la pérdida de memoria, la epilepsia, etc. (cf. *ibid.*, III, 5-11). De este modo, queda patente la distinción entre la voz, física, y el lenguaje, psíquico, como muestra este fragmento:

> Aunque ya lo sabéis, os recuerdo que no es lo mismo voz y lenguaje; la voz es una función de los órganos vocales; y el lenguaje, de los órganos de la locución, el más importante de los cuales es la lengua, colaborando en no poca medida la nariz, los labios y los dientes. También os recuerdo que son órganos vocales la laringe, los músculos que la mueven y todos los nervios que desde el encéfalo les proporcionan a éstos su facultad (*Sobre la localización de las enfermedades*, IV, 9, 266-267).

---

201. Seguimos la edición de Andrés Aparicio (Galeno 1997).

Para terminar con la producción de Galeno, analizamos su obra *Sobre los sofismas del lenguaje*[202], donde aborda distintos sofismas aristotélicos y platónicos, y donde se evidencia la postura convencionalista del médico al considerar que la función fundamental del lenguaje es la significación, para lo que ha sido creado (cf. *ibid.*, 2), y se opone a los planteamientos etimologistas de los estoicos, particularmente los de Crisipo, en favor de las tesis de Aristóteles y Teofrasto (cf. *Sobre las doctrinas de Hipócrates y Platón* II 2, 4-8, pág. 104, 6-26 De Lacy *apud* Crisipo 2006a: 424-425).

Su influencia en la Edad Media es fundamental, puesto que el médico se erigió como una de las fuentes básicas sobre la materia en las universidades europeas y en el mundo islámico. Esta consideración fue diluyéndose con los descubrimientos anatómicos a través de las disecciones posteriores, lo que matizó sus tesis. No obstante, en su propio contexto también podemos encontrar autores que disienten de Galeno, como demuestra el cardiocentrismo de Areteo de Capadocia en la siguiente cita:

> En los que padecen del corazón se observa una percepción más aguda, hasta tal punto que ven y oyen más que antes, una capacidad mental más sólida y un alma más pura; por ello, son adivinos exactos no sólo de los acontecimientos presentes, sino también de los futuros. Tales cosas no son facultades del estómago, sino del corazón, donde residen el alma y la naturaleza de ésta, y al que conciernen también las afecciones propias de las facultades sitas allí (*Sobre las causas y síntomas de las enfermedades agudas*[203] II, 3, 4).

5. Series textuales del periodo, relaciones y canonicidad

La mayor conservación de las fuentes en este periodo facilita el análisis de las relaciones entre los pensadores, pero, pese a este aumento, son recurrentes las ausencias de textos que conducen a la reconstrucción a través de noticias en otros autores, tal y como ocurría en el capítulo dedicado a Grecia. En relación con esta última, es notable la deuda que Roma tiene con ella en el apartado intelectual y cultural, una tradición que enfocaron mayoritariamente hacia el ámbito ético, una cuestión tangencial en nuestra investigación.

Durante la época imperial, el estoicismo se erige como una de las escuelas que mantiene el interés por la división tripartita de la filosofía, como demuestran dentro del estoicismo medio Panecio y Posidonio, quienes fueron seguidores de las doctrinas estoicas griegas monistas. Así, el alma, o *pneûma*, posee un carácter corpóreo y mortal, y está relacionada con el aire. A esta idea, Panecio le añade la caracterización de la racionalidad humana a partir de criterios culturales y lingüísticos,

---

202. Seguimos la edición de Martínez Manzano (Galeno 2002).
203. Seguimos la edición de Pérez Molina (Areteo de Capadocia 1998).

que refleja una capacidad que supera el nivel sensorial del resto de los animales y, además, la posibilidad de aplicárseles principios éticos.

Los testimonios conservados de Posidonio se centran en la identificación del *pneûma* con la divinidad, puesto que es el encargado de dotar de existencia y raciocinio a la materia. Según Galeno, sus tesis sobre las facultades del alma difieren del resto de estoicos, particularmente de Crisipo, y muestran semejanzas con las posturas de Platón y Aristóteles al definir tres de ellas: la *apetitiva*, la *desiderativa* y la *racional*. La relación con el Estagirita se puede establecer también a través de las relaciones existentes entre la filosofía, considerada como el saber inicial, y el resto de las ciencias, en una muestra clara de multidisciplinariedad.

La tradicional inclusión de Cicerón dentro del estoicismo medio ha estado motivada por sus similitudes en el apartado ético, aunque su eclecticismo es evidente, como demuestra el seguimiento de la teoría de Carnéades. En *Cuestiones académicas* desarrolla un debate sobre las posturas estoicas y academicistas, y rechaza el establecimiento del componente sensorial como un criterio fiable de conocimiento. Además, sus aportaciones al campo de la física muestran una deuda con el platonismo, debido a la defensa de la inmortalidad del alma, su ubicación en el cerebro y su relación con el raciocinio, puesto que la pérdida que experimenta con la muerte es la de la sensibilidad.

Cicerón también se ocupó de cuestiones médicas, influido por los humores hipocráticos, e identificó la sabiduría con la salud del alma, por lo que cualquier enfermedad supone la locura, clasificada como *amentia* –ausencia de razón– o *dementia* –pérdida de razón–. El ser humano, por consiguiente, debe ser entendido como un conjunto en el que el alma actúa como un elemento divino que establece la diferencia cualitativa entre humanos y animales.

Este filósofo y estadista estableció importantes relaciones con sus semejantes, de entre las que destaca para nuestro trabajo su amistad con Marco Terencio Varrón. En este caso, la escasa conservación de sus textos únicamente nos permite recopilar dos ideas: su explicación del origen del debate *anomalismo-analogismo*, debido a una interpretación errónea de las palabras de Crisipo por parte de Crates de Malos y la influencia que tuvo en la *Historia natural* de Plinio, quien lo cita en varias ocasiones, aunque sin constituirse como canónico dentro del texto (cf. Boscherini 1993). El propio Cicerón, además, fue el editor del *De rerum natura* de Lucrecio, que supuso el renacimiento del epicureísmo griego, en el que se retoman las nociones atomistas, monistas, sobre la no preexistencia del alma y sobre el carácter natural del lenguaje.

El estoicismo obtuvo un papel todavía más relevante en el periodo republicano a través de Séneca, Epicteto y Marco Aurelio, quienes se encargaron, de nuevo, especialmente de la ética, pero también de la lógica y la física. Su punto de partida es la divinidad –encargada de dirigir el universo– y, de forma descendente, se encuentran el resto de los seres. Los primeros son los humanos, ya que poseen un alma racional frente a la irracional de los demás y, por consiguiente, son susceptibles de aplicar el principio ético, que es la vía para acercarse a lo divino. En lo que respecta a su teoría del conocimiento, esta continúa tomando como base las representaciones, conjugando lo sensorial con lo racional, lo que da lugar a una visión lógica de conjunto de su teoría lógica al implementarse las nociones dialécticas (cf. la introducción de Rodríguez Gervás en Marco Aurelio 2007).

Séneca, por otro lado, muestra un mayor interés por los aspectos médicos y, concretamente, sobre el cuidado corporal con respecto a la importancia de la sangre y del aire en el *pneûma*. Hierocles, un estoico menos afamado, estableció el punto de diferenciación entre humanos y animales durante el periodo final de la gestación y no en su inicio a través de la conversión del hálito en alma.

El escepticismo se vio revitalizado por la labor de Enesidemo, quien retomó los postulados de Pirrón y estableció los diez argumentos sobre la suspensión del juicio, y Sexto Empírico. Este último actuó como compilador y abogó por la distinción del escepticismo del resto de corrientes –como hemos manifestado en el análisis de las fuentes perdidas y fragmentarias del resto de autores, movimientos y escuelas– y de la medicina empírica, que trataba de hacer de su procedimiento una forma de conocimiento (cf. Román Alcalá 2012b). También se ocupó de aspectos lingüísticos: defendió el carácter práctico de la gramática y el carácter ilimitado del lenguaje como resultado de los seres, corpóreos e incorpóreos, a los que se aplican las palabras y la variación diacrónica del léxico. Esta reflexión interdisciplinar supone la negación de cualquier conocimiento tomando como base los significantes y significados, a lo que se debe unir la postura convencionalista derivada del carácter infinito de su objeto y de su uso.

El peripatetismo resurgió también en esta época gracias a Andrónico de Rodas, el editor de las fuentes aristotélicas que permitió a los comentadores posteriores obtener fuentes fiables. Esta misma corriente, junto con el neopitagorismo, influyó en la aparición del platonismo medio, donde destacan Plutarco de Queronea, por sus críticas a epicúreos y estoicos, el seguimiento de las tesis presentes en el *Timeo* de Platón y los escritos interdisciplinares de carácter biológico y zoológico; y Aulo Gelio, que alude a cuestiones filosóficas, históricas, físicas, gramaticales, etc., en sus *Noches áticas*.

Además de estas, destacamos la figura de Plotino, quien postuló la teoría de las hipóstasis y condujo a un alejamiento prácticamente total de las cuestiones interdisciplinares que son objeto de nuestro trabajo. Este hecho se debe al interés que tanto él como sus seguidores –Jámblico, Proclo o Boecio– dedicaron a la divinidad en detrimento del cuerpo. A pesar de la desaparición de los estudios unificados entre los dos elementos en sus escritos, sí desarrollaron cuestiones lingüísticas. En primer lugar, Plotino ubicó lo verbal en los humanos y lo asoció con el plano sensible, puesto que la divinidad no requiere de ello para comunicarse. Después,

Proclo recogió la teoría de las emanaciones del anterior en su comentario al *Crátilo* e intentó adaptarla al debate de ese diálogo: existen palabras más semejantes a las *formas* o *ideas* y, por tanto, más naturales, y existen otras que no se asocian a ellas, más convencionales. Por último, Boecio actuó como compilador de la lógica aristotélica, constituyéndose una fuente fundamental durante la Edad Media.

Como consecuencia del trasvase del pensamiento griego en el romano y en relación con la composición de la serie textual, hemos incluido en la correspondiente a este periodo las SERIES PARALELA Y POSTERIOR de la época griega (Figura 9) como SERIES PREPARATORIAS 1 y 2. Debido a la complejidad de las relaciones y de su representación gráfica, en los siguientes párrafos comenzamos el análisis de los distintos vectores de influencia entre las SERIES PREPARATORIAS, siendo la tercera de ellas exclusivamente romana:

1. PRESOCRÁTICOS-CICERÓN, PLATÓN-CICERÓN, ARISTÓTELES-CICERÓN, PERIPATETISMO-CICERÓN, EPICUREÍSMO-CICERÓN y ESTOICISMO MEDIO-CICERÓN: en todos los casos, los vectores son *directos*, *parciales* y *teóricos*, como resultado del eclecticismo ciceroniano, que se vale de todos estos para construir su postura, lo que, además de hacerlo avanzar teóricamente, propició la entrada de la filosofía griega en Roma.

2. ACADEMIA-CICERÓN: el probabilismo de Cicerón proviene de Carnéades, un rasgo que nos permite distinguir la influencia como *directa*, *parcial*, a consecuencia del mencionado eclecticismo, y *teórico-metodológica*.

3. ESTOICISMO ANTIGUO-ESTOICISMO MEDIO: el estoicismo medio coincide con el trasvase del griego al romano, que se concretó como un seguimiento prácticamente total de Zenón y sus seguidores. Por esta razón, los vectores se concretan como *directo*, *total* y *teórico-metodológico*.

4. EPICURO-LUCRECIO: la obra de Lucrecio, *De rerum natura*, es la muestra más relevante del epicureísmo griego en Roma, en la que sigue sus tesis físicas, éticas y lingüísticas. Este trasvase, por tanto, es *directo*, *total* y *teórico-metodológico*.

5. CICERÓN-VARRÓN y CICERÓN-LUCRECIO: la relación de Cicerón con respecto a estos dos pensadores tuvo como resultado un amplio avance intelectual, prácticamente perdido en el caso del primero y manifiesto en la edición del *De rerum natura* del segundo. Por tanto, nos encontramos frente a una labor *directa*, *total* y *teórica* de edición y transmisión de estas obras.

6. ESTOICISMO MEDIO-ESTOICISMO IMPERIAL: al igual que en el paso del estoicismo antiguo al nuevo, el surgimiento de los autores que componen esta corriente en época imperial sigue los principios establecidos desde Grecia, pero con la salvedad del mayor enfoque ético en sus estudios, rasgo inherentemente romano. Por consiguiente, los vectores vuelven a ser *directo*, *total* y *teórico-metodológico*.

Las siguientes relaciones son las que se establecen entre las SERIES PREPARATO-RIAS y la PARALELA y dentro de la segunda, donde incluimos a Sexto Empírico, por su función fundamental como compilador de teorías previas y coetáneas, y el estoicismo imperial, el peripatetismo romano, platonismo medio y neopitagorismo, puesto que se trata de corrientes fundamentales que fueron desbancadas tras el auge del cristianismo:

1. PRESOCRÁTICOS-SEXTO EMPÍRICO, PLATÓN-SEXTO EMPÍRICO, ARISTÓTELES-SEXTO EMPÍRICO, ESTOICISMO ANTIGUO-SEXTO EMPÍRICO, EPICUREÍSMO-SEXTO EMPÍRICO, ACADEMIA-SEXTO EMPÍRICO, PERIPATETISMO-SEXTO EMPÍRICO, ESTOICISMO MEDIO-SEXTO EMPÍRICO: en todos los casos, el carácter *directo*, *parcial* y *teórico* de los vectores de influencia se deben a que Sexto Empírico, con el fin de desechar el dogmatismo imperante en un retorno al escepticismo pirrónico, realiza una recopilación del panorama intelectual de épocas anteriores y previas.

2. ARISTÓTELES-PERIPATETISMO ROMANO: la edición de los textos de Aristóteles por parte de Andrónico de Rodas supuso un paso fundamental para la labor de los comentaristas romanos, en particular para Alejandro de Afrodisias, el más afamado de ellos. Este autor mantuvo los postulados *teóricos y metodológicos* del Estagirita, y se estableció como sustento *directo* y *total* de los comentarios posteriores.

3. PERIPATETISMO ROMANO-PLATONISMO MEDIO: los comentarios a Aristóteles fueron imitados con la obra de Platón, pero en este segundo autor el apartado biológico será menos tratado que el lógico, donde coinciden ambos filósofos. De este modo, la influencia es *directa*, *parcial* y *teórica*.

4. PLATÓN-PLATONISMO MEDIO: la indagación en la obra de Platón y los comentarios realizados a sus textos –en la misma línea planteada por el peripatetismo romano– indican un seguimiento *directo*, *total* y *teórico-metodológico* de la obra del fundador de la Academia.

5. PLATÓN-NEOPITAGORISMO: el eclecticismo del neopitagorismo se hace patente en su conjunción de las teorías homónimas y platónicas junto con las cuestiones religiosas presentes en los *Oráculos caldeos*, por lo que esta relación puede definirse como *directa*, *parcial* y *teórica*.

En último lugar, la serie posterior está compuesta únicamente por el neoplatonismo, ya que fueron los pensadores que se encuadran dentro de esta corriente los que enunciaron muchos de los principios que se convirtieron en las bases del cristianismo y que tuvieron como resultado un cambio de paradigma a todos los niveles. Las relaciones que establecemos son las siguientes:

1. PLATONISMO MEDIO-NEOPLATONISMO: el resurgir de los textos platónicos, particularmente del *Timeo*, es la base *teórica* utilizada por Plotino para sus *hipóstasis*, pero el componente religioso supone una desviación del cuerpo

de postulados de Platón, que es resultado de un seguimiento *parcial* y *directo* del platonismo medio.

2. NEOPITAGORISMO-NEOPLATONISMO: justamente ese apartado religioso, proveniente del neopitagorismo, se manifiesta en el neoplatonismo en el principio de multiplicidad, o teoría de la emanación, que parte del Uno-Bien. Esta influencia la consideramos *directa*, *parcial* y *teórico-metodológica*, puesto que sirve de sustento para el resto de sus planteamientos.

En conclusión y como resultado de lo expuesto, presentamos a continuación (Figura 9) la representación de la serie textual completa de la Roma republicana e imperial que sintetiza esta información y en la que hemos incorporado, además, los pensadores y corrientes canónicos procedentes de la época romana.

Junto con esta serie, consideramos pertinente la creación de una segunda que se ocupe del apartado científico, particularmente médico. No obstante, la indefinición epistemológica griega desembocaba en una inter- y multidisciplinariedad constante, tal y como hemos evidenciado previamente. A consecuencia de esto, hemos incluido a Hipócrates, Platón y Aristóteles en la SERIE PREPARATORIA 1, puesto que suponen referencias importantes para la producción de Galeno, situado como único elemento en la SERIE PARALELA.

Comencemos con las relaciones establecidas entre las series preparatorias 2 y 3, concretamente con Celso, un autor romano que actuó como compilador del conocimiento médico de la época y de cuya obra destacamos dos puntos: el reconocimiento de Hipócrates como el primero en separar medicina y filosofía, y la negación de las tesis de Herófilo y Erasístrato. Los tres vectores de influencia entre estos últimos y Celso se concretan como *directo*, de hecho, el romano es una de las fuentes que recopila sus teorías perdidas, *parcial* y *teórico*, puesto que se niega su labor médica y debido a que la función del texto de Celso es enciclopédica, frente a los procesos de disección y vivisección llevados a cabo por Herófilo y Erasístrato.

El segundo autor es Plinio, quien, en la misma línea que el anterior, pero de forma más reducida, realiza un repaso por las distintas escuelas médicas. Asimismo, se dedica a cuestiones biológicas, como la formación del corazón, primer órgano del cuerpo, y la centralidad del cerebro en el raciocinio y la percepción. Especialmente notable es el cambio que Plinio postula en el cerebro: el órgano se endurece cuando adquiere la capacidad lingüística en su último estadio. Por tanto, la relación entre la *Historia natural* de este y el *De medicina* de Celso es *directa*, *parcial* y *teórica*, puesto que nos encontramos frente a referencias puntuales a la primera obra.

Por otro lado, las *Cuestiones naturales* de Séneca, a pesar de las similitudes con el texto de Plinio, se centra en el carácter ético de los conocimientos compilados y no únicamente en su acumulación, como apunta Codoñer Merino en su

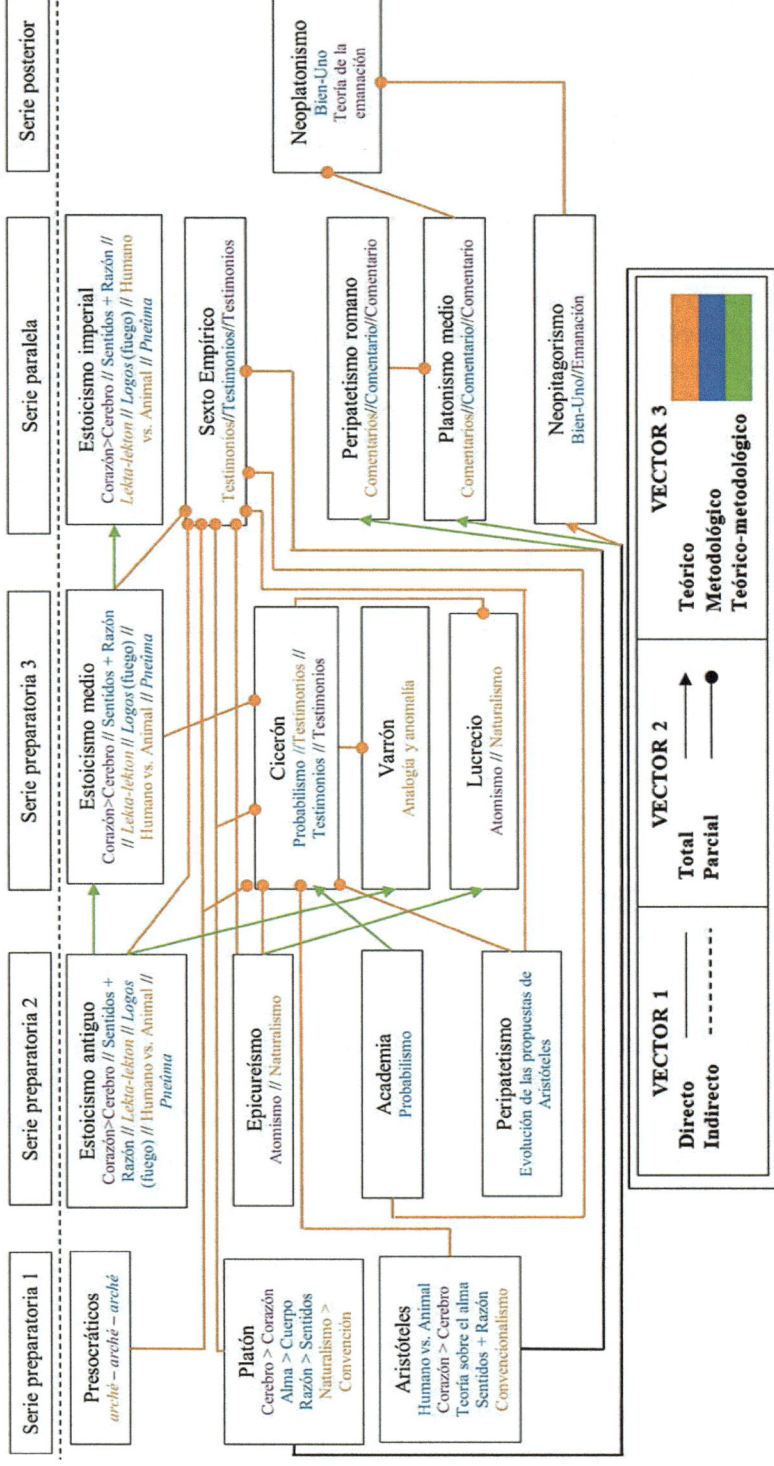

Figura 9. Serie textual del pensamiento romano republicano e imperial (siglo III a. C. – siglo VI d. C.) (elaboración propia)

introducción a la obra. Con respecto a su contenido, gran parte procede de los *Meteorológicos* de Aristóteles, carente de relevancia en nuestro estudio, y de los postulados sobre la sangre y el *pneûma*. Esta última relación, puesto que Séneca pertenece al estoicismo imperial, puede definirse como *directa*, *total* y *teórico-metodológica*, como apuntábamos en la serie anterior.

En último lugar, consideramos a Galeno como el representante más destacado de interdisciplinariedad en los campos de estudio analizados. Los testimonios de su formación filosófica se manifiestan en la producción intelectual en diversos ámbitos, como demuestra su *Introducción a la dialéctica*, influida por Aristóteles y Crisipo. En el apartado lingüístico, Galeno defiende, además de la centralidad del cerebro en el raciocinio y la sensación, que este órgano es el encargado de producir los pensamientos expresados mediante la voz y de los estímulos nerviosos encargados de coordinar los órganos articulatorios de la voz.

Si recuperamos las relaciones con la SERIE PREPARATORIA 1, nos encontramos con una primera relación con Hipócrates, de quien Galeno toma la teoría de los humores y la consideración sobre el trabajo del médico, estableciéndose una relación *directa*, *total* y *teórico-metodológica*. En segundo lugar, con Platón, al que sigue en lo referente a las partes del alma en el cuerpo, y, en tercer lugar, a Aristóteles, considerado como un continuador de la teoría humoral y de quien destaca sus aportaciones fisiológicas. De este modo, estas dos influencias se concretan como *directas* –puesto que encontramos referencias constantes a sus textos–, *parciales* –ya que los intereses del médico son mucho más reducidos que las de los filósofos griegos– y, en el caso del vector cualitativo, la relación con Platón es *teórico* –los datos recogidos por Galeno son más conceptuales que prácticos– y con Aristóteles, *teórico-metodológico* –debido al componente biológico de la obra del Estagirita–.

Con relación a las teorías anatómicas de Herófilo y Erasístrato, Galeno es otra de las fuentes básicas para su reconstrucción, puesto que de ellos toma el descubrimiento de los nervios y sus tesis del aparato circulatorio, así como la centralidad del cerebro en el razonamiento y en el procesamiento de los datos sensoriales. Por otra parte, rechaza sus afirmaciones sobre que el contenido de las arterias es *pneûma*, por lo que los vectores son *directo*, *teórico-metodológico*, pero, a la vista de esta negación, *parcial*.

Crisipo –representante más importante del estoicismo en la obra de Galeno– aparece mencionado en el campo de la dialéctica y por su teoría de las mezclas, pero su cardiocentrismo en los procesos cognitivos y sensoriales es criticado por el médico pese a su monismo, mucho más cercano a su fisiología que la dualidad platónica. Así pues, los testimonios nos conducen a definir los vectores como *directo*, *parcial* y *teórico*.

La siguiente figura (Figura 10) sintetiza las relaciones expuestas sobre el panorama científico de Grecia y Roma:

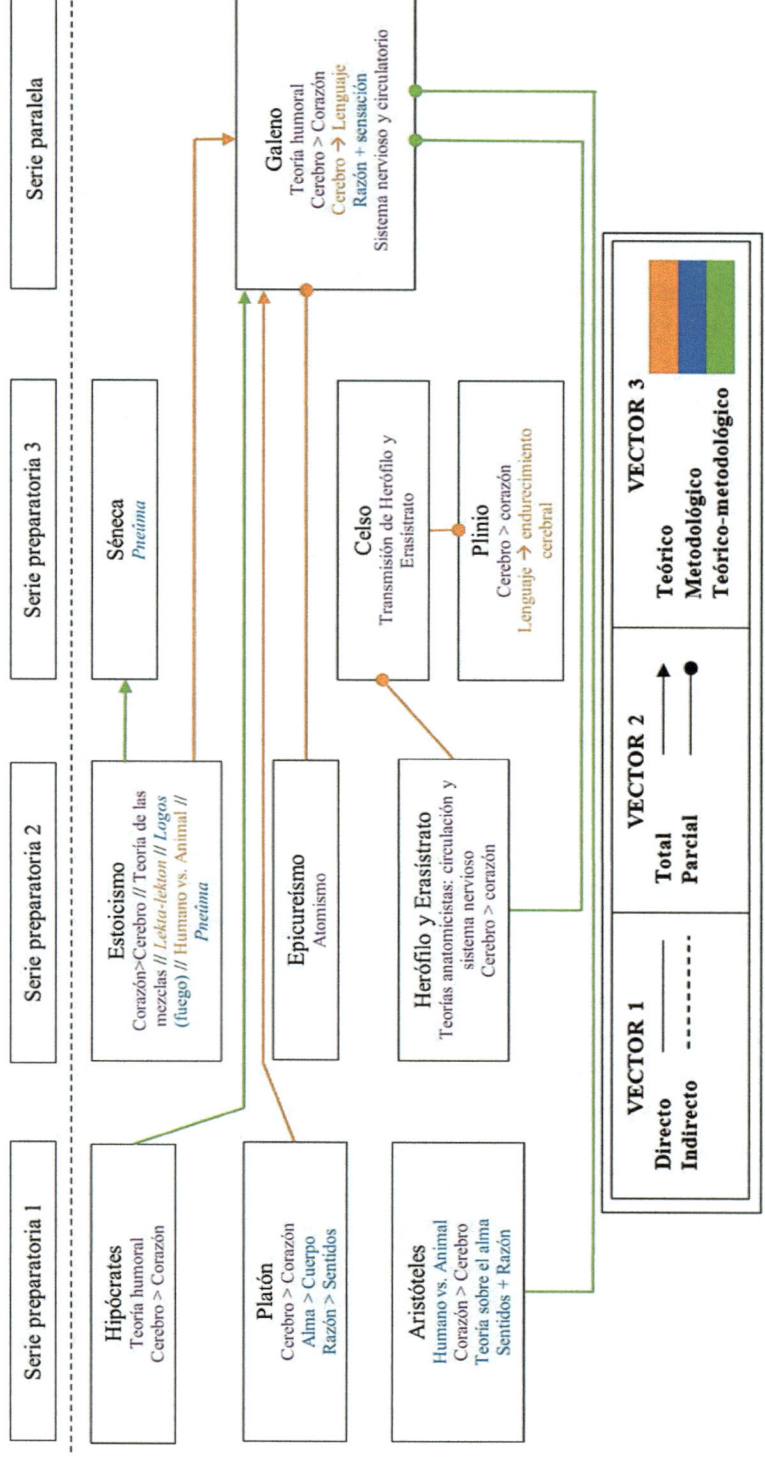

Figura 10. Serie textual del pensamiento científico griego y romano en relación con la medicina galénica (elaboración propia)

Capítulo 5
Resumen y conclusiones

1. Resumen

El desarrollo de esta investigación, que abarca los periodos de hegemonía griega y romana, ha tenido como fin principal determinar la existencia de relaciones inter- y multidisciplinares entre las ciencias del lenguaje y las biológicas y del comportamiento. Para alcanzar este objetivo, nos hemos valido tanto de elementos procedentes de la filosofía e historia de las ciencias, como son las *tradiciones de investigación* de Laudan (cf. 1986), como de las consideraciones hermenéuticas de Gadamer (cf. 1998) al respecto del *texto*. No obstante, en lo que a la propia historiografía de la lingüística respecta, nos hemos decantado por la modelización del hecho historiográfico como un acto comunicativo complejo (cf. Zamorano Aguilar 2012), así como por la adopción de una postura amplia e interdisciplinar sobre la definición y objeto de estudio de la disciplina (cf. Swiggers 2004, 2009 y 2017); todo esto unido a los instrumentos metodológicos de la *teoría de las series textuales* (cf. Zamorano Aguilar 2013, 2017 y 2018; González Jiménez 2020a y 2022) y del *canon* (cf. Zamorano Aguilar 2009 y 2010).

Antes de comenzar con el análisis de los periodos griego y romano hemos realizado una indagación de los tres campos actuales en los que la lingüística se relaciona con, al menos, otra ciencia: la psico-, la neuro- y la biolingüística. Esta investigación nos ha permitido identificar a Chomsky como una figura canónica en el primer y tercer enfoque, lo que ha influido teórica y metodológicamente a lo largo de toda su configuración; pero, además, nos ha permitido esbozar un recorrido histórico preliminar sobre las cuestiones inter- y multidisciplinares gracias a la *lingüística cartesiana* (Chomsky 1978 [1966]), que, si bien ha sido extensamente criticada por las investigaciones historiográficas, ha de ser contrastada desde la perspectiva adoptada en este libro.

La división del análisis en Grecia y Roma responde a un criterio puramente operativo, puesto que la evolución de ambas civilizaciones se produjo simultáneamente, pero el fin de la hegemonía griega coincide con el auge romano. Asimismo, las subdivisiones de cada periodo han sido definidas *ad hoc* para obtener la mayor productividad: en el caso griego se ha realizado la división a partir de las grandes fi-guras del periodo, en primer lugar, y las distintas corrientes filosóficas, en segundo; en el romano, hemos añadido además un criterio histórico como es el cambio en la forma de gobierno.

Los resultados obtenidos demuestran, de forma general, no solo las conexiones entre los distintos pensadores, sino también la existencia de una reflexión interdisci-plinar en muchos de ellos de forma explícita o subyacente. El periodo más destacado en este aspecto es el griego, en el que sobresalen autores como Platón y Aristóteles junto con algunas corrientes helenísticas; en Roma, por el contrario, las aportaciones inter- y multidisciplinares son sustituidas por reflexiones de carácter práctico y ético, aunque continuamos encontrando algunas figuras relevantes como Galeno.

2. Conclusiones

2.1. Contraste de las hipótesis iniciales

A continuación, abordamos los presupuestos iniciales en el mismo orden en que los recogimos al inicio del texto:

1. Consideramos que la perspectiva *externalista* (cf. Brekle 1986) adoptada en el análisis ha permitido una mejor interpretación de muchas de las ideas recogidas, ya que supone la entrada de factores con una notable in-fluencia y que exceden el *contexto interno*, como los sociohistóricos –un ejemplo es la importancia del juicio y condena a Sócrates en Platón– o los científicos –como demuestran todos los casos de investigaciones holísti-cas predominantes en el periodo griego–.

2. Ha quedado demostrada la existencia de una serie textual compuesta por pensadores griegos y romanos con relaciones de influencia entre ellos y que tratan temas relativos a la inter- y la multidisciplinariedad entre la lin-güística y las ciencias biológicas y del comportamiento, lo que comple-menta los repasos históricos de estos campos (cf. Chomsky 1978 [1966]; Jenkins 2002 y 2013; Whitaker 1998; Levelt 2013). De este modo, las teo-rías y los conceptos que las componen no surgen de forma aislada, sino que son fruto de *continuidades* o *discontinuidades* (cf. Robins 1976; Koerner 1989a; Jiménez Ruiz 2005, 2006 y 2007). De hecho, la propuesta de Lau-dan (cf. 1986) sobre la existencia de *tradiciones de investigación* permite dar respuesta a esta hipótesis, puesto que supone la concepción de una serie de conceptos nucleares que son difícilmente modificables frente al cam-bio continuo y múltiple que afecta a las teorías. En este sentido, es espe-cialmente representativa la presencia de Platón y Aristóteles como figuras

canónicas en prácticamente la totalidad de los autores analizados, quienes realizan matizaciones de sus postulados pero que mantienen, al menos en nuestro análisis, grandes deudas con los filósofos griegos.

3. Como consecuencia de la confirmación de las hipótesis previas, podemos afirmar que es incorrecta la identificación de unas coordenadas espaciotemporales concretas o de una publicación particular como inicio de las relaciones inter- y multidisciplinares, puesto que esto supone la negación de toda tradición intelectual previa. En nuestro caso, por ejemplo, no se puede discutir el alma platónica o aristotélica sin tener presentes a los presocráticos y su estudio de la naturaleza. Tampoco se puede debatir sobre el origen del lenguaje negando la propuesta epicúrea; y, mucho menos, puede afirmarse que los estudios sobre el lenguaje, las lenguas y la comunicación se desarrollan únicamente en los últimos dos siglos.

4. Chomsky, conocedor de esta cuestión, abogó por una justificación filosófica de sus postulados a través de los textos de Descartes, pero no exclusivamente, sino que planteó un entramado de relaciones temáticas sobre el lenguaje, el pensamiento y el innatismo, para el que se retrotrajo hasta el propio Platón (cf. González Jiménez 2018 y 2022). En nuestro caso, la perspectiva neutral adoptada ha reflejado cómo la (re)evaluación de las fuentes clásicas puede servir como base para la correcta categorización de los descubrimientos actuales, tal y como ocurre con los planteamientos dualistas chomskianos y su separación entre mente y cerebro, o las posturas sobre la *cognición corporeizada* más cercanas al cognitivismo, que ya suscitaba el interés aristotélico.

5. Asimismo, la progresiva especialización del conocimiento en la actualidad ha supuesto una mayor compartimentación de este, que con los enfoques abordados comienza a desaparecer. Sin embargo, esta situación no ocurre en los periodos analizados, puesto que los límites entre los campos del conocimiento no eran tan estrictos, tal y como demuestran ampliamente Platón y Aristóteles. Las propuestas del primero sobre el origen del lenguaje no pueden entenderse si no se alude a su *teoría de las formas* ni a sus postulados sobre el alma recopilados en el *Timeo* y en el *Menón*. Algo similar ocurre con el segundo, quien plantea la convencionalidad del signo lingüístico en oposición a su maestro y define todo signo como una afección en el alma, a la que dedica varios textos completos, así como un estudio biológico de los cuerpos.

Sin embargo, este estudio holístico que tiene lugar en Grecia se ve interrumpido en la medida en que alcanzamos el periodo de hegemonía romana. Esta sociedad, más interesada por el conocimiento práctico, ético, que especulativo, metafísico, no será un ejemplo de desarrollo de grandes sistemas filosóficos, sino, más bien, la continuación de las tesis de los dos filósofos ya mencionados y de las corrientes epicúreas, estoicas, escépticas y peripatéticas surgidas durante el periodo helenístico.

2.2. Hitos conceptuales

A continuación, indagaremos en los datos más importantes para estos campos que implican a la lingüística, lo que coincide con la postura conceptualista adoptada por Swiggers (cf. 1997) al respecto del pensamiento lingüístico, en la que el elemento más importante no es el emisor, sino el mensaje contextualizado, retomando la interpretación del hecho historiográfico según el modelo comunicativo jakobsoniano, como defiende Zamorano Aguilar (cf. 2012).

De este modo, recopilamos la gestación y evolución de cuatro dicotomías conceptuales: *cuerpo-alma*, *animal-humano*, *cerebro-corazón* y *adulto-niño*. Esta elección responde a algunos de los intereses actuales de los campos interdisciplinares de la biolingüística, la neurolingüística y la psicolingüística: 1) ¿debemos analizar la capacidad lingüística como un componente mental ajeno al cuerpo o de forma corporeizada?, 2) ¿qué características tiene el lenguaje frente a los sistemas de comunicación animales?, 3) ¿dónde se encuentra la capacidad cognitiva y lingüística? y 4) ¿cómo se produce el proceso de adquisición lingüística desde una perspectiva individual y social?

2.2.1. Cuerpo-alma

Las disquisiciones sobre el cuerpo, el alma y su relación son uno de los ejes a partir de los que se construirán las reflexiones intelectuales a lo largo de la historia. De hecho, podemos retrotraernos hasta las reflexiones sobre la *physis* de los presocráticos como una de las tradiciones iniciales. En este sentido, existe un rasgo fundamental en sus teorías psicológicas: es la razón a la que se le suma, en la mayoría de las ocasiones, un componente perceptivo. No podemos en este punto recopilar toda la información analizada (*vid. supra* capítulo 3, §2), puesto que todos los filósofos presocráticos estuvieron interesados tanto por el alma y sus características y componentes como por el cuerpo y sus rasgos. Por esta razón, recogemos a continuación aquellos que hacen alusión expresa a ambos conceptos en sus tesis.

El germen de esta indagación surge con el concepto *arché*, procedente de la escuela naturalista jonia, que supone una primera ruptura con la teología, y que dio paso a las reflexiones pitagóricas sobre la distinción entre cuerpo y alma y a la dotación de inmortalidad a la segunda. La concepción que más destaca en este grupo de pensadores es el *hilozoísmo*, que se plantea de forma axiomática y defiende la unión de materia y espíritu en una sustancia tangible.

El pitagorismo aboga por definir el alma como inmortal, lo que supone un segundo estadio en la ruptura con la teología de los pensadores previos a los presocráticos; pero su unión con el cuerpo determina el grado de separación con respecto al alma universal: si formaba parte de un cuerpo animal, estaba más alejado que si lo hacía de uno humano. De hecho, como testimonia Proclo (*Lecturas del* Crátilo *de Platón*, XVI, 2-19), los pitagóricos debatieron sobre el lenguaje en relación con el alma, asociándola con el intelecto y con la captación de las realidades y su reproducción como formas intelectivas, por lo que el conocimiento no solo está basado en la razón discursiva, sino que inherentemente ha de producirse por naturaleza.

Parménides, por su parte, defiende un aspecto fundamental que será continuado posteriormente: la clasificación entre *ser* y *no-ser* conforme a criterios lingüísticos y gnoseológicos, es decir, los primeros son aquellos sobre los que se puede hablar y pensar, mientras que en caso contrario se trata de un *no-ser*. Se deriva, por tanto, que la razón es un elemento propio del ser humano que le permite alcanzar el conocimiento y junto al cual ha de situarse la capacidad lingüística, puesto que el filósofo griego prescinde de cualquier información sensorial en el proceso cognitivo.

Empédocles postula que existe una asociación entre cuerpo y alma que radica en el corazón como centro de la inteligencia, que, asimismo, es un proceso imperfecto, debido a que se vale de las sensaciones, al contrario de como lo hace la inteligencia universal. Anaxágoras, aunque opuesto a Empédocles en lo que a los componentes materiales respecta, coincide en definir el intelecto como un elemento carente de materia que actúa como principio generador de todos los seres animados; pero, además, defiende una gnoseología no sensualista, para establecer una separación de la corrupción del cuerpo en el procedimiento de adquisición del conocimiento.

Diógenes de Apolonia plantea el aire como el principio generador de la inteligencia, que se manifiesta como un *pneûma* o alma. El filósofo utiliza una descripción fisiológica de su relación con el cuerpo a través de su contacto con los órganos encargados de los sentidos que están vinculados con el cerebro y, consecuentemente, con el pensamiento. En una línea similar nos encontramos a Hipócrates, o al conjunto de autores que firman con dicho nombre, al defender el aire como el elemento que proporciona el entendimiento al cerebro, que actúa como su transmisor (cf. Hipócrates, *Sobre la enfermedad sagrada*, 19).

En una postura integradora entre alma y cuerpo nos encontramos a los atomistas Demócrito y Leucipo. Para ellos, los átomos lo conforman todo y estos poseen un carácter material que, incluso, se manifiesta en el alma, entendida como un conjunto de átomos con forma de esfera capaces de traspasar y mover a otros, y tienen su localización en la cabeza, donde se produce la inteligencia, en esta ocasión, a través de los datos sensoriales derivados del choque de átomos.

Pasamos al análisis de las dos grandes figuras filosóficas de la época: Platón y Aristóteles. El primero muestra una clara influencia pitagórica en su caracterización de la relación entre los conceptos que estamos analizando: en *Fedón* y *Banquete* considera al cuerpo una prisión del alma inmortal que le impide alcanzar un conocimiento de las ideas y solo la vida filosófica le permitirá retornar al mundo suprasensible para escalar en la jerarquía de cuerpos y acercarse a su conocimiento. Este aprisionamiento demuestra que el alma está imbricada con el cuerpo y distingue en ella dos tipos, como aparece en *Timeo*: la inmortal y racional, situada en la cabeza, y la mortal, que, relacionada con el hígado, es concupiscible, y con el tórax, irascible.

Su discípulo plantea una ruptura con esta dualidad y con los planteamientos presocráticos previos en *Acerca del alma*. Su propuesta es que no es posible el alma sin un cuerpo al que está asociada, a la que dota de movimiento y que le permite conocer. Sin embargo, no todas las almas son iguales y, por consiguiente, tampoco lo son sus facultades: mientras que la potencia nutritiva está presente en plantas, animales y humanos, la sensitiva, desiderativa y motora, solo en los dos últimos; en cambio, la discursiva es exclusivamente humana. Esta última es la que permite al Estagirita diferenciar a animales y humanos no solo a partir del raciocinio, sino también sobre la base de su capacidad lingüística y de las características biológicas de sus aparatos fonadores.

En el periodo helénico, al igual que en el presocrático, nos encontramos con una pérdida de gran parte de la producción de las escuelas que lo integran. Si bien es rastreable un interés lingüístico en la *Carta a Heródoto* de Epicuro, que podemos conjugar con su física influida por los atomistas, este texto parece tener un carácter didáctico y no puede servirnos como una genuina reflexión en este sentido. Por otra parte, los testimonios sobre el estoicismo antiguo sí parten de nociones interesantes a este respecto, puesto que defienden la existencia de dos elementos: uno pasivo, la materia, y otro activo, la razón; sin embargo, ambos son materiales y se encuentran presentes tanto en animales como en humanos.

En el periodo romano encontramos a Cicerón, quien, en su postura ecléctica, recopila parte de las propuestas platónicas y defiende que el alma es un componente inmaterial y el principio generador del movimiento del cuerpo, por lo que la muerte no es más que una separación que produce la pérdida de la sensibilidad. En este sentido, identifica al alma con la mente al discutir sus posibles afecciones, como la demencia. Lucrecio, por otro lado, es uno de los seguidores más importantes del epicureísmo en la época romana y eso se manifiesta en la defensa de la materialidad del alma como un conjunto de átomos. De este modo, no es posible eliminar el cuerpo sin hacer lo mismo con el alma.

Ya en el periodo imperial, el primero en preguntarse por el alma es Séneca. El filósofo la sitúa en una posición superior como la encargada de proporcionar la razón a los seres humanos, aunque solo conozcamos de ella su participación en nuestra existencia y su relación con la divinidad, que es el ser que la crea y la proporciona. Epicteto ahonda en la cuestión al defender que los animales son inferiores porque, pese a tener en común el cuerpo, nos separa de ellos la razón como un rasgo derivado de la divinidad. Del mismo modo, Marco Aurelio define el alma como un elemento divino que dota de inteligencia al ser humano frente a los animales.

En el neoplatonismo nos encontramos, de nuevo, tesis platónicas y aristotélicas, pero reformuladas a partir del concepto de emanación. Así, Plotino defiende que el cosmos está formado por alma y materia, que se derivan de la divinidad hasta crear a los distintos seres. El alma se considera aprisionada en el cuerpo y se asocia con él, pero, al contrario que los filósofos anteriores, reniega de dotar de una localización al raciocinio, considerándolo como un elemento divino, proponiendo una resolución a la problemática del término *cabeza* en el *Timeo* platónico. En el apartado médico, Galeno también está interesado en esta cuestión y, a partir de la teoría humoral, plantea la existencia de tres tipos de *pneûma* relacionados entre sí por el demiurgo: el natural, relacionado con el hígado y el crecimiento; el vital, con el corazón y la vida volitiva; y el psíquico, con el cerebro y la racionalidad.

Queda demostrado, pues, el interés mayoritario en nuestro estudio por la relación entre alma y cuerpo. En este sentido, y recuperando la propuesta de Laudan (cf. 1986), podemos definir tres grandes *tradiciones*:

1. la primera, de corte platónico, aboga por una separación entre el cuerpo y el alma, lo que conduce a un predominio en el estudio suprasensible frente al sensible y, por consiguiente, a una propuesta mentalista no corporeizada;
2. la segunda, de carácter aristotélico, donde el alma es el principio rector, pero depende del cuerpo para la realización de sus potencias, lo que se manifiesta en una corporeización del conocimiento y en una gnoseología sensualista;
3. en último lugar, la tercera tradición es la perspectiva integradora entre ambas posturas; comienza en el neoplatonismo y deriva en la propuesta cristiana dominante en la Edad Media y parte del Renacimiento.

2.2.2. Animal humano

La distinción de los seres humanos frente al resto de especies animales es un factor que se ha desarrollado desde los inicios de la reflexión filosófica. La diferencia que encontramos en un mayor número de autores, ya desde los inicios de la reflexión filosófica en la Hélade, es la distinción cognitiva entre las especies, tal y como enuncia Anaxágoras en uno de sus fragmentos recopilados (DK12) y como testimonia Aristóteles (cf. *Partes de los animales*, IV, 10, 687a). El propio Estagirita desarrolla en su teoría del alma las distintas facultades que desempeñan los distintos seres vivos y señala, además de la diferencia en la capacidad racional, el criterio biológico y lingüístico: el ser humano posee una lengua más blanda que le permite un mayor control sobre ella y, por tanto, la realización del habla, que es articulada al contrario que la de los animales. En este sentido, el discurso humano, defendido ya en términos convencionales una vez superada la propuesta naturalista platónica, se establece como una representación de las afecciones del alma, que se manifiesta de forma oral o escrita (cf. *ibid.*, *Política*, 1253a, 10-12; *Sobre la interpretación*, 16a, *Problemas* IX, 55 y 57). Los estoicos, por su parte, insisten en esta misma distinción racional y lingüística al definir el concepto de *lexis*, sonido articulado exclusivamente humano, en contraposición a la *phoné*, concebida como voz o perturbaciones del aire (cf. D. L., VII, 56).

Durante el periodo romano, Cicerón destacó a la especie humana por su posesión de la mente, proveniente de la divinidad (cf. *Disputaciones tusculanas*, V, 13). Lucrecio, por su parte, al defender que el lenguaje posee un origen natural, considera que si los animales modifican sus producciones en función de factores naturales, el ser humano, poseedor de una capacidad superior, debió haber establecido un proceso similar (cf. *De rerum natura*, V, 1080-1090). Séneca, de nuevo, insiste en la diferencia entre el raciocinio en los seres humanos y la ausencia de él en el resto de los animales (cf. *Epístolas morales a Lucilio*, XI-XIII, 85, 8-9). Durante la época imperial encontramos aportaciones similares a la anterior en Epicteto (cf. *Disertaciones*, II, 8, 10-11) y Marco Aurelio (cf. *Meditaciones*, IX, 8), pero dentro de un marco eminentemente ético. Una aportación que difiere con respecto a las anteriores es la de Hierocles, quien iguala a humanos y animales al considerarlos similares durante el proceso de gestación, y marca la distinción por el surgimiento del *pneûma* en la etapa previa al parto (cf. *Elementos de ética*, I, 1a, 5-30).

Mención aparte merece Galeno. El médico profundiza en las divergencias anatómicas y fisiológicas entre ambos en sus tratados, pero, en lugar de buscar una diferencia estructural orgánica como justificación de esta variación, defiende que es cualitativa y no cuantitativa. Más concretamente:

> Sería, pues, preferible considerar que la inteligencia depende del temperamento de la sustancia del cuerpo pensante, sea esto lo que sea, y no de la complejidad de su estructura. Porque a mí me parece que la perfección de la inteligencia debemos referirla no tanto a la cantidad de *pneûma* psíquico cuanto a su cualidad […]. Así como es imposible evitar completamente decir algo de la sustancia del alma cuando se está explicando la estructura del cuerpo que la contiene, en la misma medida es posible retomar rápidamente el discurso donde no debimos demorarnos (*Del uso de las partes*, VIII, 13, 674).

De hecho, Galeno defiende que poseemos como rasgo común la mortalidad con los animales y la inmortalidad con la divinidad (cf. *Exhortación a la medicina*, 9), pero incluso se llega a plantear si no es posible hacer partícipes a los primeros del raciocinio, lo que supondría establecer un nuevo criterio: el lingüístico, que se manifiesta como expresión del pensamiento. Las siguientes citas demuestran estas ideas:

> No está claro que los seres vivos llamados irracionales no participen en absoluto de la capacidad de raciocinio, ya que posiblemente aunque no tomen parte en la facultad concerniente a la voz y que se denomina también «verbal», al menos todos participan, en mayor o menor medida, de la facultad que se encuentra en el alma y que llaman «interior» (*Exhortación a la medicina*, 1).

> La voz, dado que es la obra más importante del alma, puesto que comunica los pensamientos de la razón, debía, ciertamente, crearse mediante órganos que recibieran los nervios del encéfalo (*Del uso de las partes*, XVI, 3, 277).

Como hemos desarrollado en este apartado, esta cuestión ha sido objeto de estudio de numerosos pensadores a lo largo de la historia y se ha manifestado de formas diversas, pero siempre a partir de criterios cognitivos y lingüísticos. Sin embargo, nos aventuramos a establecer una conexión directa entre ambos elementos debido a la canonicidad de Aristóteles en la transmisión de esta idea y de la inseparabilidad en su teoría de los postulados psicológicos sobre el alma y la mente, en definitiva, y el lenguaje como expresión de las afecciones de esta.

2.2.3. Cerebro-corazón

La asociación entre cerebro y raciocinio es un hecho contrastado en las investigaciones actuales, pero no ha sido así a lo largo de la historia, donde el debate sobre la centralidad del cerebro o del corazón ha sido objeto de multitud de discontinuidades. Esta cuestión no es baladí, ya que implica que durante un largo periodo de tiempo las indagaciones anatómicas y médicas se interesaron por una parte del tiempo que no es el objeto de estudio actual de la cognición, lo que supone un mayor periodo temporal para su instauración y su estudio.

Ya en los presocráticos encontramos este debate, que comienza con Alcmeón de Crotona, quien defiende que el cerebro es el encargado del raciocinio y de la captación sensorial, al igual que Anaxágoras y Diógenes de Apolonia, y los atomistas Demócrito y Leucipo. Sin embargo, Empédocles defiende que es el corazón el que desempeña la función cognitiva y que la captación sensorial se produce a través de la sangre que lo alcanza.

Separamos de los anteriores a Hipócrates, puesto que su canonicidad en el ámbito médico será fundamental para la evolución de esta dicotomía. Su propuesta encefalocentrista se manifiesta particularmente en su texto *Sobre la enfermedad sagrada* (19), donde niega la centralidad del corazón y relaciona el proceso cognitivo con el aire y su acceso en primera instancia a la zona craneal:

> El aire le proporciona el entendimiento. Los ojos, los oídos, la lengua, las manos y los pies ejecutan aquello que el cerebro apercibe. Pues en todo el cuerpo hay entendimiento, en tanto que hay participación del aire, pero el cerebro es el transmisor de la conciencia.
>
> Pues cuando el hombre recoge en su interior el aire que respira, éste llega en primer lugar al cerebro, y luego se reparte el aire en el resto del cuerpo, habiéndole dejado en el cerebro lo mejor de sí, y lo que le hace ser sensato y tener inteligencia. Pues si llegara primero al cuerpo y en segundo lugar al cerebro, después de haber dejado en las carnes y en las venas su poder de discernimiento, iría al cerebro estando caliente y ya impuro, estando mezclado con el humor de las carnes y de la sangre de modo que no sería ya límpido. Por eso afirmo que el cerebro es el intérprete de la comprensión.

En la misma línea se encuentra Platón, quien en su *Timeo* plantea una división tripartita del alma y asocia cada una de ellas con una parte del cuerpo, proporcionándole la condición de principio rector al cerebro frente a las demás. Sin embargo, su propuesta queda ensombrecida, en lo que al apartado biológico se refiere, por los textos de su discípulo. Aristóteles retorna al cardiocentrismo, proporcionándole al cerebro únicamente la función enfriadora de la sangre, y al corazón, por ese mismo calor, las funciones del raciocinio y de asiento del alma. En último lugar, debemos aludir a la postura estoica, que defiende la centralidad del corazón y que es criticada por Galeno, como se muestra en este testimonio:

> El raciocinio de Zenón, admirado por los estoicos… se desarrolla de esta manera: «La voz fluye a través de la garganta. Pero si fluyera a partir del cerebro, no podría fluir a través de la garganta. En efecto, de donde fluye la palabra, de allí fluye también la voz. Ahora bien, la palabra fluye del entendimiento, de modo que el entendimiento no está en el cerebro» (Galeno, *Sobre las opiniones de Hipócrates y Platón* II 5, V 241 K, 201 Mueller [*S. V. F.* I 148] *apud* Cappelletti 1996: test. 232).

En el periodo romano vemos un retorno a este problema. Cicerón, deudor del platonismo, aboga por la preponderancia del cerebro y su relación con la razón, pero también se ve influido por Hipócrates y su teoría humoral, que está en consonancia con la tesis encefalocentrista. Lucrecio, siguiendo a Epicuro, defiende que el centro de la razón se encuentra en el corazón.

Asimismo, es en el ámbito médico en el que más se reflexiona sobre este apartado durante este periodo y donde se muestra una postura común sobre la centralidad del cerebro. En este caso, Plinio se aventura a postular un cambio morfológico cerebral, concretamente el endurecimiento, como resultado de la adquisición lingüística, lo que puede considerarse como un antecedente de las teorías sobre la plasticidad neuronal y el periodo crítico de aprendizaje defendido por Lenneberg (1975 [1967]). Galeno, por su parte, sigue los postulados hipocráticos y platónicos en el desarrollo de sus teorías, en las que introduce una novedosa postura con respecto a los nervios y su origen cerebral. Las siguientes citas reflejan estas tesis:

> Así, el que sabe que la facultad del raciocinio tiene su sede en el encéfalo, sabrá también que los delirios, las frenitis, los letargos, las locuras y las melancolías se producen cuando el encéfalo está afectado en primera instancia o por simpatía (*Del uso de las partes*, XVII, 2, 363).

> Todos los nervios del cuerpo que se ramifican por debajo de la cabeza nacen o del cerebelo o de la médula espinal, por lo que el ventrículo del cerebelo debía ser de un tamaño considerable y recibir el *pneûma* psíquico elaborado previamente en los ventrículos anteriores, y consecuentemente era necesario que desde ellos se formara un conducto al ventrículo del cerebelo (*Del uso de las partes*, VIII. 11, 655).

A modo de conclusión, recogemos la distribución temporal de los autores analizados y su posicionamiento en el seno de esta discusión (Tabla 13):

Tabla 13. Distribución de autores encefalocentristas y cardiocentristas (elaboración propia)

Siglo	Encefalocentrismo	Cardiocentrismo
VI e inicios del V a. C.	Alcmeón – Pitagóricos	
V a. C.	Anaxágoras – Diógenes de Apolonia	Empédocles
IV a. C.	Hipócrates – Platón	Aristóteles – Teofrasto
III a. C.	Herófilo y Erasístrato	Estoicos
II a. C.	Galeno	Estoicos
I a. C.		Lucrecio
I d. C.	Cicerón – Plinio	Areteo de Capadocia

2.2.4. Adulto-niño

Los filósofos clásicos se ocuparon también, aunque en menor medida que en los casos anteriores, de las capacidades infantiles frente a las adultas. El primero de ellos en el que encontramos una alusión explícita a esta cuestión es Diógenes de Apolonia, quien, según el testimonio de Teofrasto (cf. *Sobre las sensaciones* 39-49), asocia la humedad cerebral de los niños con la ausencia de pensamiento a través de la imposibilidad para expandirse del aire, entendido este elemento como la inteligencia.

Aristóteles en sus *Problemas* (cf. XI, 30) plantea que en los estadios iniciales del desarrollo la producción lingüística infantil no es diferenciable de los animales, ya que no son capaces de controlar sus órganos articulatorios, concretamente la lengua. Los estoicos, por su parte, son los primeros en aportar como límites concretos para el desarrollo de la razón los catorce años (Jámblico, *Sobre el alma* en Estobeo, *Églogas* I, 48, 8, pág. 317, 21 W [*S. V. F.* I 149] *apud* Cappelletti 1996: test. 234). En este sentido, Plinio postula que esta evolución no solo se manifiesta en las capacidades cognitivas, sino que también se manifiesta físicamente: «El [cerebro] del hombre es el único que palpita durante la infancia y no se robustece hasta que el niño no empieza a hablar» (*Historia natural*, XI, XLIX, 133-135). Podemos extraer dos conclusiones interesantes de este fragmento: 1) una asociación directa entre capacidad cognitiva y lingüística, en la que la segunda se establece como factor determinante en el desarrollo cognitivo; y 2) la reflexión sobre un cambio morfológico en el cerebro por la adquisición de una capacidad, lo que puede considerarse como un antecedente de posteriores teorías biológicas como la plasticidad neuronal.

2.3. Reevaluación del canon historiográfico de la lingüística

Los resultados obtenidos han pretendido esclarecer la evolución de las relaciones inter- y multidisciplinares entre la lingüística y las ciencias biológicas y del comportamiento, concretamente a través de los cuatro hitos conceptuales que hemos definido en el apartado anterior. En este sentido, consideramos que esta investigación aporta conclusiones relevantes para determinar las bases teóricas que rigen los estudios actuales y que demuestran la importancia de la investigación historiográfica para el redescubrimiento de focos de gestación teórica, así como nuevas aportaciones que pueden servir como antecedentes de postulados posteriores y autores que no han sido tenidos en cuenta por los investigadores de estos campos.

Asimismo, este trabajo permite a la HL avanzar en un sentido metodológico y teórico. El primero se debe a que aporta un marco de análisis para textos que no han sido analizados tradicionalmente por nuestra disciplina o que han sido analizados desde una perspectiva exclusivamente lingüística. De este modo, consideramos que es particularmente relevante interpretar ciertas reflexiones sobre el lenguaje en conjunción con el resto de la trayectoria intelectual completa de cada autor. Un ejemplo es el debate naturalismo-convencionalismo, que en los casos de Platón y Aristóteles está íntimamente relacionado con sus posturas sobre el alma;

otro es la relación entre la cognición y el lenguaje, que se manifiesta en términos biológicos en algunos autores como Plinio o Galeno.

Desde un punto de vista teórico, y derivado de lo anterior, consideramos que nuestros datos permiten la reconstrucción del canon de la lingüística al ampliar el objeto de estudio y, principalmente, los criterios que definen qué es el lenguaje como capacidad cognitiva. Desde estos términos, el análisis realizado puede constituirse como una historia de estas relaciones que refleja ciertos vacíos en los repasos históricos de la biolingüística, la neurolingüística y la psicolingüística, pero también de la propia lingüística, entendiendo su objeto no solo de forma internalista, sino en contacto con otras disciplinas, como postula Swiggers (2017).

A continuación, y como muestra de lo que acabamos de indicar, procedemos a evaluar la presencia de los autores que componen nuestro corpus y a contrastarla con algunas historias de la lingüística (Tabla 14):

Tabla 14. Evaluación de los autores analizados
frente a varias historias de la lingüística

	Arens (1975)	Tusón (1982)	Mounin (1981)	Marcos Marín (1990)	Robins (1990)	Malmberg (1991)	Lepschy (1994)	Černy (1998)	Law (2003)
Alcmeón de Crotona									
Alejandro de Afrodisias									
Amonio Saccas									
Anaxágoras de Clazómenas						X			
Anaximandro		X							
Anaxímenes						X			
Andrónico de Rodas									
Aristarco	X	X	X	X	X	X	X	X	X
Aristón de Quíos									
Aristóteles			X	X	X	X	X	X	X
Aulo Cornelio Celso									
Aulo Gelio				X	X				
Carnéades									
Casiodoro						X	X	X		X
Cicerón			X		X	X	X		X

	Arens (1975)	Tusón (1982)	Mounin (1981)	Marcos Marín (1990)	Robins (1990)	Malmberg (1991)	Lepschy (1994)	Černy (1998)	Law (2003)
Cleantes	X	X			X	X			
Crates					X		X		X
Crisipo	X	X		X	X	X			
Demócrito						X	X	X	
Diógenes de Apolonia									
Diógenes de Babilonia				X			X		
Empédocles de Agrigento						X			
Enesidemo de Cnosos									
Epicteto						X			
Epicuro	X				X	X	X	X	
Erasístrato									
Estratón de Lámpsaco									
Filino de Cos									
Galeno						X	X	X	X
Gayo Plinio Secundo						X	X		
Gorgias					X	X			
Heráclito de Éfeso						X	X	X	X
Herófilo									
Hierocles									
Hipócrates		X				X			
Jámblico									
Jenófanes de Colofón									
Leucipo									
Marco Terencio Varrón	X	X	X	X	X	X	X	X	X
Meliso									
Numenio de Apamea									
Panecio						X			
Parménides						X			
Pirrón de Elide									
Pitágoras		X				X	X		X

	Arens (1975)	Tusón (1982)	Mounin (1981)	Marcos Marín (1990)	Robins (1990)	Malmberg (1991)	Lepschy (1994)	Černy (1998)	Law (2003)
Platón	X	X	X	X	X	X	X	X	X
Plotino						X			X
Plutarco de Queronea	X								
Posidonio						X			
Proclo							X		
Protágoras	X			X	X	X	X		X
Séneca						X	X		X
Sexto Empírico	X			X	X	X	X		
Sócrates	X		X	X	X	X	X	X	X
Tales de Mileto									
Teofrasto	X					X	X		
Tito Lucrecio Caro	X		X			X			
Zenón de Citio		X		X	X	X	X		X
Zenón de Elea									

Como se puede ver en la anterior tabla, los resultados son dispares en este contraste entre nuestra investigación y las seis historias de la lingüística analizadas. Los datos cuantitativos nos permiten organizar estos textos en función de su cercanía con nuestro objeto de estudio: Malmberg (52,54 %, 31 de 59), Lepschy (37,29 %, 22 de 59), Robins (27,12 %, 16 de 59), Law (25,42 %, 15 de 59), Arens (20,33 %, 12 de 59), Marcos Marín (18,64 %, 11 de 59), Tusón y Černy (15,25 %, 9 de 59), y Mounin (11,86 %, 7 de 59)

Consideramos que esta variación puede deberse a la problemática intrínseca a los periodos analizados, puesto que, como defienden Swiggers y Wouters (cf. 1990: 34), en estas épocas no siempre nos encontramos con multitud de textos cuyo componente esencial sea el análisis de elementos lingüísticos. Esta hipótesis está justificada, en parte, por la mayoritaria ausencia de los filósofos presocráticos y de otras disciplinas, particularmente del ámbito médico.

En este sentido, y tomando en consideración el surgimiento de los enfoques inter- y multidisciplinares bio-, neuro- y psicolingüísticos, consideramos que es pertinente la reinterpretación de las fuentes a la luz de estos nuevos presupuestos teóricos y metodológicos, en relación con esa inagotabilidad del texto que defiende

Gadamer (cf. 1998 y 1999). De este modo, esta investigación permite complementar el canon de nuestra disciplina mediante la inclusión de un conjunto de autores de relevancia que contribuya a comprender la constitución de las teorías relevantes de este campo, tal y como hemos explicitado previamente, pero también la demostración de la existencia de una línea de reflexión teórica separada de las tendencias aislacionistas y de especialización de las áreas de conocimiento que ha sido habitual desde la Edad Moderna.

Referencias bibliográficas

Fuentes primarias

Presocráticos

Bernabé Pajares, Alberto (ed. lit.) (2008): *Fragmentos presocráticos: de Tales a Demócrito*. Madrid: Alianza.

Hipócrates (1983): *Tratados hipocráticos I: Juramento, Ley, Sobre la ciencia médica, Sobre la medicina antigua, Sobre el médico, Sobre la decencia, Aforismos, Preceptos, El pronóstico, Sobre la dieta en las enfermedades agudas, Sobre la enfermedad sagrada* (introducciones, traducciones y notas de Carlos García Gual, María Dolores Lara Nava, Juan Antonio López Férez y Beatriz Cabellos Álvarez). Madrid: Gredos.

Hipócrates (1987): *Tratados hipocráticos II: Sobre los aires, aguas y lugares, Sobre los humores, Sobre los flatos, Predicciones I, Predicciones II, Prenociones de Cos* (traducciones, introducciones y notas de Juan Antonio López Férez y Elsa García Novo). Madrid: Gredos.

Hipócrates (2002): *Tratados hipocráticos VIII: Sobre la naturaleza del hombre, Sobre los lugares en el hombre, Sobre las carnes, Sobre el corazón, Sobre la naturaleza de los huesos, Sobre la generación, Sobre la naturaleza del niño, Sobre las enfermedades IV, Sobre el parto de ocho meses, Sobre el parto de siete meses, Sobre la dentición, Sobre la visión, Sobre las glándulas, Sobre la anatomía, Sobre las semanas, Sobre la crisis, Sobre los días críticos, Sobre los remedios purgantes, Juramento II* (traducciones, introducciones y notas de Jesús de la Villa Polo, María Eugenia Rodríguez Blanco e Ignacio Rodríguez Alfageme). Madrid: Gredos.

Grecia

Aristóteles (1982): *Tratados de lógica (Órganon) I: Categorías, Tópicos, Sobre las refutaciones sofísticas* (introducción, traducción y notas de Miguel Candel Sanmartín). Madrid: Gredos.

Aristóteles (1987): *Acerca de la generación y la corrupción – Tratados breves de historia natural* (introducciones, traducciones y notas de Ernesto La Croce y Alberto Bernabé Pajares). Madrid: Gredos.

Aristóteles (1988a): *Tratados de lógica (Órganon) II: Sobre la interpretación, Analíticos primeros, Analíticos segundos* (introducción, traducción y notas de Miguel Candel Sanmartín). Madrid: Gredos.

Aristóteles (1988b): *Política* (introducción, traducción y notas de Manuela García Valdés). Madrid: Gredos.

Aristóteles (1994a): *Metafísica* (introducción, traducción y notas de Tomás Calvo Martínez). Madrid: Gredos.

Aristóteles (1994b): *Reproducción de los animales* (introducción, traducción y notas de Ester Sánchez Millán). Madrid: Gredos.

Aristóteles (1995): *Física* (introducción, traducción y notas de Guillermo R. de Echandía). Madrid: Gredos.

Aristóteles (1999a): *Poética* (edición trilingüe de Valentín García Yebra). Madrid: Gredos.

Aristóteles (1999b): *Retórica* (introducción, traducción y notas por Quintín Racionero). Madrid: Gredos.

Aristóteles (2000): *Partes de los animales – Marcha de los animales – Movimiento de los animales* (introducciones, traducciones y notas de Elvira Jiménez Sánchez-Escariche y Almudena Alonso Miguel). Madrid: Gredos.

Aristóteles (2003): *Acerca del alma* (introducción, traducción y notas de Tomás Calvo Martínez). Madrid: Gredos.

Aristóteles (2004): *Problemas* (introducción, traducción y notas de Ester Sánchez Millán). Madrid: Gredos.

Cappelletti, Ángel J. (1996): *Los estoicos antiguos*. Madrid: Gredos.

Crisipo de Solos (2006a): *Testimonios y Fragmentos I. Testimonios. Fragmentos 1-318* (introducción, selección de textos, traducción y notas de Javier Campos Daroca y Mariano Nava Contreras). Madrid: Gredos.

Crisipo de Solos (2006b): *Testimonios y Fragmentos II. Testimonios. Fragmentos 319-606* (introducción, selección de textos, traducción y notas de Javier Campos Daroca y Mariano Nava Contreras). Madrid: Gredos.

Platón (1985): *Diálogos* I *(Apología, Critón, Eutifrón, Ion, Lisis, Cármides, Hipias menor, Hipias Mayor, Laques, Protágoras)* (introducción general por Emilio Lledó Íñigo y traducción y notas por Julio Calonge Ruiz, Emilio Lledó Íñigo y Carlos García Gual). Madrid: Gredos.

Platón (1987): *Diálogos II (Gorgias, Menéxeno, Eutidemo, Menón, Crátilo)* (traducciones, introducciones y notas por Julio Calonge Ruiz, Eduardo Acosta Méndez, Francisco J. Olivieri y Carlos García Gual). Madrid: Gredos.

Platón (1988a): *Diálogo IV (República)* (introducción, traducción y notas por Conrado Eugers Lan). Madrid: Gredos.

Platón (1988b): *Diálogos III (Fedón, Banquete, Fedro)* (traducciones, introducciones y notas por Carlos García Gual, Marcos Martínez Hernández y Emilio Lledó Íñigo). Madrid: Gredos.

Platón (1988c): *Diálogos V (Parménides, Teeteto, Sofista, Político)* (traducciones, introducciones y notas por María Isabel Santa Cruz, Álvaro Vallejo Campos y Néstor Luis Cordero). Madrid: Gredos.

Platón (1992a): *Diálogos VIII: Cartas* (traducciones, introducciones y notas por Juan Zaragoza y Pilar Gómez Cardó). Madrid: Gredos.

Platón (1992b): *Diálogos VI (Filebo, Timeo, Critias)* (traducciones, introducciones y notas por María Ángeles Durán y Francisco Lisi). Madrid: Gredos.

Platón (1999): *Diálogos IX: Leyes (libros VII-XII)* (introducción, traducción y notas de Francisco Lisi). Madrid: Gredos.

Teofrasto (1989): *Sobre las sensaciones* (editado por José Solana Dueso). Madrid: Gredos.

Teofrasto (1991): *Algunas cuestiones de metafísica* (edición bilingüe; introducción, traducción y notas de Miguel Candel Sanmartín). Barcelona: Anthropos.

Roma

Alejandro de Afrodisias (2011): «Alejandro de Afrodisias, *Acerca del intelecto*» (traducción realizada por García Valverde, José Manuel), *Anales del Seminario de Historia de la Filosofía*, 28, 23-37. http://dx.doi.org/10.5209/rev_ASHF.2011.v28.36278

Alejandro de Afrodisias (2013): *Acerca del alma – Acerca del destino* (traducción, introducción y notas de José Manuel García Valverde). Madrid: Gredos.

Areteo de Capadocia (1998): *Obra médica* (edición de Miguel E. Pérez Molina). Madrid: Akal.

Aulo Gelio (2006a): *Noches áticas I: libros 1-10* (introducción, traducción, notas e índices de Manuel-Antonio Marcos Casquero y Avelino Domínguez García). León: Secretariado de Publicaciones de la Universidad de León.

Aulo Gelio (2006b): *Noches áticas II: libros 11-20* (introducción, traducción, notas e índices de Manuel-Antonio Marcos Casquero y Avelino Domínguez García). León: Secretariado de Publicaciones de la Universidad de León.

Celso, Aulo Cornelio (1971): *De Medicina* (traducido por W. George Spencer). Massachusetts: Harvard University Press.

Cicerón (1987): *Del supremo bien y del supremo mal* (introducción, traducción y notas de Víctor-José Herrero Llorente). Madrid: Gredos.

Cicerón (1990): *Cuestiones académicas* (introducción, traducción y notas de Julio Pimentel Álvarez). México D. F.: Instituto de Investigaciones Filológicas de la Universidad Nacional Autónoma de México.

Cicerón (1997): *La invención de la retórica* (editado por Salvador Núñez). Madrid: Gredos.

Cicerón (1999): *Sobre la naturaleza de los dioses* (introducción, traducción y notas de Ángel Escobar). Madrid: Gredos.

Cicerón (2004): *Los deberes* (traducciones, introducciones y notas de Ignacio J. García Pinilla). Madrid: Gredos.

Cicerón (2005): *Disputaciones tusculanas* (introducción, traducción y notas de Alberto Medina González). Madrid: Gredos.

Diógenes Laercio (2007): *Vidas y opinions de los filósofos ilustres* (traducción, introducción y notas de Carlos García Gual). Madrid: Alianza.

Epicteto (1993): *Disertaciones por Arriano* (traducción, introducción y notas de Paloma Ortiz García). Madrid: Gredos.

Galeno (1982): *Iniciación a la dialéctica* (versión y notas de Arturo Ramírez Trejo e introducción de Mario Otero). México D. F.: Universidad Nacional Autónoma de México.

Galeno (1997): *Sobre la localización de las enfermedades* (introducciones de Luis García Ballester y traducción y notas de Salud Andrés Aparicio). Madrid: Gredos.

Galeno (2002): *Tratados filosóficos y autobiográficos* (introducciones, traducciones y notas de Teresa Martínez Manzano). Madrid: Gredos.

Galeno (2003): *Sobre las facultades naturales – Las facultades del alma siguen los temperamentos del cuerpo* (introducción, traducción y notas de Juana Zaragoza Gras). Madrid: Gredos.

Galeno (2010): *Del uso de las partes* (traducción, introducción y notas de Mercedes López Salvá). Madrid: Gredos.

Hierocles (2009): *Hierocles the Stoic:* Elements of ethics, *fragments, and excepts* (editado por Ilaria Ramelli y traducido por David Konstan). Atlanta: Society of Biblical Literature.

Kidd, Ian G. (1999): *Posidonius. III. The Translation of the Fragments.* Cambridge: Cambridge University Press.

Lucrecio Caro (1990): *La naturaleza* (editado por Ismael Roca Meliá). Madrid: Akal.

Marco Aurelio (2007): *Meditaciones* (edición de Francisco Cortés Gabaudán y Manuel J. Rodríguez Gervás, introducción de Manuel J. Rodríguez Gervás y traducción y notas de Francisco Cortés Gabaudán). Madrid: Cátedra.

Numenio de Apamea (1991): *Oráculos caldeos con una selección de testimonios de Proclo, Psalo y M. Itálico – Numenio de Apamea: fragmentos y testimonios* (introducciones, traducciones y notas de Francisco García Bazán). Madrid: Gredos.

Plinio (1995): *Historia natural. Libros I-II* (traducción de Antonio Fontán, María Luisa Arribas Hernáez, Encarnación del Barrio Sanz, Ignacio García Arribas, Luis Alfonso Hernández Miguel; Francisco Manzanero Cano, Ana María Moure Casas y José Luis Sancho). Madrid: Gredos.

Plotino (1982): *Enéadas I-II* (introducción, traducción y notas de Jesús Igal). Madrid: Gredos.

Plotino (1985): *Enéadas III-IV* (introducción, traducción y notas de Jesús Igal). Madrid: Gredos.

Plotino (1998): *Enéadas V-VI* (introducción, traducción y notas de Jesús Igal). Madrid: Gredos.

Plutarco de Queronea (2002): *Obras morales y de costumbres (moralia) IX: Sobre la malevolencia de Heródoto, Cuestiones sobre la naturaleza, Sobre la cara visible de la luna, Sobre el principio del frío, Sobre si es más útil el agua o el fuego, Sobre la inteligencia de los animales, «Los animales son racionales» o «Grilo», Sobre comer carne* (introducciones, traducción y notas de Vicente Ramón Palerm y Jorge Bergua Cavero). Madrid: Gredos.

Plutarco de Queronea (2004a): *Obras morales y de costumbres (moralia) XII: tratados antiepicúreos* (introducciones, traducción y notas de J. F. Martos Montiel). Madrid: Gredos.

Plutarco de Queronea (2004b): *Obras morales y de costumbres (moralia) XI: tratados platónicos, tratados antiestoicos* (introducciones, traducción y notas de María Ángeles Durán López y Raúl Caballero Sánchez). Madrid: Gredos.

Proclo (1999): *Lecturas del* Crátilo *de Platón* (edición de Jesús María Álvarez Hoz, Ángel Gabilondo Pujos y José Miguel García Ruiz). Madrid: Akal.

Séneca (1979a): *Naturales quaestiones. Volumen I (libros I-III)* (texto revisado y traducido por Carmen Codoñer Merino). Madrid: Centro Superior de Investigaciones Científicas.

Séneca (1979b): *Naturales quaestiones. Volumen II (libros IV-VIII)* (texto revisado y traducido por Carmen Codoñer Merino). Madrid: Centro Superior de Investigaciones Científicas.

Séneca (1986): *Epístolas morales a Lucilio I (libros I-IX, epístolas 1-80)* (introducción, traducción y notas de Ismael Roca Meliá). Madrid: Gredos.

Séneca (1989): *Epístolas morales a Lucilio II (libros X-XX y XXII (frs.), epístolas 81-125)* (introducción, traducción y notas de Ismael Roca Meliá). Madrid: Gredos.

Séneca (2008): *Diálogos (Sobre la providencia. Sobre la firmeza del sabio. Sobre la ira. Sobre la vida feliz. Sobre el ocio. Sobre la tranquilidad del espíritu. Sobre la brevedad de la vida)* (introducciones, traducción y notas de Juan Mariné Isidro). Madrid: Gredos.

Sexto Empírico (1993): *Esbozos pirrónicos* (introducción, traducción y notas de Antonio Gallego Cao y Teresa Muñoz Diego). Madrid: Gredos.

Sexto Empírico (1997): *Contra los profesores* (introducción, traducción y notas de Jorge Bergua Cavero). Madrid: Gredos.

Sexto Empírico (2012): *Contra los dogmáticos* (introducción, traducción, notas e índices de Juan Francisco Martos Montiel). Madrid: Gredos.

Varrón (1998a): *La lengua latina. Libros V-VI* (introducción, traducción y notas de Luis Alfonso Hernández Miguel). Madrid: Gredos.

Varrón (1998b): *La lengua latina. Libros VII-X y fragmentos* (introducción, traducción y notas de Luis Alfonso Hernández Miguel). Madrid: Gredos.

Fuentes secundarias

Aarsleff, Hans (1970): «The History of Linguistics and Professor Chomsky», *Language*, 46, 570-585. https://doi.org/10.2307/412308

Aarsleff, Hans (1971): «"Cartesian Linguistics" History or Fantasy?», *Language Sciences*, 17, 1-12.

Abaratzis, Theodore y Schickore, Jutta (2012): «Introduction: Ways of Integrating History and Philosophy of Science», *Perspective on Science,* 20 (4), 395-408. https://doi.org/10.1162/POSC_x_00079

Abbagnano, Nicolás (1994): *Historia de la filosofía. Volumen 1. Filosofía antigua – Filosofía patrística – Filosofía escolástica*. Barcelona: Hora.

Ahlsén, Elisabeth (2011): «Neurolinguistics», en James Simpson (ed.), *The Routledge Handbook of Applied Linguistics*. Nueva York: Routledge, 460-471.

Albornoz, Víctor Daniel (2006): «Entre los orígenes del lenguaje: intertextualidad del *Crátilo* de Platón con el fragmento V 1028-1090 de *De rerum natura* de Lucrecio», *Presente y pasado. Revista de Historia*, 11, 175-192. Recuperado de http://erevistas.saber.ula.ve/index.php/presenteypasado/article/view/14363

Alegre Gorri, Antonio (1988): *Historia de la filosofía griega*. Barcelona: Anthropos.

Allen, James (2005): «The Stoics on the origin of language and the foundations of etimology», en Dorothea Frede y Brad Inwood (eds.), *Language and Learning: Philosophy of Language in the Hellenistic Age Proceedings of the Ninth Symposium Hellenisticum*. Cambridge: Cambridge University Press, 14-35.

Altmann, Gerry (2006): «History of Psycholinguistics», en Keith Brown (ed.), *Encyclopedia of Language & Linguistics*. Ámsterdam: Elsevier, 257-265. https://doi.org/10.1016/B0-08-044854-2/04157-2

Álvarez Campos, Sergio (1957): «"*Disciplinarum libri IX*" de M. T. Varrón: la primera enciclopedia de la cultura occidental», *AVGVSTINVS*, 2, 529-574.

Anula Rebollo, Alberto (2002): *El abecé de la psicolingüística*. Madrid: Arco/Libros.

Araos San Martín, Jaime (1990): «Lenguaje, convención y naturaleza en Platón y Aristóteles», *Revista de filosofía*, 35-36, 127-141. Recuperado de https://revistafilosofia.uchile.cl/index.php/RDF/article/view/44194/46199

Araos San Martín, Jaime (1999): *La filosofía aristotélica del lenguaje*. Pamplona: Ediciones Universidad de Navarra.

Arens, Hans (1975): *La lingüística. Sus textos y su evolución desde la Antigüedad hasta nuestros días*. Madrid: Gredos.

Arens, Hans (1984): *Aristotle's theory of language and its tradition: texts from 500 to 1750*. Ámsterdam y Filadelfia: John Benjamins.

Ariza, Sergio (2014): «Introducción general», en Felix Ángel, Sergio Ariza, Emperatriz Chinchilla, Juan Sebastián. Franco, Manuel Alejandro Garzón, Santiago Melo, Luis Carlos Suárez y Manuel de Zubiría (trads.), *Gorgias de Leontini: Sobre el no ser*. Bogotá: Universidad de los Andes, 5-38.

Atherton, Catherine (2005): «Lucretius on what language is not», en Dorothea Frede y Brad Inwood (eds.), *Language and Learning: Philosophy of Language in the Hellenistic Age Proceedings of the Ninth Symposium Hellenisticum*. Cambridge: Cambridge University Press, 101-138.

Aubenque, Pierre (1974): *El problema del ser en Aristóteles*. Madrid: Taurus.

Balari, Sergio (2011): «La ciencia normal no hace revoluciones», *Ludus Vitalis*, 19 (35), 177-180. Recuperado de http://www.ludus-vitalis.org/ojs/index.php/ludus/article/view/126/124

Bechtel, William (1991): *Filosofía de la mente. Una panorámica para la ciencia cognitiva*. Madrid: Tecnos.

Benítez Burraco, Antonio (2009): *Genes y lenguaje. Aspectos ontogenéticos, filogenéticos y cognitivos*. Barcelona: Reverté.

Benítez Burraco, Antonio (2011): «Biolingüística: cuando no es lo mismo serlo que parecerlo», *Ludus Vitalis*, 19 (35), 181-186. Recuperado de http://www.ludus-vitalis.org/ojs/index.php/ludus/article/view/127

Benítez Burraco, Antonio y Barceló-Coblijn, Lluís (2015): *El origen del lenguaje*. Madrid: Síntesis.

Bernhardt, Jean (1976): El pensamiento presocrático: de Tales a los sofistas», en François Châtelet (dir.), *Historia de la filosofía: ideas, doctrinas* (tomo 1). Madrid: Espasa-Calpe, 22-65.

Berwick, Robert y Chomsky, N. (2016): ¿Por qué solo nosotros? Lenguaje y evolución (traducción de Fina Marfà). Barcelona: Kairós.

Bever, Thomas G. (1970): «The Cognitive Basis for Linguistic Structures», en John R. Hayes (ed.), *Cognition and Language Development*. Nueva York: Wiley & Sons, 277-360.

Bever, Thomas G.; Fodor, Jerry A. y Garret, Merrill F. (1968): «A Formal Limitation of Associationism», en Theodore R. Dixon y David L. Horton (eds.), *Verbal Behavior and General Behavior Theory*. Englewood Cliffs: Prentice-Hall, 582-585.

Blasco, Josep Lluís; Grimaltos, Tobies y Sánchez, Dora (1999): *Signo y pensamiento*. Barcelona: Ariel.

Blázquez, José María; López Melero, Raquel y Sayas, Juan José (1999): *Historia de Grecia Antigua*. Madrid: Cátedra.

Blumenthal, Arthur L. (ed.) (1970): *Language and Psychology*. Nueva York: Wiley & Sons.

Blumenthal, Arthur L. (1987): «The Emergence of Psycholinguistics», *Synthese*, 72 (3), 313-323. Recuperado de https://www.jstor.org/stable/20116432

Boeckx, Cedric (2006): *Linguistic minimalism: origins, concepts, methods and aims*. Oxford: Oxford University Press.

Boeckx, Cedric (2013): «Biolinguistics: Forays into Human Cognitive Biology», *Journal of Anthropological Sciences*, 91, 63-89. https://doi.org/10.4436/JASS.91009

Boeckx, Cedric (2014): «The Roots of Current Biolinguistic Thought: Revisiting the "Chomsky-Piaget Debate" in the Context of the Revival of Biolinguistics», *Teorema*, 33 (1), 83-94. https://www.jstor.org/stable/43047031

Boeckx, Cedric y Benítez Burraco, Antonio (2014): «The shape of the human language-ready brain», *Frontiers in Psychology*, 5. https://doi.org/10.3389/fpsyg.2014.00282

Boeckx, Cedric y Benítez Burraco, Antonio (2016): *Components of the Language-Ready Brain*. Lausana: Frontiers Media.

Boeckx, Cedric y Grohmann, Kleanthes (2007): «The *Biolinguistics* Manifesto», *Biolinguistics*, 1, 1-8. Recuperado de http://www.biolinguistics.eu

Boeckx, Cedric y Longa Martínez, Víctor Manuel (2011): «Lenneberg's View on Language Development and Evolution and Their Relevance for Modern Biolinguistics», *Biolinguistics*, 5 (3), 254-273. Recuperado de http://www.biolinguistics.eu

Boeckx, Cedric y Martins, Pedro Tiago (2016): «Biolinguistics», *Oxford Research Encyclopedia of Linguistics*, 1-13. Recuperado de https://oxfordre.com/linguistics/view/10.1093/acrefore/9780199384655.001.0001/acrefore-9780199384655-e-20

Boeri, Marcelo (1997): «Aristóteles, el estoicismo antiguo y lo que depende de nosotros», *Méthexis*, 10, 161-172. https://doi.org/10.1163/24680974-90000279

Boeri, Marcelo (2009): «Alejandro de Afrodisia como intérprete de la noética aristotélica», *Estudios filosóficos*, 40, 79-107. Recuperado de https://revistas.udea.edu.co/index.php/estudios_de_filosofia/article/view/11616

Bolinska, Agnes y Martin, Joseph (2019): «Negotiating History: Contingency, canonicity, and case studies», *Studies in History and Philosophy of Science*, 80, 37-46. https://doi.org/10.1016/j.shpsa.2019.05.003

Boscherini, Silvano (1993): La medicina in Catone e Varrone. *Aufstieg und Niedergang der römischen Welt II*, 37 (1), 729-755. https://doi.org/10.1515/9783110887877-016

Brekle, Herbert Ernst (1986): «What is the history of linguistics and to what end is it studied? A didactic approach», en Theodor Bynon y Frank Robert Palmer (eds.), *Studies in the history of Western Linguistics: in honour of R. H. Robins* (pp. 1-10). Cambridge: Cambridge University Press, 1-10.

Bugarski, Ranko (1976): «The Object of Linguistics in Historical Perspective», en Herman Parret (ed.), *History of Linguistic Thought and Contemporary Linguistics*. Berlín y Nueva York: De Gruyter, 1-12.

Burian, Richard (2001): «The Dilemma of Case Studies Resolved: The Virtues of Using Case Studies in the History and Philosophy of Science», *Perspective on Science*, 9 (4), 383-404. https://doi.org/10.1162/106361401760375794

Burian, Richard (2002): «Comments on the Precarious Relationship between History and Philosophy of Science», *Perspectives on Science*, 10 (4), 398-407. https://doi.org/10.1162/106361402322288039

Byl, Simon (1997): «Controverses antiques autor de la dissection et de la vivisection», *Revue belge de Philologie et d'Histoire*, 75 (1), 113-120.

Campos Ruiz, Julio (1958): ¿Por qué fue Cicerón antiepicúreo? *Helmántica,* 9, 415-423. https://doi.org/10.36576/summa.2529

Capelle, Wilhelm (1981): *Historia de la filosofía griega*. Madrid: Gredos.

Caplan, David (1987): *Neurolinguistics and linguistic aphasiology. An introduction*. Cambridge: Cambridge University Press.

Caplan, David (2017): «Neurolinguistics», en Mark Aronoff y Janie Rees-Miller (eds.), *The Handbook of Linguistics*. Nueva York: Wiley & Sons, 323-343. https://doi.org/10.1002/9781119072256.ch16

Cappelletti, Ángel J. (1996): *Los estoicos antiguos*. Madrid: Gredos.

Casadesús Bordoy, Francesc (2000): «Nueva interpretación del *Crátilo* platónico a partir de las aportaciones del papiro de Derveni», *Emerita: Revista de Lingüística y Filología Clásica*, 68 (1), 53-71. https://doi.org/10.3989/emerita.2000.v68.i1.159

Černy, Jirí (1998): *Historia de la Lingüística*. Cáceres: Servicio de Publicaciones de la Universidad de Extremadura.

Cherniss, Harold (1993): *El enigma de la primera Academia*. México D. F.: Universidad Nacional Autónoma de México.

Chevalier, Jacques (1968): *Historia del pensamiento: el pensamiento antiguo*. Madrid: Aguilar.

Chomsky, Noam (1959): «A Review of B. F. Skinner's *Verbal Behavior*», *Language*, 35 (1), 26-58.

Chomsky, Noam (1975 [1957]): *Estructuras sintácticas* (introducción, notas y apéndices por C. Otero). México D. F.: Siglo Veintiuno.

Chomsky, Noam (1978 [1966]): *Lingüística cartesiana: un capítulo de la historia del pensamiento racionalista* (versión española de Enrique Wulf). Madrid: Gredos.

Chomsky, Noam (1989 [1985]): *El conocimiento del lenguaje: su naturaleza, origen y uso* (versión española de Eduardo Bustos). Madrid: Alianza.

Chomsky, Noam (1999a [1965]): *Aspectos de la teoría de la sintaxis* (versión española de Carlos P. Otero). Barcelona: Gedisa.

Chomsky, Noam (1999b [1995]): *El programa minimalista* (versión española de Juan Romero Morales). Madrid: Alianza.

Chomsky, Noam (1999c): «Indagaciones minimalistas: el marco», *Moenia*, 5, 69-126. Recuperado de https://minerva.usc.es/xmlui/handle/10347/5873

Chomsky, Noam (2004): «The biolinguistic perspective after fifty years», *Quaderni del Dipartimento di Lingüística-Università di Firenze*, 14, 3-12.

Chomsky, Noam (2005): «Three Factors in Language Design», *Linguistic Inquiry*, 36 (1), 1-22. https://doi.org/10.1162/0024389052993655

Chomsky, Noam (2008): «Approaching UG from Below», en Uli Sauerland y Hans-Martin Gärtner (eds.), *Interface + Recursion = Language? Chomsky's Minimalism and the View from Semantics*. Berlín: Mouton de Gruyter, 1-29.

Chomsky, Noam (ed.) (2015a): *The Minimalist Program: 20th Anniversary Edition*. Cambridge y Londres: MIT Press.

Chomsky, Noam (2015b): «A Minimalist Program for Linguistic Theory», en Noam Chomsky (ed.), *The Minimalist Program: 20th Anniversary Edition*. Cambridge y Londres: MIT Press, 153-199.

Chomsky, Noam; Gallego, Ángel y Ott, Dennis (2019): «Generative Grammar and the Faculty of Language: Insights, Questions, and Challenges», *Catalan Journal of Linguistics Special Issue: Generative Syntax. Questions, Crossroads, and Challenges*, 229-261. https://doi.org/10.5565/rev/catjl.288

Conde Parrado, Pedro (2003): *Hipócrates latino: el* De Medicina *de Cornelio Celso en el Renacimiento*. Valladolid: Secretariado de Publicaciones e Intercambio Editorial de la Universidad de Valladolid.

Copleston, Frederick (1986): *Historia de la filosofía. Vol. I: Grecia y Roma*. Barcelona: Ariel.

Corredor Lana, Cristina (1999): *Filosofía del lenguaje: una aproximación a las teorías del significado del siglo XX*. Madrid: Visor.

Cutler, Anne; Klein, Wolfgang y Levinson, Stephen C. (2005): «The Cornerstones of Twenty Century Psycholinguistics», en Anne Cutler (ed.), *Twenty-First Century Psycholinguistics: Four Cornerstones*. Mahwah: Lawrence Erlbaum Associates, 1-20.

Deniz Machín, Deyvis (2012): «Hierocles y la génesis de la conciencia», *Azafea: revista de filosofía, 14*, 145-164. Recuperado de http://hdl.handle.net/10366/129935

Dillon, John (1996): *The Middle Platonists, 80 B.C. to A.D. 220*. Nueva York: Cornell University Press.

Dorandi, Tiziano (2002a): «Chronology», en Keimpe Algra, Jonathan Barnes, Jaap Mansfeld, y Malcolm Schofield (eds.), *The Cambridge History of Hellenistic Philosophy*. Cambridge: Cambridge University Press, 31-54.

Dorandi, Tiziano (2002b): «Organization and structure of the philosophical schools», en Keimpe Algra, Jonathan Barnes, Jaap Mansfeld, y Malcolm Schofield (eds.), *The Cambridge History of Hellenistic Philosophy*. Cambridge: Cambridge University Press, 55-62.

Düring, Ingemar (1990): *Aristóteles*. México D. F.: Universidad Nacional Autónoma de México.

Echeverría, Javier (1989): *Introducción a la metodología de la ciencia: la filosofía de la ciencia en el siglo XX*. Barcelona: Barcanova.

Egli, Urs (1987): «Stoic Syntax and Semantics», en Daniel Taylor (ed.), *The History of Linguistics in the Classical Period*. Ámsterdam y Filadelfia: John Benjamins, 107-132.

Eguren, Luis y Fernández Soriano, Olga (2004): *Introducción a una sintaxis minimista*. Madrid: Gredos.

Esparza Torres, Miguel Ángel (1997): «Tareas de la historiografía lingüística», en María do Carmo Henríquez Salido y Miguel Ángel Esparza Torres (eds.), *Estudios de Lingüística*. Vigo: Departamento de Filología Española de la Universidad de Vigo, 69-86.

Fernández Garrido, María Regla (1996): «Los comentarios griegos y latinos al *De Interpretatione* aristotélico hasta Tomás de Aquino», *Emerita*, 64 (2), 307-323. https://doi.org/10.3989/emerita.1996.v64.i2.233

Fernández Nieto, Francisco Javier (2003): «Filipo y Alejandro», en Joaquín Gómez-Pantoja (coord.), *Historia Antigua (Grecia y Roma)*. Barcelona: Ariel, 293-326.

Fernández Pérez, Milagros (1992): «Consideraciones sobre el establecimiento y la demarcación de la Neurolingüística y la Psicolingüística», en Carlos Martín Vide (ed.), *Actas del VII Congreso de Lenguajes Naturales y Lenguajes Formales*. Barcelona: Universidad de Barcelona, 367-373.

Fernández, Eva M. y Smith Cairns, Helen (2010): *Fundamentals of Psycholinguistics*. Nueva York: Wiley-Blackwell.

Field, John (2011): «Psycholinguistics», en James Simpson (ed.), *The Routledge Handbook of Applied Linguistics*. Nueva York: Routledge, 472-486.

Finkielman, Samuel (2007): «Marco Terencio Varrón y la causa de las enfermedades», *Medicina (Buenos Aires)*, 67, 306-308.

Fitch, William Tecumseh (2009): «Prolegomena to a Future Science of Biolinguistics», *Biolinguistics*, 3 (4), 283-320. Recuperado de http://www.biolinguistics.eu

Fitch, William Tecumseh; Hauser, Mark y Chomsky, Noam (2005): «The evolution of the language faculty: clarifications and implications», *Cognition*, 97 (2), 179-210.

Fodor, Jerry A. (1983): *The Modularity of Mind*. Cambridge: MIT Press.

Foucault, Michel (1968): *Las palabras y las cosas. Una arqueología de las ciencias humanas* (traducción de Elsa Cecilia Frost). Buenos Aires: Siglo XXI.

Gadamer, Hans-Georg (1998): «Texto e interpretación», *Cuaderno Gris*, 3, 17-41.

Gadamer, Hans-Georg (1999): *Verdad y Método I* (versión española de Ana Agud Aparicio y Rafael de Agapio). Salamanca: Sígueme.

Gainotti, Guido (2008): «Prologue», en Brigitte Stemmer y Harry A. Whitaker (eds.) *Handbook of Neuroscience of Language*. Nueva York: Elsevier Academic Press, xxi-xxv.

Galison, Peter (2008): «Ten Problems in History and Philosophy of Science», *Isis,* 99 (1), 111-124. https://doi.org/10.1086/587536

Garayzábal Heinze, Elena y Codesido García, Ana Isabel (2015): *Fundamentos de Psicolingüística*. Madrid: Síntesis.

Garayzábal Heinze, Elena y Otero Cabarcos, María Pilar (2004): «Psicolingüística, neurolingüística, logopedia y lingüística clínica: juntos sí, pero no revueltos», *Filología y Lingüística*, XXXI (1), 163-185. https://doi.org/10.15517/rfl.v31i1.4415

García Ballester, Luis (1996): «Alma y cuerpo, enfermedad del alma y enfermedad del cuerpo en el pensamiento medico de Galeno», *Revista de la Asociación Española de Neuropsiquiatría*, 60 (XVI), 705-735. Recuperado de http://www.revistaaen.es/index.php/aen/article/view/15514

García del Castillo, Pablo (1990): «Aristóteles, *De anima* III, 3: primera exploración por el territorio de la imaginación», *Azafea*, 3, 11-32. https://doi.org/10.14201/i300

García Gual, Carlos (2011): *Epicuro*. Madrid: Alianza.

García Gual, Carlos e Imaz, María Jesús (1986): *La filosofía helenística: éticas y sistemas*. Madrid: Cincel.

García Sánchez, Manuel (2003): «El choque greco-persa», en Joaquín Gómez-Pantoja (coord.), *Historia Antigua (Grecia y Roma)*. Barcelona: Ariel, 165-187.

García Valverde, José Manuel (2007): «Cicerón y la filosofía helenística (algunas reflexiones sobre la originalidad y las fuentes del pensamiento ciceroniano)», *Fragmentos de filosofía*, 5, 115-133. Recuperado de http://hdl.handle.net/11441/28717

García-Molina, Alberto y Roig-Rovira, Teresa (2013): «Broca, prisionero de su tiempo», *Neurosciences and History*, 1 (3), 119-124. Recuperado de https://nah.sen.es/es/99-revistas/vol1/numero-3/154-broca-prisionero-de-su-tiempo

Garnham, Alan; Garrod, Simon y Sanford, Anthony (2006): «Observations on the Past and Future of Psycholinguistics», en Matthew J. Traxler y Morton A. Gernsbacher (eds.), *Handbook of Psycholinguistics*. Ámsterdam: Elsevier, 1-18.

Giere, Ronald (1973): «History and Philosophy of Science: Intimate Relationship or Marriage of Convenience?», *The British Journal for the Philosophy of Science*, 24 (3), 282-297. Recuperado de https://www.jstor.org/stable/686234

Giere, Ronald (2011): «History and Philosophy of Science: Thirty-Five Years Later», en Seymour Mauskopf y Tad Schmaltz (eds.), *Integrating History and Philosophy of Science*. Dordrecht: Springer, 59-65.

Gill, Christopher (2007): «Galen and the Stoics: Mortal Enemies or Blood Brothers?», *Phronesis*, 52 (1), 88-120. https://doi.org/10.1163/156852807X177977

Giménez-Roldán, Santiago (2017): «Una revisión crítica sobre la contribución de Broca a la afasia: desde la prioridad al sombrerero Leborgne», *Neurosciences and History*, 5 (2), 58-68. Recuperado de https://nah.sen.es/es/149-revistas/volumen-5/numero-2/362-una-revision-critica-sobre-la-contribucion-de-broca-a-la-afasia-desde-la-prioridad-al-sombrerero-leborgne

Gómez Asencio, José Jesús; Montoro del Arco, Esteban Tomás y Swiggers, Pierre (2014): «Principios, tareas, métodos e instrumentos en historiografía lingüística», en María Luisa Calero Vaquera, Alfonso Zamorano Aguilar, Francisco Javier Perea Siller, María del Carmen García Manga y María Martínez-Atienza de Dios (eds.), *Métodos y resultados actuales en Historiografía de la Lingüística*. Münster: Nodus Publikationen, 266-301.

Gómez de Caso Zuriaga, Jaime (2003): «El Mediterráneo central y occidental en la época de las primeras guerras púnicas», en Joaquín Gómez-Pantoja (coord.), *Historia Antigua (Grecia y Roma)*. Barcelona: Ariel, 353-390.

González Jiménez Juan Miguel (2018): «El canon histórico de *Aspects of the Theory of Syntax* (1965) y *Cartesian Linguistics* (1966): la incidencia de las fuentes alemanas y francesas», *Estudios Franco-Alemanes*, 10, 79-93. Recuperado de https://textocienciaytraduccion.group/wp-content/uploads/2021/05/Archivo-6_Gonzalez-Jimenez_Juan-Miguel.pdf

González Jiménez, Juan Miguel (2019): «Una aproximación a los problemas en la caracterización epistemológica de la Biolingüística», en Alberto Marinas Armendía (ed.), *El mérito de la investigación*. Córdoba: UCOPress, 13-16.

González Jiménez, Juan Miguel (2020a): «Serie textual y fuentes del *Handbook of Biolinguistics* (1950) de Meader y Muyskens: estudio de sus ideas "(bio)lingüísticas"», *Boletín de la Sociedad Española de Historiografía Lingüística*, 14, 93-116. https://doi.org/10.5281/zenodo.4457832

González Jiménez, Juan Miguel (2020b): «Sintaxis y semántica en el "modelo reglar": un análisis historiográfico a partir de sus términos», en María Martínez-Atienza de Dios (ed.), García Manga, María del Carmen y Rodríguez-Tapia, Sergio (cols.), *Entre la morfología, la sintaxis y la semántica*. Valencia: Tirant humanidades, 420-443.

González Jiménez, Juan Miguel (2021): «Filosofía como justificación: el caso del generativismo en lingüística», en Manuel Bermúdez Vázquez (coord.), *Luces en el camino: filosofía y ciencias sociales en tiempos de desconcierto*. Madrid: Dykinson, 525-543.

González Jiménez, Juan Miguel (2022): «Un estudio de las fuentes de la "lingüística cartesiana": Ralph Cudworth (1617-1688)», *RILCE: Revista de Filología Hispánica*, 38 (1), 265-289. https://doi.org/10.15581/008.38.1.265-89

González López, José Luis (1998): «Aristóteles como historiador de la filosofía (análisis de un proyecto historiográfico)», en Ángel Álvarez Gómez y Rafael Martínez Castro (coords.), *En torno a Aristóteles: homenaje al profesor Pierre Aubenque*. Santiago de Compostela: Servicio de Publicaciones de la Universidad de Santiago de Compostela, 268-313.

González Pereira, Miguel (2008): *Aproximación historiográfica al concepto de signo lingüístico a partir del* Crátilo. *La distinción entre léxico y gramática* (Tesis doctoral). Santiago de Compostela: Universidad de Santiago de Compostela. Recuperada de http://hdl.handle.net/10347/2432

Grohmann, Kleanthes (2015): «*Biolinguistics* for Biolinguistics», *Biolinguistics*, 9, 1-7. Recuperado de http://www.biolinguistics.eu

Guillermo Gago, Luis (2006): «Alcmeón de Crotona y el problema mente-cerebro», *Helmántica: revista de filología clásica y hebrea*, 57 (174), 387-417. https://doi.org/10.36576/summa.29392

Guthrie, William Keith Chambers (1984): *Historia de la filosofía griega I: los primeros presocráticos y los pitagóricos*. Madrid: Gredos.

Guthrie, William Keith Chambers (1986): *Historia de la filosofía griega II: la tradición presocrática desde Parménides a Demócrito*. Madrid: Gredos.

Guthrie, William Keith Chambers (1988): *Historia de la filosofía griega III: siglo V*. Madrid: Gredos.

Guthrie, William Keith Chambers (1992): *Historia de la filosofía griega V: Platón. Segunda época y la Academia*. Madrid: Gredos.

Guthrie, William Keith Chambers (1993): *Historia de la filosofía griega VI: introducción a Aristóteles*. Madrid: Gredos.

Hagoort, Peter y Poeppel, David (2013): «The Infrastructure of the Language-Ready Brain», en Michael Arbib (ed.), *Language, Music, and the Brain*. Cambridge: MIT Press, 233-255.

Hankinson, Robert J. (1991): «Galen's Anatomy of the Soul», *Phronesis*, 36 (2), 197-233. Recuperado de https://www.jstor.org/stable/4182386

Hanson, Norwood Russell (1962): «The Irrelevance of History to Philosophy of Science», *The Journal of Philosophy*, 59 (21), 574-586. https://doi.org/10.2307/2023279

Hanson, Norwood Russell (1977): *Observación y explicación: guía de la filosofía de la ciencia – Patrones de descubrimiento. Investigación de las bases conceptuales de la ciencia* (versiones españolas a cargo de E. García Camarero y A. Montesinos). Madrid: Alianza.

Hartmann, Stefan, Pleyer, Michael, Wacewicz, Slawomir, Benítez-Burraco, Antonio y Zywiczynski, Prezemyslaw (2021): «Hypothesis and Definitions in Language Evolution Research: Reply to Mendívil Giró (2020)», *Biolinguistics*, 15, 1-11. Recuperado de http://www.biolinguistics.eu

Hauser, Mark; Chomsky, Noam y Fitch, William Tecumseh (2002): «The Faculty of Language: What is it, who has it, and how did it evolve?», *Science*, 298, 1569-1579. https://doi.org/10.1126/science.298.5598.1569

Haßler, Gerda (2002): «Textos de referencia y conceptos en las teorías lingüísticas de los siglos XVII y XVIII», en Miguel Ángel Esparza, Benigno Fernández, Hans-Josef Niederehe (eds.), *SEHL 2001. Estudios de Historiografía Lingüística*. Hamburgo: Helmut Busque Verlag, 559-586.

Householder, Fred Walter (1995): «Aristotle and the Stoics on Language», », en Ernst Frideryk Konrad Koerner y Ronald E. Asher (eds.), *Concise History of the Language Sciences. From the Sumerians to the Cognitivists*. Cambridge: Cambridge University Press, 90-93.

Hymes, Dell (1974): «Introduction: Traditions and Paradigms», en Dell Hymes (ed.), *Studies in the History of Linguistics. Traditions and Paradigms*. Bloomington y Londres: Indiana University Press, 1-38.

Igal, Jesús (1976): Aristóteles y la evolución de la antropología de Plotino. *Pensamiento*, 35, 315-346. Recuperado de https://biblioteca.comillas.edu/digital/abnetopac.exe?TITN=390801

Itkonen, Esa (1991): *Universal History of Linguistics*. Ámsterdam/Filadelfia: John Benjamins.

Ingram, John C. (2007): *Neurolinguistics: An Introduction to Spoken Language Processing and its Disorders*. Cambridge: Cambridge University Press.

Jackendoff, Ray y Pinker, Steven (2005): «The nature of the language faculty and its implications for evolution of language (Reply to Fitch, Hauser, and Chomsky)», *Cognition*, 97, 211-225. https://doi.org/10.1016/j.cognition.2005.04.006

Jenkins, Lyle (2002): *Biolingüística*. Madrid: Cambridge University Press.

Jenkins, Lyle (2013): «Biolinguistics: A Historical Perspective», en Cedric Boeckx y Kleanthes Grohmann (eds.), *The Cambridge Handbook of Biolinguistics*. Cambridge: Cambridge University Press, 4-11.

Jiménez Ruiz, Juan Luis (2005): «La problemática de la continuidad a través de la ruptura: los cambios interteóricos en los programas de investigación realista de la lingüística», *Estudios de Lingüística Universidad de Alicante (ELUA)*, 19, 275-299. https://doi.org/10.14198/ELUA2005.19.14

Jiménez Ruiz, Juan Luis (2006): «Las vertiente sincrónica y diacrónica de la reflexión epistemológica sobre la Lingüística», en Juan de Dios Luque Durán (ed.), *Actas del V Congreso Andaluz de Lingüística General* (vol. 2). Granada: Granada Lingvistica, 1011-1026.

Jiménez Ruiz, Juan Luis (2007): «Bases ontológicas de los principales programas de investigación lingüística opositiva transcrónica», en Pablo Cano López, Isabel Fernández López, Miguel González Pereira, Gabriela Prego Vázquez y Montserrat Souto Gómez (eds.), *Actas del VI Congreso de Lingüística General* (vol. 3). Madrid: Arco/Libros, 2907-2919.

Johansson, Sverker (2013): «Biolinguistics or Physicolinguistics? Is the Third Factor Helpful or Harmful in Explaining Language?», *Biolinguistics*, 7, 249-275. Recuperado de http://www.biolinguistics.eu

Kess, Joseph F. (1992): *Psycholinguistics: Psychology, linguistics, and the study of natural language*. Ámsterdam y Filadelfia: John Benjamins.

Keβler, Eckhard (2011): «Alexander of Aphrodisias and his Doctrine of the Soul», *Early Science and Medicine*, 16, 1-92. https://doi.org/10.1163/9789004210196_002

Kirk, Geoffrey Stephen; Raven, John Earle y Schofield, Michael (1987): *Los filósofos presocráticos. Historia crítica con selección de textos*. Madrid: Gredos.

Koerner, Ernst Frideryk Konrad (1974): «Purpose and Scope of *Historiographia Linguistica*», *Historiographia Linguistica*, I (1), 1-10. https://doi.org/10.1075/hl.1.1.01edi

Koerner, Ernst Frideryk Konrad (1976): «Towards a Historiography of Linguistics», en Herman Parret (ed.), *History of Linguistic Thought and Contemporary Linguistics*. Berlín y Nueva York: De Gruyter, 685-718.

Koerner, Ernst Frideryk Konrad (1981): «The Neogrammarian Doctrine Breakthrough of Extension of the Schleicherian Paradigm», *Folia Linguistica Historica*, 2 (2), 157-178. https://doi.org/10.1515/flih.1981.2.2.157

Koerner, Ernst Frideryk Konrad (1989a): «On the Problem of "Influence" in Linguistic Historiography», en Ernst Frideryk Konrad Koerner (ed.), *Practicing Linguistic Historiography. Selected Essays*. Ámsterdam y Filadelfia: John Benjamins, 31-46.

Koerner, Ernst Frideryk Konrad (1989b): «Continuities and Discontinuities in the History of Linguistics», en Ernst Frideryk Konrad Koerner (ed.), *Practicing Linguistic Historiography. Selected Essays*. Ámsterdam y Filadelfia: John Benjamins, 69-78.

Koerner, Ernst Frideryk Konrad (1989c): «The Chomskyan "Revolution" and its Historiography. Observations of a Bystander», en Ernst Frideryk Konrad Koerner (ed.), *Practicing Linguistic Historiography. Selected Essays*. Ámsterdam y Filadelfia: John Benjamins, 101-146.

Koerner, Ernst Frideryk Konrad (1995): «History of Linguistics: The Field», en Ernst Frideryk Konrad Koerner y Ronald E. Asher (eds.), *Concise History of the Language Sciences. From the Sumerians to the Cognitivists*. Cambridge: Cambridge University Press, 3-7.

Koerner, Ernst Frideryk Konrad (2000): «Historia de la lingüística: logros y desafíos», *Analecta Malacitana*, 23 (1), 5-17.

Kuhn, Thomas S. (1996³ [1962]): *The Structure of Scientific Revolutions*. Chicago y Londres: University of Chicago Press.

Kuukkanen, Jouni-Matti (2016): «Historicism and the failure of HPS», *Studies in History and Philosophy of Science*, 55, 3-11. https://doi.org/10.1016/j.shpsa.2015.08.002

Laborda Gil, Xavier (2010): «Crátilo: diálogo con el mito platónico de la lingüística», *Tonos Digital: Revista de estudios filológicos*, 19. Recuperado de https://www.um.es/tonosdigital/znum19/secciones/estudios-14-cratilo.htm

Laín Entralgo, Pedro (1970): *La medicina hipocrática*. Madrid: Ediciones de la Revista Occidente.

Laín Entralgo, Pedro (1978): *Historia de la medicina*. Barcelona: Salvat.

Lakatos, Imre (1989): *La metodología de los programas de investigación científica* (versión española de Juan Carlos Zapatero). Madrid: Alianza.

Lappin, Shalom, Levine, Robert D. y Johnson, David E. (2000): «The Structure of Unscientific Revolutions», *Natural Language & Linguistic Theory*, 18 (3), 665-671. Recuperado de https://www.jstor.org/stable/4047942

Lasnik, Howard y Lohndal, Terje (2010): «Government-binding/principles and parameter theory», *Wiley Interdisciplinary Reviews: Cognitive Science*, 1, 40-50. https://doi.org/10.1002/wcs.35

Lassiter, Charles (2016): «Aristotle and distributed language: capacity, matter, structure and languaging», *Language Sciences*, 54, 8-20. https://doi.org/10.1016/j.langsci.2015.05.011

Laudan, Larry (1986): *El progreso y sus problemas. Hacia una teoría del crecimiento científico* (traducción de Javier López Tapia y edición de Alfonso Pérez de Laborda). Madrid: Encuentro.

Law, Vivien (2003): *The History of Linguistics in Europe: from Plato to 1600*. Cambridge y Nueva York: Cambridge University Press.

Leith, David (2014): «Galen's Refutation of Atomism», *Bulletin of the Institute of Classical Studies. Supplement*, 114, 213-234. Recuperado de https://www.jstor.org/stable/44215144

Lenneberg, Eric (1975 [1967]): *Fundamentos biológicos del lenguaje* (version española de Natividad Sánchez Sáinz-Trápaga y Antonio Montesinos). Madrid: Alianza.

Lepschy, Giulio C. (ed.) (1994): *History of linguistics II. Classical and medieval linguistics*. Londres: Longman.

Lesser, Ruth (1990): «Language and the brain: Neurolinguistics», en Neville Edgar Collinge (ed.), *An Encyclopaedia of Language* (pp. 205-231). Londres y Nueva York: Routledge.

Levelt, Willem J. M. (2013): *A History of Psycholinguistics. The Pre-Chomskyan Era*. Oxford: Oxford University Press.

Levi, Adolfo (1969): *Historia de la filosofía romana*. Buenos Aires: Editorial universitaria de Buenos Aires.

Lomas, Francisco Javier (2003): «La consolidación del imperio: los Flavios», en Joaquín Gómez-Pantoja (coord.), *Historia Antigua (Grecia y Roma)*. Barcelona: Ariel, 547-615.

Long, Anthony (1987): *La filosofía helenística*. Madrid: Alianza Universidad.

Long, Anthony (2005): «Stoic linguistics, Plato's *Cratylus*, and Augustine's *De dialectica*», en Dorothea Frede y Brad Inwood (eds.), *Language and Learning: Philosophy of Language in the Hellenistic Age Proceedings of the Ninth Symposium Hellenisticum*. Cambridge: Cambridge University Press, 36-55.

Longa Martínez, Víctor Manuel (2006a): «Sobre el significado del descubrimiento del gen *FOXP2*», *Estudios de Lingüística. Universidad de Alicante (ELUA)*, 20, 177-207. https://doi.org/10.14198/ELUA2006.20.09

Longa Martínez, Víctor Manuel (2006b): «No solo genes: el Programa Minimalista y la reformulación de la noción de innatismo», *Ludus Vitalis*, 26 (14), 141-170. Recuperado de http://www.ludus-vitalis.org/ojs/index.php/ludus/article/view/432

Longa Martínez, Víctor Manuel (2008): «Una visión crítica sobre la noción de "programa genético" desde la biología y la lingüística: consecuencias para la conceptualización de la ontogenia lingüística», *Verba*, 35, 347-385. Recuperado de http://hdl.handle.net/10347/3498

Longa Martínez, Víctor Manuel y Lorenzo González, Guillermo (2012): «¿Reduce, completa o elimina? Sobre el estatus del programa minimalista en la gramática generativa», *Revista Española de Lingüística*, 42 (1), 145-174. Recuperado de http://revista.sel.edu.es/index.php/revista/article/view/12

Lorenzo González, Guillermo (2007a): «Lo que no hace falta aprender y lo que no se necesita saber», *Teorema*, 26 (2), 141-148. Recuperado de http://hdl.handle.net/10651/24769

Lorenzo González, Guillermo (2007b): «El Programa Minimalista y el problema de Platón. Reflexiones sobre la aportación de minimalismo a los desafíos del desarrollo lingüístico», *Estudios de Lingüística Universidad de Alicante (ELUA)*, 21, 209-228. https://doi.org/10.14198/ELUA2007.21.10

Lorenzo González, Guillermo (2013): *Biolingüística. La nueva síntesis*. Oviedo: edición novenal.

Lorenzo González, Guillermo (2015): «Biolingüística: fronteras y síntesis», *Verba*, 42, 293-321. https://doi.org/10.15304/verba.42.1680

Lorenzo González, Guillermo y Longa Martínez, Víctor Manuel (1996): *Introducción a la sintaxis generativa*. Madrid: Alianza.

Luria, Aleksandr Románovich (1976): *Basic Problems of Neurolinguistics*. La Haya y París: Mouton.

Malkiel, Yakov y Langdon, Margaret (1969): «History and Histories of Linguistics», *Romance Philology*, 22, 530-574. Recuperado de https://www.jstor.org/stable/44940472

Malmberg, Bertil (1991): *Histoire de la linguistique: de Sumer à Saussure*. París: Presses Universitaires de France.

Mansfeld, Jaap (2002): «Sources», en Keimpe Algra, Jonathan Barnes, Jaap Mansfeld, y Malcolm Schofield (eds.), *The Cambridge History of Hellenistic Philosophy*. Cambridge: Cambridge University Press, 3-30.

Marcos Marín, Francisco (1990): *Introducción a la Lingüística: historia y modelos*. Madrid: Síntesis.

Martín, Fernando (2003): «Los males de la polis», en Joaquín Gómez-Pantoja (coord.), *Historia Antigua (Grecia y Roma)*. Barcelona: Ariel, 279-292.

Martínez del Castillo, Jesús (2010): *Las relaciones lenguaje-pensamiento o el problema del logos*. Madrid: Biblioteca Nueva.

Martínez-Pinna, Jorge (2003): «Roma en la Edad Obscura (siglos v y iv a. C.)», en Joaquín Gómez-Pantoja (coord.), *Historia Antigua (Grecia y Roma)*. Barcelona: Ariel, 189-216.

Martins, Pedro Tiago y Boeckx, Cedric (2016): «What we talk about when we talk about biolinguistics», *Linguistics Vanguard*, 2 (1), 1-15. https://doi.org/10.1515/lingvan-2016-0007

Mas Torres, Salvador (2006): *Pensamiento romano. Una historia de la filosofía en Roma*. Valencia: Tirant lo Blanch.

Mas Torres, Salvador (2018): *Epicuro, epicúreos y el epicureísmo en Roma*. Madrid: Universidad Nacional de Educación a Distancia.

McClelland, James L. y Rumelhart, David E. (1986): «The Appeal of Parallel Distributed Processing», en David E. Rumelhart y James L. McClelland (eds.), *Parallel Distributed Processing: Explorations in the Microstructure of Cognition*. Cambridge: MIT Press, 3-44.

McKeon, Richard (1946): «Aristotle's Conception of Language and the Arts of Language», *Classical Philology*, 41, 193-206. https://doi.org/10.1086/362975

McKeon, Richard (1947): «Aristotle's Conception of Language and the Arts of Language (concluded)», *Classical Philology*, 42, 21-50. https://doi.org/10.1086/362995

McMullin, Ernan (1970): «The History and Philosophy of Science: A Taxonomy», *Minnesota Studies in the Philosophy of Science,* 5, 12-67. Recuperado de https://hdl.handle.net/11299/184664

Meader, Clarence L. y Muyskens, John H. (1962 [1950]): *The handbook of biolinguistics*. Toledo (EE. UU): Herbert C. Weller.

Mendívil Giró, José Luis (2003): *Gramática natural. La gramática generativa y la tercera cultura*. Madrid: Antonio Machado Libros.

Mendívil Giró, José Luis (2006): «Biolingüística: qué es, para qué sirve y cómo reconocerla», *Revista Española de Lingüística*, 35 (2), 603-623. Recuperado de http://revista.sel.edu.es/index.php/revista/article/view/1903

Mendívil Giró, José Luis (2014): «Biolingüística: breve biografía de una disciplina emergente», *ConCIENCIAS digital*, 13, 30-45.

Mendívil Giró, José Luis (2020): «In Defence of FLB/FLN: A Reply to Wacewicz *et al.* (2020)», *Biolinguistics*, 14, 145-153.

Miller, George A. (1954): «Psycholinguistics», en Gardner Lindzey (ed.), *Handbook of Social Psychology. Volume II. Special Fields and Applications*. Reading: Addison-Wesley Publishing Company, 693-708.

Miller, George A. y Chomsky, Noam (1963): «Finitary models of language users», en Robert Duncan Luce, Robert R. Bush y Eugene Galanter (eds.), *Handbook of Mathematical Psychology* (vol. II). Nueva York: Wiley & Sons, 419-491.

Mínguez, Carlos (1996): «La ciencia en el estoicismo: Posidonio de Apamea», *Thémata: revista de filosofía*, 17, 75-90. Recuperado de http://hdl.handle.net/11441/27345

Mischel, Theodore (1970): «Wundt and the Conceptual Foundations of Psychology», *Philosophical and Phenomenological Research,* 31 (1), 1-26. https://doi.org/10.2307/2105977

Mounin, Georges (1981): *Historia de la lingüística: desde los orígenes al siglo* xx. Madrid: Gredos.

Müller, Gabriela (2011): «La doctrina de los principios en Numenio de Apamea», *Cuadernos de filosofía,* 56, 51-75. https://doi.org/10.34096/cf.n56.175

Muñoz Morcillo, Jesús (2016): «Epicuro y la cuestión de los destinatarios en la *Epístola a Heródoto*», *Myrtia,* 31, 103-118. Recuperado de https://revistas.um.es/myrtia/article/view/286701

Muñoz Morcillo, Jesús (2017): «El Κανών de Epicuro en la Epístola a Heródoto», *Cuadernos de Filología Clásica: Estudios griegos e indoeuropeos,* 28, 141-157. https://doi.org/10.5209/CFCG.59390

Newmeyer, Frederik (1982): *El primer cuarto de siglo de la gramática generativo-transformacional (1955-1980).* Madrid: Alianza Editorial.

Oroz Reta, José (1974): «M. Terencio Varrón Reatino: primer humanista romano, en el bimilenario de su muerte», *Helmántica: Revista de filología clásica y hebrea,* 25 (78), 497-510. https://doi.org/10.36576/summa.2855

Osgood, Charles E. y Sebeok, Thomas A. (eds.) (1965): *Psycholinguistics: A Survey of Theory and Research Problems with A Survey of Psycholinguistic Research. 1954-1965 by A. Richard Diebold and The Psycholinguists by George A. Miller.* Bloomington y Londres: Indiana University Press.

Osherson, Daniel, Stob, Michael y Winstein, Scott (1982): «Learning Strategies», *Information and Control,* 53, 32-51. https://doi.org/10.1016/S0019-9958(82)91097-X

Paredes Duarte, María Jesús y Varo Varo, Carmen (2006): «Lenguaje y cerebro: conexiones entre neurolingüística y psicolingüística», en Beatriz Gallardo Paúls, Verónica Moreno Campos y Carlos Hernández Sacristán (eds.), *Lingüística clínica y neuropsicológica. Actas del Primer Congreso Nacional de Lingüística Clínica. Vol. 1: Investigación e intervención en patologías del lenguaje.* Valencia: Servicio de Publicaciones de la Universidad de Valencia, 107-119.

Percival, W. Keith (1976): «The Applicability of Kuhn's Paradigms to the History of Linguistics», *Language,* 52 (2), 285-294. https://doi.org/10.2307/412560

Pérez Almoguera, Arturo (2003): «Los reinos helenísticos desde la muerte de Alejandro a la intervención de Roma», en Joaquín Gómez-Pantoja (coord.), *Historia Antigua (Grecia y Roma).* Barcelona: Ariel, 327-352.

Piattelli-Palmarini, Massimo (1994): «Ever Since Language and Learning: Afterthoughts on the Piaget-Chomsky Debate», *Cognition,* 50, 315-346. https://doi.org/10.1016/0010-0277(94)90034-5

Piattelli-Palmarini, Massimo (2001): «Portrait of a "Classical" Cognitive Scientist: What I Have Learned from Jacques Mehler», en Emmanuel Dupoux (ed.), *Language, Brain and Cognitive Development: Essays in Honor of Jacques Mehler.* Cambridge: MIT Press, 3-21.

Piattelli-Palmarini, Massimo (2013): «Biolinguistics yesterday, today, and tomorrow», en Cedric Boeckx y Kleanthes Grohmann (eds.), *The Cambridge Handbook of Biolinguistics.* Cambridge: Cambridge University Press, 12-21.

Piattelli-Palmarini, Massimo y Uriagereka, Juan (2011): «A Geneticist Dream, a Linguist's Nightmare: the case of FOXP2», en Anna Maria Di Sciullo y Cedric Boeckx (eds.), *The Biolinguistic Enterprise: New Perspectives on the Evolution and Nature of the Human Language Faculty*. Oxford: Oxford University Press, 100-125.

Pina Polo, Francisco (2003): «El ultimo siglo de la república romana», en Joaquín Gómez-Pantoja (coord.), *Historia Antigua (Grecia y Roma)*. Barcelona: Ariel, 463-499.

Pinker, Steven y Jackendoff, Ray (2005): «The faculty of language: what's special about it?», *Cognition*, 95, 201-236. https://doi.org/10.1016/j.cognition.2004.08.004

Plácido, Domingo (2003): «La hegemonía ateniense y la Guerra del Peloponeso», en Joaquín Gómez-Pantoja (coord.), *Historia Antigua (Grecia y Roma)*. Barcelona: Ariel, 217-246.

Poeppel, David (2011): «Genetics and language: a neurobiological perspective on the missing link (-ing hypotheses)», *Journal of Neurodevelopment Disorders*, 3, 381-387. https://doi.org/10.1007/s11689-011-9097-0

Poeppel, David (2012): «The *maps problem* and the *mapping problem*: Two challenges for a cognitive neuroscience of speech and language», *Cognitive Neuropsychology*, 29 (1-2), 34-55. https://doi.org/10.1080/02643294.2012.710600

Poeppel, David (2014): «The neuroanatomic and neurophysiological infrastructure for speech and language», *Current Opinion in Neurobiology*, 28, 142-149. https://doi.org/10.1016/j.conb.2014.07.005

Poeppel, David y Embick, David (2005): «Defining the relation between linguistics and neuroscience», en Anne Cutler (ed.), *Twenty-First Century Psycholinguistics: Four Cornerstones*. Mahwah: Lawrence Erlbaum Associates, 103-118.

Pronko, Nicholas (1946): «Language and Psycholinguistics: A Review», *Psychological Bulletin*, 43 (3), 189-239. https://doi.org/10.1037/h0056729

Puerto Sarmiento, Francisco Javier (1991): *Historia de la Ciencia y de la Técnica*. Madrid: Akal.

Ramelli, Ilaria (2009): «Introduction essay: Hierocles between the Old Stoic Tradition and Middle and Neo-Stoic Innovations», en Ilaria Rammelli (ed.) y David Konstan (trad.), *Hierocles the Stoic: Elements of ethics, fragments, and excepts*. Atlanta: Society of Biblical Literature, XIX-LXXXIX.

Reale, Giovanni y Antiseri, Dario (1991): *Historia del pensamiento filosófico y científico: Antigüedad y Edad Media*. Barcelona: Herder.

Reichenbach, Hans (1938): *Experience and Prediction: An Analysis of the Foundations of Structure of Knowledge*. Chicago: University of Chicago Press.

Reinhardt, Tobias (2008): «Epicurus and Lucretius on the origins of language», *Classical Quarterly*, 58 (1), 127-140. Recuperado de https://www.jstor.org/stable/27564128

Reydams-Schils, Gretchen (2016): «Stoicism in Rome», en John Sellars (ed.), *The Routledge Handbook of the Stoic Tradition*. Londres y Nueva York: Routledge, 15-27.

Reyes, Alfonso (1965): *La filosofía helenística*. México D. F.: Fondo de Cultura Económica.

Ritti, Tullia (1983): «Medicina», en Lorenzo Braccesi, Bruno Gentili, Gianfranco Maddoli Canciani, Francesco Adorno, Giovanni Pascucci y Mario Torelli (eds.), *La cultura helenística: filosofía, ciencia, literatura*. Barcelona: Icaria, 143-161.

Robins, Robert Henry (1976): «Some Continuities and Discontinuities in the History of Linguistics», en Herman Parret (ed.), *History of Linguistic Thought and Contemporary Linguistics*. Berlín y Nueva York: De Gruyter, 13-31.

Robins, Robert Henry (1990): *A Short History of Linguistics*. Essex: Longman.

Rodríguez, Isidoro (1958): «Sobre las *Tusculanas I, 62*. Origen y poder urbanístico del lenguaje», *Helmántica*, 9, 451-466. https://doi.org/10.36576/summa.2530

Rodríguez Adrados, Francisco (1978): «El porqué de las relaciones de la lingüística y otras ciencias», *Revista española de lingüística*, 8 (1), 1-18. Recuperado de http://revista.sel.edu.es/index.php/revista/article/view/581

Rodríguez Adrados, Francisco (1981): «La teoría del signo en Gorgias de Leontinos», en Horst Geckeler, Brigitte Schlieben-Lange, Jürgen Trabant y Harald Weydt (eds.), *Logos Semantikos. Studia Lingüística in Honorem Eugenio Coseriu (1921-1981). Vol. 1. Historia de la filosofía del lenguaje y de la lingüística*. Madrid: Gredos, 9-19.

Román Alcalá, Ramón (1996): «Enesidemo: la recuperación de la tradición escéptica griega», *Anales del seminario de historia de la filosofía*, 13 (1), 79-96. Recuperado de https://revistas.ucm.es/index.php/ASHF/article/view/ASHF9696220079A

Román Alcalá, Ramón (2012a): «La Academia de Platón: el inicio del escepticismo moderado y su desaparición», *Ámbitos: Revista de Ciencias Sociales y Humanidades*, 28, 29-38. Recuperado de http://hdl.handle.net/10396/10961

Román Alcalá, Ramón (2012b): «La invención de una "escuela escéptica" pirrónica y radical», *Revista de Filosofía*, 37 (2), 111-130. https://doi.org/10.5209/rev_RESF.2012.v37.n2.41071

Ruiz Yamuza, Emilia (1984): «Aristóteles en el "Comentario al Crátilo" de Proclo», *Emerita*, 52 (2), 287-293. https://doi.org/10.3989/emerita.1984.v52.i2.699

Rumelhart. David E. y McClelland, James L. (eds.) (1986): *Parallel Distributed Processing: Explorations in the Microstructure of Cognition*. Cambridge: MIT Press.

Ryckman, Thomas (2015): «Why History Matters to Philosophy of Physics», *Studies in History and Philosophy of Science*, 50, 4-12. https://doi.org/10.1016/j.shpsa.2014.09.010

Salinas de Frías, Manuel (2003): «Roma y el Mediterráneo occidental durante el siglo II a. C.», en Joaquín Gómez-Pantoja (coord.), *Historia Antigua (Grecia y Roma)*. Barcelona: Ariel, 391-418.

Santana Lario, Juan (1997): «La teoría de los principios y los parámetros ¿hacia una gramática "degenerativa"?», en Juan de Dios Luque Durán y Antonio Pamies Beltrán (eds.), *Panorama de la lingüística actual*. Granada: Método, 181-215.

Scharff, Constance y Petri, Jana (2011): «Evo-devo, deep homology and *FOXP2*: implications for the evolution of speech and language», *Philosophical Transactions of the Royal Society B. Biological Science,* 366, 2124-2140. https://doi.org/10.1098/rstb.2011.0001

Schiappa, Edward (2003): *Protagoras and Logos. A Study in Greek Philosophy and Rhetoric*. California: University of South Carolina Press.

Schickore, Jutta (2011): «More Thoughts on HPS: Another 20 Years Later», *Perspectives on Science*, 19 (4), 453-481. https://doi.org/10.1162/POSC_a_00049

Sharples, Robert W. (2017): «Strato of Lampsacus: The Sources, Texts and Translations», en Marie-Laurence Desclos y William Fortenbaugh (eds.), *Strato of Lampsacus: Text, Translation, and Discussion*. Londres y Nueva York: Rutgers University Studies, 4-229.

Solana Dueso, José (2003): «Heráclito: la relación y la problemática del nombre», *Convivium* 16, 19-36. Recuperado de https://raco.cat/index.php/Convivium/article/view/73209

Stemmer, Brigitte y Whitaker, Harry A. (eds.) (2008): *Handbook of Neuroscience of Language*. Nueva York: Elsevier Academic Press.

Suppe, Frederick (1979): *La estructura de las teorías científicas* (traductores Pilar Castrillo y Eloy Rada). Madrid: Editora Nacional.

Swiggers, Pierre (1979): «Note épistémologique sur le statut de l'historiographie de la linguistique», *Histoire, Épistemologie, Langage*, 1 (1), 61-63. Recuperado de https://www.persee.fr/doc/hel_0750-8069_1979_num_1_1_1036

Swiggers, Pierre (1980): «The historiography of linguistics», *Linguistics*, 18, 703-720. https://doi.org/10.1016/B978-0-08-042580-1.50005-2

Swiggers, Pierre (1983): «La methodologie de l'historiographie de la linguistique», *Folia Lingüística Historica*, 4 (1), 55-76. https://doi.org/10.1515/flih.1983.4.1.55

Swiggers, Pierre (1990): «Reflections on (Models for) Linguistic Historiography», en Werner Hüllen (ed.), *Understanding the Historiography of Linguistics. Problems and Projects*. Münster: Nodus Publikationen, 21-34.

Swiggers, Pierre (1995): «How Chomsky Skinned Quine, or what "Verbal Behavior" can do», *Language Sciences*, 17 (1), 1-18. https://doi.org/10.1016/0388-0001(95)00006-H

Swiggers, Pierre (1997): *Histoire de la pensée linguistique. Analyse du langage et réflexion linguistique dans la culture occidentale, de l'Antiquité au XIXe siècle*. París: Presses Universitaires de France.

Swiggers, Pierre (2004): «Modelos, métodos y problemas en la historiografía de la lingüística», en Cristobal Corrales, Josefa Dorta, Antonia Nelsi, Dolores Corbella y Francisca del Mar Plaza (eds.), *Nuevas aportaciones a la historiografía lingüística. Actas del IV Congreso Internacional de la SEHL. La Laguna (Tenerife), 22 al 25 de octubre de 2003*. Madrid: Arco/Libros, 113-146.

Swiggers, Pierre (2009): «La historiografía de la lingüística: apuntes y reflexiones», *Revista argentina de historiografía lingüística*, 1 (1), 67-76. Recuperado de https://rahl.ar/index.php/rahl/article/view/6

Swiggers, Pierre (2010): «History and Historiography of Linguistics: Status Standards and Standing», *Revista Eutomia*, 6, 1-17. Recuperado de https://periodicos.ufpe.br/revistas/EUTOMIA/article/view/1702

Swiggers, Pierre (2012): «Linguistic Historiography: Object, Methodology, Modelization», *Todas as Letras*, 14 (1), 38-53. Recuperado de http://editorarevistas.mackenzie.br/index.php/tl/article/view/4527

Swiggers, Pierre (2017): «Linguistic Historiography: A Metatheoretical Synopsis», *Todas as Letras*, 19 (2), 73-96. Recuperado de http://editorarevistas.mackenzie.br/index.php/tl/article/view/10471

Swiggers, Pierre y Wouters, Alfons (1900): «Langues, situations linguistiques et réflexions sur le langage dans l'Antiquité», en Pierre Swiggers y Alfons Wouters (dirs.), *Le langage dans l'antiquité*. Lovaina: Leuven University Press, 10-46.

Tanenhaus, Michael K. (1988): «Psycholinguistics: an overview», en Frederik J. Newmeyer (ed.), *Linguistics: The Cambridge Survey* (vol. 3). Cambridge: Cambridge University Press, 1-37.

Taylor, D. J. (1995): «Classical Linguistics: An Overview», en Ernst Frideryk Konrad Koerner y Ronald E. Asher (eds.), *Concise History of the Language Sciences. From the Sumerians to the Cognitivists*. Cambridge: Cambridge University Press, 83-90.

Theofanopoulou, Constantina; Martins, Pedro Tiago; Ramírez, Javier; Zhang, Elizabeth; Castillo, Gonzalo; Shi, Edward; Alamri, Saleh; Martínez Álvarez, Anna y Leivada, Evelina (2015): «Neurological Foundations of Language: Emerging Perspectives», *Llengua, Societat y Comunicació*, 13, 4-11. http://dx.doi.org/10.1344/LSC-2015.13.2

Toulmin, Stephen (1977): *La comprensión humana. I. El uso colectivo y la evolución de los conceptos* (versión española de Néstor Míguez). Madrid: Alianza.

Traglia, Antonio (1979): *Opere di Marco Terenzio Varrone*. Turín: Unione tipografico-editrice Torinese.

Tusón, Jesús (1982): *Aproximación a la Historia de la Lingüística*. Barcelona: Ariel.

Van den Berg, Robbert Maarten (2008): *Proclus' Commentary on the Cratylus in Context: Ancient Theories of Language and Naming*. Leiden y Boston: Brill.

Verlinsky, Alexander (2005): «Epicurus and his predecessors», en Dorothea Frede y Brad Inwood (eds.), *Language and Learning: Philosophy of Language in the Hellenistic Age Proceedings of the Ninth Symposium Hellenisticum*. Cambridge: Cambridge University Press, 56-100.

Wacewicz, Slawomir; Zywiczynski, Przemyslaw; Hartmann, Stefan; Pleyer, Michael y Benítez-Burraco, Antonio (2020): «*Language* in Language Evolution Research: In Defense of a Pluralistic View», *Biolinguistics*, 14, 59-101.

Whitaker, Haiganoosh y Whitaker, Harry A. (eds.) (1976-1979): *Studies in Neurolinguistics* (volúmenes 1-4). Nueva York: Elsevier Academic Press.

Whitaker, Harry A. (1970): *A Model for Neurolinguistics*. Colchester: Essex University Press.

Whitaker, Harry A. (1998): «Neurolinguistics from the Middle Ages to the Pre-Modern Era: Historical Vignettes»: en Brigitte Stemmer y Harry A. Whitaker (eds.) *Handbook of Neurolinguistics*. Nueva York: Elsevier Academic Press, 27-54.

Wilson, Leonard G. (1959): «Erasistratus, Galen, and the *Pneuma*», *Bulletin of the History of Medicine*, 33 (4), 293-314. Recuperado de https://www.jstor.org/stable/44446608

Zamora Calvo, José María (2015): «La embriología estoica», *Azafea: revista de filosofía*, 17, 51-73. https://doi.org/10.14201/12552

Zamorano Aguilar, Alfonso (2008): «En torno a la historia y la historiografía de la lingüística. Algunos aspectos teóricos y metateóricos», en Francisco Carriscondo y Carsten Sinner (eds.), *Lingüística española contemporánea. Enfoques y soluciones*. Múnich: Peniope, 244-277.

Zamorano Aguilar, Alfonso (2009): «Epihistoriografía de la lingüística y teoría del canon», en Montserrat Veyrat Rigay y Enric Serra Alegre (coords.), *La lingüística como reto epistemológico y como acción social. Estudios dedicados al profesor Ángel López García con ocasión de su sexagésimo aniversario*. Madrid: Arco/Libros, 209-220.

Zamorano Aguilar, Alfonso (2010): «Teoría del canon y gramaticografía. La tradición española de 1750 a 1850», en Victoriano Gaviño y Fernando Durán López (eds.), *Gramática, canon e historia literaria (1750-1850)*. Madrid: Visor, 421-466.

Zamorano Aguilar, Alfonso (2012): «Teorías del caos e historiografía de la lingüística. Una interpretación», *Beiträge zur Geschichte der Sprachwissenscraft*, 22, 243-298.

Zamorano Aguilar, Alfonso (2013): «La investigación con series textuales en historiografía de la gramática. A propósito de la obra de F. Gámez Marín (1868-1932)», *Revista Internacional de Lingüística Iberoamericana (RILI)*, 22 (2), 149-167.

Zamorano Aguilar, Alfonso (2017): «Series textuales, edición de textos y gramaticografía. Teoría, aplicación y variables», *Beiträge zur Geschichte der Sprachwissenschaft*, 27 (1), 115-135.

Zamorano Aguilar, Alfonso (2018): «Series textuales y gramatización de categorías morfológicas en la España del primer tercio del siglo XX. A propósito del *Tratado elemental de la lengua castellana* de Rufino Blanco Sánchez (1868-1936)», *Pragmalingüística*, 26, 407-441. Recuperado de https://revistas.uca.es/index.php/pragma/article/view/3549